名家散文自选集

散文就是同亲人谈心

我写故我在

王必胜／著

民主与建设出版社

·北京·

我写故我在

目录

第四辑·文事摭拾

第一辑 · 世相闲观

单位

这个词，是在早晨散步时想到的。

一早匆匆出门，夏日流火，单衣薄衫，例行到单位大院里快步奔走。不巧在门口因换衣后没带出入证被拦，本来就厌烦这个三十年出入次次都得掏的证件，而这次又忘记了。门卫还挺较真，非得到传达室登记，报你的部门，从内网上查，搞得嫌疑人似的，一股激情全然消失，了无兴致没走多会儿就打道而归。又回到进来时的那个门口，想起刚才的事，就觉得，一个人的自由在一天或者一生中被减损了多少是没法计算的啊！这查看证件，于主事者来说，也许不无必要，为了安全计，或者显示气派，现如今这样戒备森严的还真不少。可是，哪有那么多的恐怖者，防得了小人吗？看别人的指令而行，处处设防，让你感到了人的被动与渺小，于是，就想到这个进进出出几十年的地方，是自己的青春和生命消磨的场所，人为的阻隔一些方便，心里不是滋味。也想到这个名为单位的地方，演绎了多少故事，有多少让人纠结、迷惑以至于不悦的事发生过。单位，在现代人的眼里，究竟是什么？于是，就有这篇文章的题目。

眼下，你随便走到哪个城市哪条街道，单位是个瞩目的所在。那些挂着白底黑字或红字牌牌的地方，让人有种种莫名感觉，是敬畏、好奇、亲切，还是厌烦、不屑？人心各有所感。无论如何，眼前你面对的就是，这门牌，这大院深宅，这道杆横陈，警卫守护的地方，就是这个名称的具体场所。在你的不经意过往中，就可能遇到某个或大或小或显或藏的、称之为单位的地方。

单位，一个人人耳熟能详、大多数国人离不了的词。一个人人面对，然人人都并不一定能说明白搞清楚的词。

顾名思义，单，单元，或个人；位，座位或位子字面上解释，一个人和一个座位，单位也（辞典上解释为：位，原指佛教禅林僧堂中僧人坐禅的座位。后指计算事物数量的标准，又称某一工作部门为单位）。可简单的望文生义怎么能同"单位"这个众人杂处、众声喧闹、熙熙攘攘的地方有关系、相利害呢？据说，这并非古也非中，而是个外来语，究竟是东洋出产还是来自西欧，还是地道的国货，不太清楚。（佛教书《敕修百丈清规》曾有："昏钟鸣，须先归单位坐禅"。）可是国外哪有这单位一说？至少，美国只有部门或者某学校某公司的说法。如此，这又是典型的国粹。二十多年前，作家刘震云写过的一篇小说叫《单位》，还拍成电影，说是"新写实"的一个大收获。小说把大都市一个外来寻梦者的心理写得活灵活现。那是体制内的诱惑带给寻梦者的无奈与尴尬。那是单位人或者公家人那一时期最为形象的人生求索和心理轨迹。

大千世界，芸芸众生，人生的选择相当有限。计划经济时期，单位就是人的工作和生存的全部依靠。进了好一点的单位，衣食无虞，就安身立命了。如同嫁人一样，自感幸福，从一而终，即使并非理想的选择，但也多是安于现状，那样的状态延续有年。单位于人是一种得到某些利益的场合，说白了与个人是雇佣关系，人多是一种被动的选择。所以，即使有这样那样的困扰，有不快不满，有遗憾，为了仅有的权益名利，人们往往愿意置身在单位或体制内的管束中，拥挤在哪怕是一个利与弊的交错的困局中。单位，这时如同一张有形与无形的网，制约和规范着人的行为身心，如果你进入了或可无以逃遁。

人是单位的细胞。人与单位的关系，说不尽道不明。有时能让你的潜能实现和你的理想展示，有时候，也只是在对你的欲望和权益的限制与诱惑中，进行着改造与消磨。是的，过尽千帆皆不是，我们所依凭的一种评价体系和价值标准，是难以就活生生的现实找出答案。这单位，你说她是块蛋糕，是一个戏台，或者是一个大杂院，一个世俗的小社会，都不无道理。在单一的体制模式下，单位强势，人无所选择，更多的时候，单位成为一个人的恃护，为你准备了所有可以满足的东西，于是，你虔诚地为她执守，听她的指令行动，躺在她的肌体上坐享其成。这样的情形，是几十年来的基本面貌。人依赖单位，单位也对人进行着改造，有释放，也有桎梏。那年月，计划经济的日子简单，却也安适。单位除了人数规模的不同，级别稍稍区分外，基本是入了单位就有铁饭碗，在体制内待遇简单得没有多少区别。无论是事业的还是产业的，是体力劳动者还是脑力劳动的，在人的心中，她如一尊神庙，人进入后成了半仙，有了单位就有了底气和身份。

我什么时候成为单位的人，自己也说不清。而简单的一生也只有三两个单位。早在十七八岁时，特殊年代的特殊情况，就上了班，那并不算吃国家序列的工资饭，但是，有几个人就是一个集合的组织，比如，有人管做饭，到时候还得开会、汇报，这是最早的单位的约束和单位的享受了。而今，我填工龄，从那时开始算起。最为明显的，成为单位的受益者，或知晓单位这个庞大老迈的机体上那么多的是是非非，那么多的累赘与沉垢，是后来一直呆下去的地方。而且，一呆就会老死于斯。其实，单位于我，更多的是从中看到时代与社会变化后的驳杂世相，其利其弊，或清或浊，亦明亦晦，不是在说大话，确是有些心得的。

有时候，想象单位是一个人，或者像人一样有秉性脾性，有她的成长变化轨迹。想当年，单位一词是那样的单纯。人们对工作和单位的态度，是最能体现出时代特色的，那时的单位就是人一生所想托付和依赖的。而单位的头头脑脑们，一个个岂是了得，或有坚定独立思想，或过往的令人敬仰的资历背景、学历才识，总之，胆识与才学加人品，使那些个领导者成为单位影响广远的引擎。而这时候，你的参加，是多么的幸运。想想，你一个年轻人，既没成家也没立业的毛头小伙，有幸成为一分子。那单位的名头让你有点自得自足，特别是那一个个都是老师辈的人物，无论是年龄还是资历，或者在业界的影响，把你当作小孩，称呼你为小某，即使吩咐你干这干那，你会觉得看得起你，也是抬举了你，你的全力付出和无私的融入都是应当的。而那细小的关怀，热情的关照，比如，对你的生活关心，对你的学业的提携，还关怀你的家庭，你的身体、爱好，都不是虚伪的客套，那是一种标准式的单位的人际关系，在一个大单位里更为难得。这单位的清新好风，单纯有

如家庭式的，你可能没有想到一个大机关还有这样的清正。当
然，也许这样的风气是由一个个具体的人表现出来的，或者
说，这些你的同事，多是些清正的知识分子，多是在经历了社
会人生的大起大落的变化，经历了人文的洗礼，革命情怀的熏
陶，善良与正直，热情与透明，责任与付出等等，是他们的最
显著的特征，抑或是单位在那一时期的最为典型的精神特征。

　　单位，就这样把一个最常见、最为明澈、最为单纯的关系
摆在你面前，让一个新来的、涉世不深的年轻后辈，感受到单
位的温暖和单位的细致。记得早些时候常听到的一句话是"革
命友谊，家庭温暖"，这个概括是那一时期最为明白的一种价
值指向。而从中也体味到一个单位的本色。那单位的深度和厚
实，也是从这些具体的人身行为上见出。也许你置身的地方，
是一个有点级别和规格的场所，是的，同事中有延安时期参加
革命的，有建国前就从事地下党的文化工作的，更有曾经影响
中国文化事件的当事人，单位的名头是和这些人物的影响相关
的。而那样的名头下，人际关系却也是单纯平常，和谐活泼，
如同伟大领袖当年概括的：团结紧张，严肃活泼。没有后来那
些森严的级别划分，庸俗的吹拍之风，低俗的官腔官味，无聊
的江湖气。这简单而活泼的气氛，让一个单位的精神形象成为
多年后人们的怀念和记忆，取决于那些有点身份的人们的修
为，也与那个时代的风气正派相关。我至今印象深刻的是，第
一次见到这些个如今看来是大腕级的文化人物时，一个狭窄长
条的办公室（也就是十五六平方米大，如今这房子还在）从里
到外的三张桌子上前后三人伏案于此，三人的级别和名气，让
这个小小的逼仄空间，着实是在对文化的一个挑战。那是三十

年前的事，那时候的当事人或许认为这样子很平常，我当时的印象只是觉得，这里的工作条件也太拥挤了，而这个单位的人是太有涵养了。所以，我自己加入后，是在一个六七人的大办公室里，支起一张小桌子，开始了这个新的单位的新工作。那时办公条件简陋得只有纸和笔，还是自己打扫卫生，物质条件有限，大家克己奉公，其乐融融。还有，几位如老大姐阿姨辈的人细心和悉心的照护，你面前的一切你和这个社会的联系就是一种自然的清纯的和谐的关系，一种实实在在的同志与同事的人际关系，没有什么多余的计谋与欲望，你可能的那些私心和算计，都被这些正直的简单的气氛消解溶化了，实实在在的也就是最为珍贵的。所以，在个人的单位词典里，记忆中，她是让人长正气的地方。当年的加入，没有这个培训那个教育，你说历史他讲大道理，官话套话的学习，而是用最直观的身教，却让你学会本领，敢于担当，薪火相传，会受用一生。

单位的肌体中，哪个部位最为敏感的呢，或许是人际关系，是领导者或者有点身份的人的做派行为的影响。在良好的氛围下，置身于此，你面对着偌大历史气场的单位，你会谨慎于自己的行为，你会从好的方面规范人生的目标，你会为有那些善良亲和的人际关系而自豪，或许你会潜移默化地让自己传承着这种风习和传统。你会从长长的走道里看到了这个地方的深藏和实力，你会从宽大的图书阅览室里感受到她的品位和潜能，你会在厕所或饭堂里见到最高上司和单位掌舵人，随意说说几近为平常事，有那些好心真率同事，有那样亲和的大头小头，以及那清正和善的人际关系，你对在这样一个环境，这样的单位里不觉得是一种幸运和幸福吗？

也许这样一种背景深厚而单纯向上的人际关系，让你觉得，这大与小，专业与行政，不论何样的单位，都应当是头儿们有能力，有仪范，也有人格的魅力，而基本群众芸芸众生者，无论是年长年少，多是潜心工作，热情友善，学有所成。几位在业界的名号也是岂可了得，关键的是，那上面的风气正派，上者行正，而下者为效，蔼然一派文化单位的君子之风。这尤其是在有了强烈的对比体验后更是觉得那些清正纯朴的可贵与难得。或许是早年这个队伍的基本班底来自解放区。比如，那时候，单位的房子还是五十年代仿照苏联的机关样式，高大敞亮，走道都很长，但人员多，平均下来也很是狭小的，也好，上下级，诸多部门，都相互地在一个邻居式的地方办公，抬头不见低头见，这就更是一种自律式的对领导者的要求。那时候，除了楼层的位置高好一些外，领导的办公地也宽不了多少，没有秘书在前面挡驾，也没有什么官职的叫法，像部队一样某长某副长称呼，并不流行。一张报纸出来，当天就在楼下的公告地方，有朱红大字对其评点，多是说不足，用语直率，不留情面，对事不对人，切磋研讨，吸引大家参与，成为办公楼的一道迷人风景。常也有这样的镜头，主审官也是单位最高领导层，可以一手拿着报样，一手举着眼镜，跑到你的办公桌前，还哈哈大笑几句，说你们再看看，我改的也许不对的，你们再看看啊，说话时的那个眼神是真诚的，不像有些人说话时那个飘忽而捉摸的神情，总觉得那不同之处在于，其出身背景不同，学历知识储备不同，而底气和实力的支撑点也不同。前者一类的问候，可能只是今天天气哈哈哈，而后者出言不拘，赤忱为怀，或可能说，你小子马虎不得也得负责啊。也

许，门卫森严的地方，大院深深，而当事人，尤其是那个没有
受到官场庸俗风气污染的年代里，单位的名头也灿然，有如光
环，也是广告，而单位内部的也许不以为然，因为，那时人员
也单纯质朴，知识分子是主体，业务上进是晋升的唯一通道，
谁也不会想到这个光环下去渔利所获，而也没有什么可以成为
谋利的资本。何况那些干事者们对于所做的事情之外多无考
虑，真君子自清正。更何况，那时候人员来源多是清一色的学
校背景，单纯和单一的人员补充，起点高的文化学历讲究，不
是后来的干训班职校，或者子弟接班、团队接收的知识背景所
能望其项背的。

即使这样几近清高的单位感受，在急变的社会现实中，
也有些不能自持。如今，对于事业性的单位，究竟属哪类性质
的，是专业部门还是行政口，不免让人迷惑，也难分清。经常
是，机构越来越臃肿，衙门式的管理，或者，行政化的味道，
单位的性质越发不明确了。即使如此，单位的名头仍成为人们
评价的标准，在近二十年内还被逐渐放大。如果到一个地方公
干，上级的一个小兵就比下级一个头儿受到接待方的重视，因
为那是实权部门的大员。所以在有些地方，看重的是你来自哪
个单位，为哪方神圣，单位的上下大小就是一盘不同的菜。权
力崇拜，是见惯不怪的。你是有身份的某教授专家，或者曾经
的荣誉称号获得者，没用，你与那个权力部门的某位有实权的
人物一起，就可能成为附属、配菜，无论是主人们的安排和那
些习惯接受了这种安排的人们，都可能把这样的场合当作一个
习惯。某次与一位我所尊敬的大学名教授参加一个活动，也有
上级某部门的一个年轻处长同往，最后，无论是会上发言，还

是席间座次，都是老教授叨陪末座，尽管那年轻人几句官腔走板式的敷衍，并没有影响他成为主人们毕恭毕敬的座上仙。而且，每项活动都被打印出手册，名头顺序，食住行如此，让人认可于其安排的合理性。从资历和名气以至年龄上，是两辈人、两个层次的区别。当然，人家是一个文化推介活动，其重点就是让上级主管单位的人，为他们的效益提供帮助。这样的场面经历的太多，也曾多次被经历过，而单位的名头往往也被同行者们说道。我有时候也表现出不快，觉得自己也是个老大不小的，在圈中也江湖了多年，可是一想，是啊，你这个外在的光环不就是一种行来走去的名片吗，也可能是善意的利用，但却是管用的，你不也从中尝到些许甜头吗？名头利用尤其是单位的，甚至地区的名头，都可以成为收获好处的招牌。你不服行吗？你是抱怨这些人的势利，还是去较真这时风的不清。或许，这些不伤大雅还略微惬意的流俗，让兄弟哥儿们都有点身陷其中，说好说坏都难以较真。

可是，这积重难返，最后受害的是谁，也是个很滑稽的问题。长期以来，某些社会评价爱把一个人的单位当作对这个人的形象评价。有时候因为某些利益，对直接管理的领导部门俗称为上面的人，高看一眼，这种特殊心态下的单位崇拜，让那些深宅大院工作过的人，滋生无限的优越感和自负心。曾听到有人说到谁是"海里的人""院里的人"，起初不明白是什么话，后来解释说是"某某海""某某院"的人，意思是那个地方是离政治中心最近，那些人可能就不一样，单位的熏陶和历练使他或她有所成就，台阶高耸让他们有优势，另一方面，他们获取也可能多些。可是，见到过一些高门槛大台阶某部某局工作背景的人，来势不凡，趾高气扬，让你觉得在扭曲的心态下的虚妄狂放症。这类人，被单位光环刺激和体制内惯养，自以为是，眼高手低，一旦被放养基层，就不太适应，直接点说，他们一旦在往上爬的路上稍有不顺，或者，个人欲望没有立马满足，就会怨天尤人，患上多疑症，废为人生残疾。

如今，人们的认同体系和价值判断颇受世俗化浸染。一所大学，人们关心的不是学校的学术地位，而是副省级还是什么级；本来那些名头不凡的教授，那术业专攻的专业，才是学校的魂，才是学校立足根本。单位也一样，不是说你的中央级别，你的身份归属就高或贵。一个单位的实力，往往看是否藏龙卧虎，名人大家辈出，而评价标准也多是有同行和业界认可。从社会角度来说，你的单位性质、名头，各种渊源，都可能被拔高可能有误读，不是曾有"作协"被当成"做鞋"的笑谈吗？而最为实际的是，一个单位领导者的风度才学以及治下的能力，是人们所关注的。有时候，单位头头的名气，他的学历背景，他的才学识见，也许还有他的来历背景，都可能成为人们评价单位形象的角度和看点。越是为人们瞩目的单位，越可能成为敏感问题，因而，现如今人们对那些本当是学养可嘉，人格魅力可称道的单位领导，葆有敬重和期待，然而，事实并不都如此。

单位的声名，其实多是历史的积淀，是几代人的奋斗所成。从历史背景看，容易成为评判单位现实的最好参照。我自己不是一个称职的职员，但对于这个供职的单位，我是倾了心力，自认为是有苦劳的。凡几十年，与国家和时代一道，经历了大大小小的风波，当然也是不平凡的时代和历史提供了众多的参照系，以一个旁观者和当事人的多重视角，或许可以在比较中看得清晰。比如，领导者素质和口碑；比方，清正廉明，勤政公平；比如，对于各种利益诉求的落实；比如，事关大众生活与利益的现实问题的解决等等。这也许是每一个单位人评价和认知自己权益的基点。如果对单位现状进行观察，一个很好的也很实用的角度就是，从过去的相关背景中看取，从历史的角度去对比。比方，同样是对于人事关系，会以过去的优良传统，用人以德才，不搞亲疏，举贤避亲，不以派划线，不因为常走动而会获利的诸多标准，衡量一些人的做法；比如，可能从当年领导者的胆识，敢于负责，大会上点名批评不良的行为，不护短，更不搞吹吹拍拍，庸俗的表扬与自我表扬，而以为这在时下是多么的可贵；比如，敬佩那些无官腔没有架子，吃饭与民同乐，上下关系通达，不虚伪有真意的领导，比照时下一些人的特权作风，觉得有些作法已是倒退；比如，作为文化事业单位，作为专业部门，应当具备的德能之外，是读书好学，富有文化素养和积累，并深谙传统文化，不是搞形式在行，空头政治盛行……也许，如今社会风气之下，像以上种种的单位乱象已相当普遍，而作为一个有历史传统，曾经的优良风气为职工所称道的单位，如果在你所经历的这个时间里，缺失了丢弃了断脉了，你难道不觉得痛心而不甘吗？或许你自己也觉得人人都有不可推诿的责任。有时候，单位的历史是一个包袱，容易成为观察当下社会现实不一定被认同的标尺，而看到那些本不应该失去的恰恰丢掉了，想想这历史的包袱其实也误人。

社会的转型期价值观的变化，大浪淘沙，也泥沙俱下。九十年代后，单位在商品经济大势下的冲击下，难有矜持。文化单位的人文精神、人文情怀逐渐在消解变异，在急剧的时事变幻中，经常的人员更迭，名利的膨胀，价值观认同的失范，单位的纯洁与清正已成了难能的持守和期望。这不是危言耸听，仅从单位里最为平常，最能体现公正的两件事：职务和职称上，即可看出其清浊良莠。时下，这是单位最热闹的景观。平心而论，这有两可之说，一是客观环境的大势造成，另一方面也与当事者公平正直与否有关。文化事业单位，这类事体多是上面给政策，而下面执行的好坏与否完全在于单位的觉悟。诸如评职、荣誉称号、特殊津贴等等，有些单位是按部门其实是按职务来分配。评职称，是二十世纪八十年代以来单位开始最为头痛的事，至少文化事业单位如此。起初并不是这样子。开始评职称，约在三十年前，那时很注重基层的意见，看重其社会知名度以及学识能力，领导者也很谦让。记得第一批新闻文化的职称大约在二十世纪八十年代中，有不少人都是没有职务的。而轮到我们稍晚一辈为职称考虑时，也是这不久。那时候，没有手机，资讯不发达，人都还是谦谦君子，也没有多少人焦虑于这个名额有限而好处不多的事。记得在1987年"五一"节，我去湘西张家界开会，回来才听说"你的副高职称通过"，就很平常地成了有高级职称的人。而如今，职务与职称，弄得人各有高招，各显其态，有时候为之生出不少罅隙。事件还没有开启，就已风雨满楼。单位越古老，压的人越多。五十多岁的人还在为副高而奔波，看到有的人也那么的容易，就心不平衡。单位名头级别高容易让各怀心事的人有所行动。某年，春节期间接到比平常年份多得多的拜年信息，我有点纳闷，觉得这些人平时熟悉，同事数年间几乎天天见，春节从没有过这样的热络之举，而且，发类似信息的还有一些从未联系过的人，更有点蹊跷了。不久，单位在小范围内搞了民主推荐，才明白这些弟兄是未雨绸缪，好像真有在这次机会中升级的。管不管用，得没得益，不得而知，但愿不是我小人之心度人。有心人事半功倍，也说明竞争技巧无处不在。其他几次也类似，诸如评正高职称的级别，那是十选一的难度，也是信息不断，从未联系的人也有。因这所谓的"评二级"为职称中最高级职，又是海选，有资格投票的达百十多人，那你顾及得过来吗？就想，何苦啊，你关系好，你条件够，还用得着去发信息（幸亏有了手机啊），去打招呼吗？你从来没有与某位老兄联系过，你从大老远（有人是在外派工作）来信息，你怎知道他就认了你这一个电话或信息搞定呢？还有，你反躬自问：你本来就是对这类东西有一搭没一搭，不是清高，是因为你看得太清楚了，你平日里又对那些人、那地方冷淡得几可谓无动于衷，你不去为自己找什么人，按世俗的潜规则拜码头，想想，这时候做这临时抱佛脚的事，不合你的脾性、你的处世原则。可是，你会为那些急切的也可能尝过此类甜头的人着想。是啊，僧多粥少，竞争激烈，生存不易，也得有这种本事，他抱一下佛脚不犯规越法，不一定合情却合理吧，何况大家都这样，人清高了就可能在起步线上矮人一级。而从单位本身来说，没有严密可行的措施，让公平公正不易落实，让守法者不放心，让庸俗成为平常。外单位的一位朋友也说过，他们单位最头痛的是职称。人在单位，职务职称两大事最不好说。倒不是非要那个身外之物，可是，人一到那个年龄，大家排坐坐，你不去使劲，你的脸面何以挂得住啊。职务多是上面的事，内部的事，说是暗箱操作不一定准确，但不会是像职称那样的张扬，那时候没有什么公示。职称评定名额有限，标准不一，公平难得，就有了托请和私下说项的内幕。也有朋友说，单位评职称是一场无声的战争，也是一个关系深浅的较量，或者一个利益的分配的均衡，这都是公开的秘密。如果单位名头大、级别高，可以自己主评，那事就更多。于是，大院里，信息电话，托请之事，烦不堪言。而这也成为一些单位共有的景象。现如今，这种不端之风气，最受影响的是那些老大不小的人。因评职评级，为了那一票，他或她就到你的办公室送材料，其实也是公文式的，无非是认了门，给个印象，想当然的可能有你这一票，这多半也是在一个大院而从来没有打过招呼的人，可事后也许没有当届评上，或者评上了就是过了河，再见即使在电梯间见了，好像不认识似的。这样说并不要去找答谢，只是看出人在单位的生存法则（潜规则）多么的残酷。身在其中的他或她，其心理需要多大的承受力。特别是那些年轻当然也不太年轻的人们，时间不允许他们有丝毫的马虎，那样着急上火也许是其本意，但实属正常，要理解他和她。面对一个个活的事例，在利益的一塘浑水面前，单位是一个总阀门，她的公平与公正，有多么的重要。

是的，人类应当是乐观主义者，我们应当看到单位发展变化的主流，历史不会因某个人的缺失，某个时段的晦暗而倒退。单位如同一个人，其生存是有规则规范的。随着制度的完善，公正民主的落实，这类关乎个人利益的事，逐渐会在正常的轨道下开展，比如，考核晋级；比如，荣誉名称；比如，民意考察；比如，人事公示；让人觉得公正、公平、进步。可是，究竟在多大程度上能够让单位的大众满意，得到认同，恐怕不是一日之功。但人人心中有杆秤，群众才是单位成色最有资格的评判者。单位，就个人来说，是社会福利的分配与共享的场所，作为一级组织，又是行政意志和社会权益的实现者。然而，单位最为活跃的因子是人，而引领者是单位的头儿，是主政者。所以，社会对于吏治的严酷，已有了相当的规则。

尽管有爱或怨，出发点不一，但单位成了社会的名利场，利益的竞技场，是不争的事实。在一个诉求多元、利益博弈的社会，人生发展，群体进步，单位还要存在。单位变得如此复杂，不好言说，是因为进步阵痛的必然。如今单位属性不一，事业的、企业的、个体的、体制内外的，林林总总，难有一个合适的定义规范。她可以有宏大的理想主义目标，完成行政的意志，也可以有个人私密性计划的实现，清浊美丑俱见。对于个体的渺小，她是强势，对于社会的庞大，她又是弱者。单位，就是这样，让你走进与走近，而她可以有承诺，但不会总是承诺，也许会让你在曾经沧海，千帆看尽后，有一个生命和身心的新体验，或许仅仅是一个不太满足的认知。在时下的这个转型期，在许多规则被潜规则化，如果你葆有一些清醒纯正的话，无论面对的是什么样的一个现状，清者自清，自得其闲。于此，那单位，其实是社会的缩影，人生之驿站，或者，是观察人生和世道的一个窗口。对于她，也许是若有若无，或近或远，"草色遥看近却无"。然而，面对单位的种种，你何不学一回李白的豪放，"仰天大笑出门去，我辈岂是蓬蒿人"。

2013年11月

牌局

　　不知何故，几位围坐一圈，昏天热地的一战就是半天；也不知何来的那么大魅力，一百多颗小小方块，把四个大活人，弄得神魂颠倒，如痴如醉；也搞不明白，这一百三十六个小玩艺儿，竟历经数百年，乃泱泱中华人民的忠实情人。有一日，几番战罢，都腰酸背疼的，其中一人说了一句，几个大男人，做什么不好，偏偏就弄上了这玩艺儿，其他三人默然不语。是呵，人生乐事上百成千，如此玩艺儿，却让多少英雄竟折腰，多少老少爷们，为伊消得人憔悴。看那场面，无硝烟之腾飞，无刀光剑影之献身，一番战罢，四肢麻木，两眼昏花，头沉脑晕，面如菜色，血压升高，如此这般，一场大病如是，然，即便如此，众人聚会，闲来无事，乐此不疲。

　　这东西就是众多人有兴趣的名为麻将或为麻雀或是摆长城之谓也。

　　据梁实秋老先生讲，当年抗战后方，忙的忙死闲的闲死，一时间，麻将齐上阵，有所谓"一个中国人，闷得发慌。两个中国人，就好商量。三个中国人，做不成事。四个中国人，麻将一场"之说。玩牌之害，有众人讨伐过，说是荒度光阴，说是损伤身体，说是玩物丧志，更有曾与沦丧忘国之大事相联者，其危害程度，口诛笔伐，均不为过。有人名之为，麻将为国粹，老少咸宜；有云，凡有中国人的地方就有它。这方面的掌故车载斗量。但玩这物件，毕竟是多为人诟病的，这就让不少喜欢的人都是偷偷摸摸地玩着。尽管前几年，报道说，国家体委已将其列入竞赛项目中，还说开设了大赛事宜，成立了麻将协会，但虽为大众所好，但还是不为大众所容。要不，说谁谁有此好，就会遭来另眼。据说，有一位各方都优秀者，在同侪中前进是众望所归，可就因为有这一好，当提升局级职务时，有小人作祟，告发说其常常聚众玩牌，当然不是素玩，这还了得，一个不健康的业余爱好之罪，像一根闷棍让他未能再前进一步。在一些腐败分子的罪状中，也有与这家伙不清不楚的前科，谈麻而色变，视麻将为臭豆腐。所以，玩麻者也很警觉，多是在月黑风高、夜深人静之时，鬼鬼祟祟的行动。偶有大胆者，也多是七老八十的。我们单位对面的小树林中，到了夏日早晨或黄昏，常有几桌在那里热闹热闹，多是些白发高龄者，有意思的是边上也围上一大圈观战者倒是些年轻人。有一次我偶然路过，瞥了一下，就有几双异样的眼光看我，生怕来了治安方面的人，当然，他们是在弄点小意思的，就有点警惕了。这麻将不知是因为它的出身还是它造成的声响太扰民之故，像乌鸦、老鼠一样，名声不好，也上不得台盘。可是，吃这臭豆腐者并不在意，文化人甚至大人物对此有好感的也不在少数。梁实秋先生在专文《麻将》中描绘过当年胡适、梁启超这些泰斗级的人物的麻将功夫。

　　我不是个做大事业者，也不是为此怕人指戳的人，也不必遮遮掩掩。说起来，我对这东西接触得很晚。小时候看大人们玩的是一种叫纸牌的东西，上有汉字"上大人，孔乙己"什么的，是否就是书上常说的牌九，不得而知，而同这麻将的热络，是最近的事了。大约七八年前，一日到东北参加一个部队的文学会议，去的都是平日里熟悉的弟兄，晚饭后闲来无事，主持者说去娱乐，一帮人去唱歌跳舞，一帮人去棋牌室活动，那里的活动也是兵分多路，一路就是玩麻将，如何搭配一席，又与哪几位配对，如今早已忘光了，但当时开启了兴趣，是还曾记忆如昨的。回想起来，当时的诸位大多是看过而没有试过，或者有过前科劣迹者也多是新手，一局下来，竟还在讨论如何赢和，把各方掌握的半拉子知识端上来，结果为如何玩法，议而不决。这初次的启蒙，一下水，就湿了脚，回北京后，那次在东北启蒙的众弟兄，受了这怪物的诱惑，只要有会议娱乐，大家弄它一把，其意不在输赢，在于一种情趣也。因为净是熟人，知根知底，也时间匆匆，玩起来就放松，没有输赢的包袱，没有赌的狂热，也就是所谓的卫生麻将是也。

那几年，儿子还小，外地的爷爷奶奶想他，带他回老家过春节，自然，兄弟姐妹们在一起来个休闲娱乐，首选是麻将。武汉的玩法很现实，讲备用，讲混，也就是所谓替代，一个麻将，各人起牌后再最后亮出一张，按此牌的序上一张为备用物，以它作为替代，可以让赢家的几率更大一些。按武汉的规矩，玩时小赌一把，押上点零钞，算是刺激，可以提高积极性，入乡随俗，况且同家人们玩这些，更是纯娱乐似的。记得，那年除夕之夜饭后，妹妹妹夫叫板说，晚上要有活动，让我参加，母亲说我不会他们的那种大进大出的战法，也知道他们都是久经沙场的，怕不是他们的对手，为我挡驾，可又想到仅是家人们的游戏，也放心地说，只当是送他们的压岁钱了，也没有担心什么。那是我在多年离家后一次有意义的春节，倒不是我过了一把麻将瘾，可在那没有鞭炮也少有走动，多是大鱼大肉大快朵颐的春节里，我被这个像罂粟一样的讨人爱讨人嫌的东西，拉到了桌子上，同我的妹妹们玩起了那个很有天伦之乐的游戏，当然，说这些时，好像是称道这个被不少人所不齿的东西，我却"红肿之处，灿若桃花"，有些自我解脱的意思，但的的确确，在"玩物"的背后是一种可以凝聚的亲情。我真不出老娘所料，像送压岁钱一样，送出去几大张钞票，可也心安理得，也挺自然的，算是交了学费。后来，我把武汉的玩法引进到北京，略加改造，诸牌友也能接受。当然这是一帮启蒙者初级游戏时，这所谓的武汉玩法也可以糊弄一阵子。

玩这东西，多是在于气氛和环境，也因为它稀里哗啦的热闹，洗牌和和牌后的感觉，是其他的游戏所没有的，也许这也是它的一个迷人之处。也就有人很哲学地说，游戏的对象大于游戏本身。过程是美丽的，目的无所谓。也有人说，与其说是玩赌，不如说是玩的情调。忘了是去年还是前年了，在一次会议上，出席者多是平常十分熟悉的朋友，会开完后去旅游，十分轻松，晚上住下来后就找玩，正好住处有一个娱乐场所，里面唱、跳、扔、洗等一应俱全，我们几个被介绍到里面喝茶，看到整齐漂亮的棋牌室，座中有热心者提议还不如就开一局，于是，心照不宣地，主人客人就首选这麻将之战。会议上的诸位都是知根知底的熟人，自然组合就是了，有人唱歌，有人跳舞，有人洗桑拿，有人打保龄，各得其乐。不承想，四人坐下来，想躲开大家，可是总有人就找着看热闹，结果，说是四人游戏也往往最后在场的有六七人，多半是有人也一知半知，也曾在某个时候，陪过人三缺一，在这里看热闹的时候，就更为开心。牌中玄机大，座上欢娱多。一张牌一个机会，一张牌一个悬念，一张牌也可能让一个痴迷者顿首捶胸，也可能让对手领教一番。因此，在这张牌桌前，几乎把一个团队的人拉去了大半，其他的节目也没有多少人参与了，其吸引力之大，可见一斑。

也是那次会上，同行的有一个南方女作家，也是极熟悉的朋友，大家听说她也是个高手至少是个热衷派，拉进临时的队伍中，一时间在众多男性世界里又添了道色彩，自然，那晚上的战斗更多了机趣。果然，既有牌局上的计算，也互相逗嘴，合纵连横，特别是到女士和了的时候，男士们妙语连珠，甜言蜜语的，女作家也乐得受用。一晚上，大家苦战，几圈下来，不知东方已既白，因又要赶路，只好意犹未尽。那次后来去远处看另一风景，回来的路上，因本人先要走一步，几位牌友就陪着在宾馆里玩了一天，其痴迷的程度，让旁人所不理解。后来听说，此女作家曾在一家报纸上把我们那次热恋麻将的事披露了出来，一时成为谈资。后来，这位女士到北京时，我们中一位会团结女同志的牌友，还想找机会切磋切磋，但没有下文。

不少人都说，玩牌是几个气味相投的人，在一起乐哈乐哈的事。可不是吗，晚饭后，三朋两友相约，找一安静之地，支起一张小桌，点上烟，沏上茶，战斗就可以开始了。可以不计输赢不计目的，可以不说什么规则，随意为之，享受的是那份惬意和闲情。

娱乐和游戏者，开心为上，同伴的选择较为重要。玩这东西，依我看，有赌徒的专业和玩家的业余区分。由几个固定的"常委"来玩，只是业余的娱乐而已。这样的业余，往往是性情之乐，玩的是情趣或情调。

一次，众兄弟有段时间没有集中了，有人就用手机发来信息：问世间牌为何物，直教人生死相许。还有一次也是这位老兄，发来信息说：我要打牌，颇有高玉宝同志的对读书的迫切。有一次，这位仁兄在外面出差，不时发来手机信息，告之回城日期，自然醉翁之意不在酒。如果这仁兄的慰问电或信息来了，十有八九是他的牌瘾发了。说玩这东西有瘾，确实是这样。鸦片有瘾，抽烟者有瘾，打游戏有瘾，跳舞有瘾，而玩麻将也有瘾。记得一次，弟兄们集中在一处七天会议，这可是几位赌鬼们的幸福时光。那几日，会议安排较为松快，主持者也开明，同参加者也不是叽叽喳喳的小人，于是大家有恃无恐地玩了个痛快。一场下来，所领的报酬有人就所留无多了。

小小牌桌，见出人的性格，一副牌后，牌技高下并不主要，重要的是性情俱见：有的决断犹豫，有的瞻前顾后，有的爱吃后悔药，有的生猛果敢；有的就爱往大和上做，一副不到长城非好汉的气派，有的就爱小鱼小虾的，拣到篮子里就是菜，想赢怕输；贪小失大者而错失良机，豪气干云者而结局悲壮。牌局并不是因为你的仔细而在胜面上占优，往往那些果决者把握了好的战机，得到先手。有时候，命运之神眷顾着你，也许又增加了你的兴趣。在一段时间内，你的运气实际上是手气不好，你也许是以较劲法，希望下次的转机出现，继续拼下去，于是把自己雪藏数日，减了几分热情；也许你背时倒霉，经常地只出不进，你一记闷棍有些认命，金盘洗手，可是，过些时，你又经受不了诱惑，你想着"三十年河东，三十年河西"的古训，寄希望于下次时来运转，你的信誓旦旦，你的小伎俩，也烟消云散。有时候，你若碰到不顺之事，你会找个借口把众位牌友邀集一起，也许在这稀里哗啦中一切烦闷消散。也许你可能有点儿什么高兴之事，你也乘机把这个喜兴在一场恶战中去会意地满足。所谓有情场失意，赌场得意之说。还可能，你确实想一帮子兄弟们，老大不小的，平时里关照爱护又河水井水不犯的，有段时间就琢磨着见个面的，说点新闻说点轶事，骂几句文坛讨厌的事，笑几下圈里圈外的可笑之人。某某的行状做派，某某的蝇营狗苟，虽不是牌桌上的正餐，但在紧张的牌局中，调剂了情绪，宣泄了郁积，来几句国骂，编几个段子，虽小酌小餐，也不亦乐乎。

当然，这牌局也可开心益智。因为这百十张牌的不确定性，因为这有如战场上的风云变幻，也因为机会无限，机会对大家都是相等，才有那些玄机，那些不可测性，那翻云覆雨。众人的情绪调动起来后，你从中坐观虎斗，或得渔翁之利，或暗度陈仓，或瞒天过海，等等，所有的古代兵法，所有的商场战法都可引用。

熟人玩时，除了动手也要动口。玩牌的众兄弟们，在这时早就没有斯文，没有了伪装，粗话脏话都视为平常。在几位"常委"中，有两位平时住一院，这把年纪，都有个头衔职位的，可平时在单位里，不敢造次，可能是压抑过久，人到中年，很少有机会放浪形骸的，有了这牌局后，时而攻击不计文野，打情骂俏；时而长叹短吁，尔虞我诈，虚情假意；还不时地称爷爷做孙子的，如同街头胡同串子。不占上风不罢休的，有时又故作谦虚，又是古诗文名句，道貌岸然的，谦谦君子状，其实，过不了多会儿，又是骂爹斥娘的，以为这才痛快。我们牌友中，有位老兄的豪气无限，常盯着往大牌上做，有时真真假假的，有时自我先行暴露，有时候又声东击西。有一位爱以小胜集腋成裘的，一桌下来，也不少进账，或者最后时成为赢家，所以大家由此创造了句牌言：以小骚和消灭了敌人的大和，常被不屑，讥为小农。人算有时不如天算。有时，当你苦心经营，快是大和做成之时，有人以一个十分可怜的小和，救了另几位，于是先前的以邻为壑，又陡然成为大家的救星，刚才的笑话又变成了庆幸。有时，一位得先手，其他三人群起攻之，或诋毁，或揶揄，或算计，无所不用其极，然一旦有人得势，阵营倾时瓦解，联盟重新组合，敌友常常互位，战线常常混乱。最可笑者，好争气胜的，为小小几文也斤斤计较，正人君子者流斯文荡然无存，也许就是它的魅力。

　　有意思的是，那年秋天在杭州，朋友带我去看西湖十景之一——满陇桂雨参观，或许是气候原因吧，我没有见到成畦成片的桂树，也没有闻到清馨如许的桂花香，看到的是一片片用偌大的塑料布盖起来的阴凉地上，有白灰灰的电灯挂着，里面整齐的长条桌上，麻将迷们在战斗，估计有数十桌。听当地的朋友说，是一家家人来这里野游的，我好生惊奇，那首著名的词，不是有云："江南忆，最忆是杭州，山寺月中寻桂子，郡亭枕上看潮头，何日更重游！"可眼下哪有如许的情调高致。也许是一反古人之意绪吧。这里的风景变成了一个麻将战场的最好背景，倒不是感叹这麻将的威力，而是惊讶杭州人的创意和潇洒，他们竟然把这个不登大雅之堂的麻将，放在这个美丽的名胜风景点上，快哉，大胆。而且，那么多的人那么多的桌，齐刷刷地无视天堂美景的存在，对于麻将他们可能是最有心得了。这情景可以说是一场"麻将子民"神圣的膜拜。不知现在，这杭州的特别景象，是否还会继续，在其他的地方有没有，仅两三年前的这一幕，在我脑中就难以忘掉。

呵，这老少咸宜，文野不分的国粹哟！

2004年2月

学车

谚曰：人过三十不学艺。不晓得哪根筋出了毛病，一把年纪，被几位同事一撺掇，也去报了个驾校学习班。刚开始，还能对付，后来就腰痛背酸的，想想真不该赶这个时髦。如今有一说法，现代人必须掌握三种技能：一是外语，二是电脑，再是汽车驾驶。要说前两种，对年纪稍大的人，不容易（当然电脑打打字，倒没有太难的），而后一种，则属高级技工，是个熟能生巧的事，没有什么了不起。再说，前两年，学车的年龄又放宽了些，由原来的五十放宽到六十花甲之年，还可以去过过车瘾，得知这一消息，真有些喜出望外，想想这辈子早点晚点总还能圆了这开车的梦。

接下来就是考交规，朋友拿来一大本画着各种符号、各类图形的像杂志大小的东西，出于好奇，翻翻有些兴趣，有不少是平常见到的一些熟悉的图，可是想到要在短时间里把这些东西都记住，真不是件易事，何况还要面对考试。那几日，看书看图又问同事中早已过此关的，还真像当学生时考试一样的紧张。那几日，看马路上川流不息的车辆，看报章电视上说，北京的车辆已达饱和，持驾照者如何如何以多少多少的比例增加，在这紧张中又添困惑，我这是为了哪起，不是自讨苦吃吗？有先行者，明白人，半是安慰，半是劝说，到你这样的年纪的，学也罢，不学也罢；像你这样，有车坐就罢了，何必去吃那个苦。夫人先学一步，也故意的揶揄，你的大脑迟缓，小脑不发达，能行吗？东说西说，都有理，也自然。

仔细想来，时下做任何事，很难找到一个统一的答案。暗想，人嘛，还是听天由命而已，还是随大流而已，于是，稀里糊涂地，就考了。考交规是在一个冰天雪地的冬天。一大早，就把我们拉到东郊的一个教练场，八点钟正式开始考试，看那试卷上的百十道题，凭几天的恶补，也凭感觉，就猜与蒙，还算过了第一关。据说，那次大家多是临时抱佛脚的，也就那么回事，在众多的矮子里面拔了些个将军，我也算得到了个机会。考的什么，大多没了印象，但是那天五六十号人，坐在一个偌大的教室里，旁边有穿着威严的交警同志在巡视，好久没有经历这种场面了，那情景那阵势，真是此生此世不会忘记。

接下去就是真枪实刀的干活。那天，上了车，摸着方向盘，点着油门，煞有介事地，心存憧憬地，感觉了一个司机的神气。因是本单位的速成班，学员大都熟悉，几个人坐在一辆车内，拨拉两下后，说起了闲话，教练师傅是单位的司机，说话也就随便，不大顾及。几位学员的年龄，算来就数我大。看到那些比我小一轮的小年轻，又暗忖自己干吗要吃这个苦头。第一天，熟悉档位，感觉方向，想来三十多年前，在农村劳动时，玩过几天拖拉机，开过动力机，那玩意儿虽不及汽车速度，但基本的原理八九不离十，于是自以为是地，踩油门，挂挡位，搬方向盘，弄不了多会儿就有了那么一点感觉。记得刚开始学的时候是"五一"前，那时候的天气还真争气，我们又是在单位的院子里学的，大树的绿荫把太阳挡住后，坐在狭小的车内，也感觉不到什么燥热。五人一车，或在里面呆着看别人练，或者轮流排着等自己到了的时候再进车内也可，总之没有想到就那样顺利地开始了学车历程。

因是本单位的院子里划出一块空地，树上标杆，就算一个教练场了。倒也无妨，可以前进，可以倒车，可以做在一些正规场地上做的活。这地方也是单位车队的属地，人来人往，熟人多，问：嗳，学车呢？答：哎！有时，看一些年轻的同事，故意地躲着，好像做了见不得人的事，什么名堂，虚荣心吧，怕那个笨样为大家所讥笑，也怕说，都什么年纪了，还赶时髦。好在几天下来，也没有谁注意，也没有谁有这个闲心。

同班的学友是男P和女Y，正好说要学车，有了这个机会，我替他们一起报了名。论年龄他俩比我小，论大脑的协调功能也比我强（顺便说一句，后来正式学开车后，人说会不会开车看你的大脑的协调能力如何。可见大脑小脑这说法还有市场）。两位同学也是每天按时到位，好在我们的教学之地就在工作单位的一个院子里，按时间排，每人在车上的时间可以自定。先是在车里原地熟悉，后就到院子里划出一个场地，学揉库、倒车、起步，来来回回，多少趟没有计算，但大约得十几个课时，反正这样子的上车下车，练了一周左右，课时够了，就找到一个更大点的地方，顶着初夏的骄阳，又巩固了些要领，完成了先期的任务。后来，我们正规地上了驾校。每天早去晚归，坐驾校班车。多少年在工作单位里住家、上班，无挤车之劳，无奔波之苦，享福而不觉。而一下子每天迎着朝阳顶着烈日，打乱习惯，还有些不适应。一天练完回单位，处理点事，就口干舌燥的，累得不行。心想，这自讨苦吃的事，还不知有何意义。

　　驾校的气氛紧张多了。第一天报到，也是每五人一车，有了新教练，分好后把大家拉到一个沙石滩上，那里是驾校的一个练习场，在这里重新熟悉车性。上来教练就来个下马威。一大排人，轮个地上车，要领是在规定的场地里猛打方向盘，熟悉方向盘的感觉。这个活算得上力气活，如果说，这之前多一些原地踏步的练习的话，那现在是进入实战练习，要上路，要考试通过杆考和路考才能毕业。

　　为了最后的冲刺，三四十位学员，冒着酷暑，在这里统一训练，以应付第一关的杆考。好像是五月上旬的天气，气温一天天在上升，练几下，就找个阴凉地歇歇，看着几辆教练车同时以一个姿势把这些有点年纪而心有不甘的人们拖到这个简陋的场地里，来回地转圈，来回地忍受着酷暑烈日的侵袭，也不知是为众车友还是为自己感伤。

　　驾校的感觉，好像是一个工地。汽车轰鸣，人声鼎沸，热浪袭人。过去，当农民时有所谓的大兴水利和农田基本建设，一队人马划出一个地，就是歇脚处，每天的活计外就在这里吃喝拉撒睡，一日三餐，而今又回到那个苦力时代。记得当时拉架子车修堤坝，看到汽车呼啸而过，心想，何时自己也过一把瘾，不想当年的奢侈之想如今已变成现实，无形之中，就有了勇气和气力。所以，当我们那小小的教练一副威严的样子训大家时，实在说，我的那点勇气和心气占了上风。也可能是这样的想法，一番每天起早贪黑的学练，一周过去，也有了点窍门，也有了点进步。比如，跑单边、过八字、穿立交、起步停车、超车错车，等等，都有了心得。而严峻的考试就过去了。

我不是那种学得严谨扎实的人，也不是那种灵气而慧根聪颖的人，只是稍稍琢磨一下，开窍之后就有些自得的。记得，在教练让做倒车练习，因长时间地重复一个动作，我们都有些疲沓而随意，我就提出可否改进方式，好在教练是一个年轻的小伙，对我们这些半老头子、半拉子文人们，也没有多大的要求，只是不要在考试中拖后腿，因为他们的效益与学员的通过与否关系极大，要太邪乎了，他的脸面无光，还要减少收入。年轻教练还算开明，知道我们能把握自己，我却因为自己的提议而有些自得。同去的Y和P看我敢与教练理论，也为我担心，因他们车上的教练说一不二，还训人骂人，每天都是一脸的坏天气似的。

看那些盛气凌人的教练，看那些威严而死板的教练，我庆幸我们的教练好脾气。也许看我们老大不小的，也许看我们不会为他丢失那份效益的，也许他根本就没有这么多的想法，只是，我们觉得交了这份钱，买罪受，买气受，心有不甘。听人说，要送点什么才有好脸看，可是，我们的那位小教练，除了爱好照顾照顾女士、小姐外，也没有让人看出有什么特别的。如此，我们还算幸运。

很快正式考试开始了，杆考过了是路考。早早就来到考场集合，点名。一大排交警来当考官，警服警号，显出威严，教练在每个队列前面，学校领导出席，像誓师会似的，气氛一下子紧张起来。因每次都有掉队的，大家更是不敢掉以轻心。我们是中午开始的，到我当儿，考官发出指令，让作了平时练过的大众动作，稍难些的是坡起，三五百米的距离，两三个动作，就完成了。然而，并不是都那样顺利，那样简单的考试也有人折了的，同去的一位本单位的，大家都为他担心过，这次未逃劫数。听说他在百米内，紧张得没有完成考官的指令，要求在规定的路程上跑出四个档，他还急得熄火了两下，按规则，只好留级了。

半月后，我们领到了驾照，在众多的小本本中又多了一个。还不知，猴年马月才有车开。不过，现在你也算不费多大的力气，就把这个赶时髦的本本弄到了手，即使束之高阁也心安，或者有了一个炫耀的资本了，至少，人前人后，我也有了本子。说不定，你在特殊的场合，还可以救驾，当英雄。

不知有没有人做过统计，你手里有多少个这样纯属摆设的本本，虽然，这个本本与其他的众多的本本相比，得来都要费点时，费点钱。现如今，做一个现代人真不容易，好多的事都受制于一个从众心理，学车，玩手机电脑，玩体育项目，还有什么的，你明明知道有些东西，离自己虽并非遥不可及，但也不是手到擒来，也不是都能适应的，至少，你受惑于众，在浮躁喧嚣的时风面前，也时尚了一把，你也就觉得自己年轻了，心里的安慰有了很大满足，这很重要，或许这是主要的。

补记：此文是2012年前写的，那时候我已揣有4年的车本却几乎没摸过车，有感于当时的激情和赶时髦，学车得本之后，虽没有用场，足可以自炫，于是，就写了这篇东西。可是，就在不几年后，这车和学车的人，迅猛增长如蚁，不可思议，几乎每家每户每晚都在做着汽车梦。一时间，北京每月就猛增十万辆车，传为像往年北京排队购大白菜似的滑稽。到2010年底，只好摇号限购。而求购的人，逐月增加，现在已到了每250

比1的难度，几近是个天文数字啊。谁也没想到，几年时间，中国成了实实在在的汽车社会，是发达的资本社会需要多年才能达到的快速。如今，说汽车成了公害不为过。有一朋友说，他特讨厌汽车，说无孔不入，无处不有。尽管这限那限，这车还是如同疯长的野草，一茬茬，铺天盖地而来，坊间，学车的人学车的事成了朋友间闲谈最多的话题。车多了，住地许多马路成了免费停车场，原来居家不远的一条很清静的马路，几乎被汽车堵塞，办任何事都不便，一到夏天，路过这里，热气蒸腾，尾气弥漫，唯恐躲之不及。先前有交警贴条，有所收敛，后来，多了，法不责众，车多的吓退了交警。据说，北京已保有五百万辆，有车本的人也达800万人之众。车多路堵，事故多了，而以前的开车新鲜劲到你还没有完全过瘾的时候，就成了麻烦事。这就是，物极必反，也所谓一个悖论：你拥有的或许又成了你的麻烦；上帝为你开了一个窗也可能为你堵了一条路。

我开车其实是在学本之后七年多的时候，因那时刚买了车，才有条件去尝鲜。我属生魂胆大型的，开始借一朋友的车练手，开到五环外京顺路的乡村小路上，那时的车还不多，新手上路也不要求贴个"新手"招牌，不熟练也没事，几乎凭着激情，不顾及细节，见大车货车也超，在路口也不收油。起初老婆陪着，她也有本，内行指导容易犯好为人师的毛病，开始两相无事，后来说多了，烦了，常有争执，弄得一点情绪也没有，开车成了吵架。得出的结论是，最好不能跟家人一起学开车。记得一次心急，竟争吵斗嘴，发狠话，互不相让，我把着方向，说再不住嘴就把你放在高速路上，这么一折腾，开车的快乐成了包袱。以后就没有专门地去练，更不让老婆跟着，但总得要上路的啊，于是，大胆地开出去办事。儿子也会开，第一次坐进我开的车里，看他那严肃的神情，随时像要夺权似的。好在，没有大的麻烦，有点小状况也是自己跟自己较劲，比如，倒车剐蹭，在阴沟里翻船，进车库出点小情况，好在走保险也是在可控范围内的。一来二去，拿本都十六年之多，跑了数万公里，也多是在市区环路内的闹腾，但经不住时间和资历上的积累，遂也成了老司机。现如今，我不敢说车技如何，但这便捷之处也不无得意和满足。你驾驭它，降服它，觉得谁发明这东西真是伟大啊。

从实践和经验中总结，开车不光是个技术活，可熟能生巧，而主要的是考验你的心态，应变能力，你的心志和情绪。这还真不是上纲上线，往大里说，人只要一上车，你只是个活动的物体，你得要紧张起来，但更重要的是放松，心态或可是第一位的敌人。你对周围情况的观察是关键，你前面的车，你周遭的突发事，一定要有所分析和预判。大胆与细小，二律背反，孰轻孰重，不好区分，但是，不可小视。有规律可循的是，如果前车老是在点刹，尾灯时不时亮红，或者，前车忽快忽慢，或左或右，你得警惕，不是新手就是莽汉，或可有酒驾，远离或者躲开是最可靠的。再就是，要有几不跟，大车和出租车不跟，穿来钻去的车不跟，有新手招牌的不跟，车太新或者车太旧的不跟。这些都有可能成为潜在的定时炸弹。学车，是容易的，而开车，与教练教得好坏没直接关系，谁也不能说，年头长了你就是老手，就会游刃有余。如此，开车最是个不能言说，只可意会的活。学车的苦乐，可以成为人生的记忆，可以成为文学的素材，但开车也仅是一个方便的生活方式，说得大了小了，都无关重要。这也许是过来人的一个领悟。如能对那些学车和学过车的朋友是一个参考，就满足了。重读旧文，如上之感，算是补记。

补记于2015年夏天

称谓

　　有了十多年编辑的经历，年龄又老大不少，同事中小姐先生、大男大女年龄参差不齐，新来的叫我们这些胡子长些的，叫官名太生分，叫老师太过奖掠美，叫老某又不好意思，或直呼其名又嫌别扭，如何称呼，难倒了小姐小伙们。

　　于是，五花八门，层出不穷。或叫老师，听起来总让人气不壮理不直。刘小姐、杨老弟每每叫时，让人听出他们的声音怯生生的，应答时"哎"字尽量说得轻细一些，或赶快用公事打发。自忖，这老师之冠岂敢随意戴取？面对这些妙龄才俊、锦口绣心的年轻同事，不是随便就可好为人师者也！或叫老某，因人到了一把年纪渐渐如此被认可。可也生疑窦，倒是年稍长我者却如此以老某相称，也许我平日里也这样"款待"他，礼尚往来嘛。而那些小不了点儿的男士却并不以这"大众标准"称谓于我。有时自我反省：都快近天命之年，那些同仁、弟兄还吝啬地送不来一个老某的帽子，未免太"小瞧"我也，想想也许人家另有意思，比如这年头人都爱往小里说，到看见离退下岗，评职聘职不又少了机会，不以"老"之相呼是暗含理解之心。你还不领情怎么的？

　　或称官职，虽多为小姐女士们所为，窃以为这是一种无奈之举。想想那些小我一轮者，或更多者，不敢说阅历资格，就是马齿皱纹也多于他或她们，人家总不便直呼其名姓，或以老某相称吧！那些刚分来不久的同事，也许认为你还很在意这个称谓，也许他们这个叫法是你自己人故作姿态后的一种反映（评价）呢？当然，也有故意以此打趣的。那位陈兄年龄稍小于我，共事十数载，也如此叫你，其声调其情态多少让你觉得是同你逗乐，既得体又不失礼性，岂不快哉！因为这些成天在一起做文字工作，某长某主任，至多像个生产队长的活计和职权，再说数十年养成的不叫官位职务的好习惯，谁还不清楚一二，岂敢在我辈中断送？

或直呼其名者，也是最为痛快的，这样的叫法称呼上有长者领导，中有同辈同学，或也有年逊于我者。听起来习惯亲切自然，或可能是自打到单位以来就很少有人叫过小某，大多是直呼名字，这样慢慢顺口过来，也就因循守旧，约定俗成。以至一些新来的人，大胆或大意者不如此因袭，听者习惯自然，省去了诸多客套。当然也有叫全名的。那是几位仁兄刚来时，觉得我比他们大几岁，虽叫起来绕口不顺，也是多余的礼性，至今仍不嫌三字麻烦，就只好难为他们了。

名字让人叫，人每天都要交际。叫什么，如何叫，本不是什么关乎宏旨的大事。再说，同事间，随意为之，省事为上。自己想来，这么多每天朝夕相处的同事，五花八门的，让你应对时却大有可玩味的。再仔细想谁让爹妈或是老师没有给予你取个单音名字。如今，走廊里办公室中，那单字的名的女士男士，被人脱口叫来顺溜上口，还真有点羡慕。

所以，当儿子长大懂事后问我，为何给他取了个单字的名，我不假思索地说，因为好叫，也因为你老爸是三字的，咱得该改改了……不知儿子听懂了没有！

1998年11月

低碳离我们多远

　　都在说我们要低碳生活、零排放、节能减排等等。不知何时，这些有点陌生的词语，成了流行语。明白不明白的人，有意无意地在说这个词。生怕我们不低碳，而对别人不好，对自己不好；生怕不低碳，我们成了反面角色。当然，也有一些低碳的行动者，或者说，是这些环保志士们，默默地、真真切切地在那里做着有益、有效的事。

　　问题是，我们往往都是着眼宏大，大而化之地关注了，或者，多是说在嘴上而并没有落实。或者，多是"事不关己，高高挂起"，看别人环保低碳，而自己则是一种懒散的习气、官僚作风，让本可以低碳的，变成了浪费，本来可以做得到的却不去做。

　　这不，即使阳春三月，外面风和日丽，而办公室里，单位走廊，空气燥热，达二十九度之高，而且，多次问及单位有关部门，能不能把暖气阀门关上，根据室内温度调节一下，让我们不至于那样燥热，都有点难受了。几度问询，一环环去找，答不行，就这样子的设定了。大的开关没有人说去关，小的也没有人来管。被高热的我们，只好一面是暖气，一面是吹空调。如没有记错，这样子的经历，就在今春四月来之前凡数天。有几次去商场也热得单衣薄衫还汗流浃背。这样子的高碳不节能，这样子人为的春天里的夏天温度，没有人算账，消耗了能源，排放废气，什么的，与己无关，成本如何，没有人知！有时候，气恼地想，这要是他们家，绝不是这样的。

其实，这环保、低碳的事，与我们的关联，比比皆是。办公用的笔墨纸张，无数的复印纸，有用没用的复印，一大张几个字，浪费耗能的账，又有谁去算过？单位发放的一些书籍，多少钱都有，还有成套的，每年都有几次，美其名曰是学习，可是，领来后，又有几人问津，多是往那一扔，没开封就当废品回收。当然，也有人翻看了，不是内容多重复，小报抄大报，下级抄上级，就是多为报纸杂志上的文章汇编。这类假冒冕堂皇之名而行浪费和不环保之事，时下泛滥有加。还有，现在通行的写字笔，是方便了，可是，那笔没有笔帽用不了多久就干巴，不出水，有时写着写着就着急上火的。我抽屉里大概有十数甚或数十支这样的笔。有的是单位领来的，有的是会议上发的，多是用不了一两次，出不了水只得换笔芯。扔了可惜，再用更浪费，干脆就阁之为废物。其实，这种用手上下按、因为没有笔帽密封、一旦干涩不出水、只能换芯才可用的笔，设计是有大问题的。可是，这样的笔还在生产，还在各单位里分发。有没有明白人，能不能改进一下，或者，这种笔不要在干燥的北方销售。小小的事，很少从节约方面考虑，从适用性方面着想。办公室的不低碳，最为严重。说到底，是不是管理体制上的弊病？

还有，在聚会中，人们时兴送名片，多年不衰，现在是名片越做越讲究，名头越来越敢写。有一次，一位朋友申明他没有名片，也不喜欢名片，说为了环保，为了节约，倡议大家不用名片。他说，用一小纸片写个电话，或者，把电话记在手机里，不也行吗！事后，有人说，这是环保人士的惯用方式。名片，浪费又不环保，这是他的话。听他一说，本来不爱用名片的我，更不大愿意用名片这东西了。一次到某单位去，正好遇见他们搬办公室，看到那多的名片，散落在地，像大街上的小广告一样的遭遇，真不是个滋味。听说，那位朋友还多次写文章说，为了环保，能不能弃用名片。这个提议是有价值的，可是，好像没有多大的效果。我曾与他开玩笑，最好有个代表或委员在全国"两会"上提个议案，效果可能就好些。不知这个说法有没有人应和？

低碳是为了节约，减少成本，为了生活得更有质量。我们得多想点法子。大的环保之举，大的低碳行为，以一己之力，可能难以为之，可是，身边的事，举手之劳，从小事做起，或者，为了我们自己的生活质量，科学发展观的落实，改变你的陋习。你认真地做了，你主动地做了，定会是有益的。何况，集腋成裘，聚沙成塔，为了这个资源日益受损和缺少的地球，人啊，当扪心自问，我们低碳了吗？

读书之惑

　　每天与书的交道胜过自己的亲人友朋，居家卧室、办公写作的地方，上班的提包里，出差的行头中，抬头不见低头见，满眼书影，遍闻书香，这个职业的特点是与书为伍，与书相伴。于是读书就成为职业，成为生命活动中的一个部分，成为一个无可逃遁的选择。

　　读书，注重的是性情的投入，古人有手不释卷，雪夜围炉，沐浴焚香，在于阅读的环境；读哲人智者的宏论妙语，读到尽兴解颐处，足之蹈之手之舞之，乐而忘机，物我皆忘。读书，又能磨炼你的性子，当你有如老僧入定似的沉静时，你会收到以一当十的功效。

　　书是人类忠诚的朋友，老少无欺，桃李无言，下自成蹊。

　　书传递着同好的友情，一本散发着油墨香味的新书，飘然而至，虽然寥寥几字的签名，那份情谊，那份心绪，尽在不言中。

　　更多的时候，是自己到书摊、书市上去淘书。这些年，各类出版物五花八门、良莠不一。寻觅一个你所心仪的作家，你所动心的书籍，是件不易的事。但是，在这种寻寻觅觅当中，你得到的是在自由心态下的阅读。书摊是一个浓缩的出版市场，是一个流动的图书馆，也是一个没有预设的随机性的阅读。在这里，洋洋大观，似无定向，各类图书荟萃，选你所爱，得你所好，也许比起到书店，到图书馆，收获都要大得多。

读书的快意是一种任意地翻阅。这种感觉在街头的书摊上最容易满足。长时间在书房里，在阅览室中，在办公桌上，正襟危坐，烟熏茶煮，阅读的兴趣和愉悦被一种刻板的定势所规范，六经注我，阅读的主体精神不经意地流散和淡化了。这种阅读当成按部就班的行为，阅读就变成例行公务式的一桩痛苦的事情。这种职业性的阅读，悄然地消灭阅读的创造性，消失阅读的快感，被书籍牵着鼻子，成为书呆。

腹有诗书气自华，书到用时方恨少。前辈作家们读书，讲求的是广取博收，有海绵吸水法，有鲸吞之说，有蜜蜂采花的比喻，等等。读书为了积累、丰富和充实，为了厚积而薄发。这种阅读注重的是学以致用，是文化传承，薪火相继，因而有雪夜闭门读禁书，有红袖添香，囊萤映雪，悬梁刺股，讲究的是执着和投入。

然而，现在人们的读书兴致和热情越来越减退，读书人的队伍也在减少。在这个文化浮躁的时代，瞩目皆是的电光声色，影像音舞，丝竹乱耳，目迷五色，简单快捷的感官享受，媚惑诱人的视觉刺激，对比之下，文学的阅读就成为辛苦的劳作，变成一种迂愚的体力活动。电影电视、卡拉OK、JJ迪厅……正在从读者群中挖去大量的意志薄弱者，培养出大批的听众和观众。还有，实利的获取，功名心的迫不及待，难得有心坐下来，烹书煮字，面壁修课，更何况那亢奋的股市，各种博彩奖券的诱惑，生活节奏加快，竞争的激烈，文化的分量在某些大款大腕们看来，并不比一顿晚宴值钱。一个流行文化走俏的时代，读书被当作一种奢侈的高消费，被大众所排拒。虽然，不少的书籍还在印制，不少的图书仍然在出版，这个时代的读书人似乎成了不合时宜的怪异，成为文化的一种装饰和点缀。

　　读书，日益成为这个文化浮躁的时代十分艰难的事情。因而，每有同好以新著见赠，那些有思想见风格的文字，实在是为我的阅读增加了些许勇气和信心。当下，出书容易也不易，那些坚执于文化传承，有着经典意义的书，我以为，是对时下通俗文化和快餐文化的反拨，也不啻用心血和智识点燃人文精神的薪火。所以，面对众多的海量的图书，尽管其中良莠不齐。但读书人之间并非功利的书友之谊，同道之好，书道之情，在当下十分难得。"吾道不孤"，令人欣慰。所以，我的不少时间是读朋友们的新著。研究学问的、文学创作的，文化的描述，学业的精进，对社会人生的洞悉，使人获益良多。学者、新闻大家邓拓当年曾引述过古人的"有书赶快读"，一句至理名言，不过，当你联想到在这个并不是读书的时代，仍然有这么一些人愚不可及地坚执自己的理想，坚守着文化的神圣，你的阅读变成了对文化精神的礼拜，一种朝圣者的情怀，想起来，虽有一种自豪又多少有点心酸和自嘲。

　　读书，其实说来，纯粹是个人的事，孤独地面对一豆灯光，同哲人智者交谈，同大师对话，同你所心仪的作者神交，又是一件十分惬意的事。潜入其中，你也许会少了浮躁之气，用你的心去感受文化先贤们的智慧，你的生命虽然并未因此变得鲜亮和活泼，但充实了自己，却是毋庸置疑的。

　　就读书的痴迷来讲，我不属于虔诚的教徒，如同面对宗教，有的是信仰，有的则只是爱好。我更多是因为这个职业对于它的别无选择，也因了这个时代提供了更多生活和思考的空间，我们除了书和笔，身无长物，身无所长，只能做这种毫无办法的选择，也只好接受和认命于此。在这种半是职业半是爱好的阅读中，我所希望和期冀的是，人间有好书可读，人生的阅读不仅仅是为了自己，为了某种友情。当读书成为个人之间和同道之间私情交往的时候，阅读是一种残缺，也是一个时代文化的缺失和不幸。

我们忧虑眼下读书成为精神贵族的奢侈，我们疾愤自己的书籍没有多少知音。作为读书人和写书人，我们更多的时候，为充斥着书摊书市上的大量的庸俗读物而汗颜。文化的精品和经典，在这个时代，需要花大力气去寻找，文化垃圾堂而皇之地挤兑精英文化，文化沦落为商业的奴婢，低俗的读物也打着文化之名畅行其道，无论如何，是真正的读书人深感忧虑的事。

不过，聊可欣慰的是，我们毕竟有自己的阅读选择，有自己的阅读天地。在这个被认为转型期文化政策不完善的时刻，人的文化空间随着人的生存空间的廓大显得相对自由广阔了。以平常心态看生活，以平常心态去读书，或许是文化人和读书界唯一的选择。

1994年7月

这个夏天

——远看法国世界杯

　　这个夏天的夜晚，法兰西燃起的足球世界杯战火，像磁石一样吸引了世上痴情球迷的目光，无数热血的男儿女儿们被足球这个魔鬼纠缠得神不守舍，心绪不宁。

　　6月10日，当尼日尔的裁判在巴黎王子公园吹响第一声哨音，这场四年一次的绿茵拼战，成了这个夏天全世界球迷的体育大宴，成为那些钟情痴迷者为之起早贪黑的一件快事。

　　是的，临近夏天，我们这个十分注重信息的时代，有许许多多的"新闻"在耳际眼底流连，厄尔尼诺现象、印巴核试验、阿尔法磁谱仪、日元贬值等等。我们为生存的环境和世界的安宁，不懈地努力着；我们关注人类生存和生活的家园，为跨入新世纪做些我们力所能及的事。但是，我们享受着物质文明、创造物质文明的同时，我们又有着极大的精神需求，我们从体育的竞技中，既发现了人类身体的技能和力量，又发现了人类生命的技艺和灵感。这就是为什么有些体育比赛有那么多的爱好者甚至痴迷疯狂者的缘由。

这个夏天的夜晚是溽热的，却是迷人的。夏天的火热和浪漫，夏天的喧闹和斑斓，夏天的蓬勃和热烈，或许正是举办体育盛事的上佳时节。想想，四年一度的足球世界杯大赛选择在夏天，亿万球迷的如火热情，如同这个时令的酷热一样。炎炎夏日，阳光更为灿烂，绿草更为葱茏，暴雨骤来骤去，浪漫缤纷的物候景致是这个季节的特别饰物。夏天，生命都蓄备了足够的能量和优势，天象也充满了偶然和随机。这又同足球赛事风云变幻的布阵，出奇制胜、波谲云诡的算机等等相和谐，构成了夏天和足球的浪漫风景。

法兰西之夏的迷人，是那五光十色的斑斓色彩，是给人以亮丽的光和影的吸引。32支球队五颜六色的队服和那些各自的铁杆球迷们头上脸上涂抹的光怪陆离的颜色，真可谓天工巧夺，造化神奇，是个性的充分展示，智慧的非凡表演。每每场上有精彩之处，一排排整齐的人浪此起彼伏，在阳光丽日和芳草绿茵的映衬下，无论是飘飞的国旗，还是各呈异彩的队服，赤橙黄绿青蓝紫，划出一道道流光溢彩、璀璨夺目的风景。还有，开幕式上想象奇瑰的表演，也尽显魅力。所有这些，让法兰西之夏，成为色彩火爆、光影灿烂的海洋。

这个夏天，荟萃了人间最优美最亮丽的色和光。置身其间，你充分享受着大自然七彩的灼灼光华和人类对颜色的匠心独运，你会领略到自然和人体在色彩上的和谐一致。那蓝白相间的足球，那葳蕤葱郁的绿地，那色泽鲜亮的队旗队服，连同执着的球迷的帽子和发型，交织出一幅流泻着自然和生命的画图。大战的帷幕落下，你也许记不完全参赛者的队名，但是，那些艳丽夺目的色彩，一定会在你的心中留下永久的回味。

人们瞩目法兰西，钟情法兰西之夏，为了这只灵怪——足球。这只用二十二个生命去拥戴的足球，像一个激情的精灵，在绿茵场上滚动，来时倒海翻江，去时万马齐喑；或挟风走雷，或水波不惊；倏忽大势逆转，稍瞬满盘皆活。场上风云变幻，场下千姿百态，遥相呼应，激情催发了队员们的潜能，一场力量的竞技演化为一出艺术的舞蹈；激情如烈火，把球场燃烧成一口沸腾的锅。球迷们的狂热也随着小小的足球转动，或悲恨或喜泣，捶胸顿足，掏肺倾心。

绿茵场征战，优胜劣汰，胜负输赢，是力量和体能的较量，是谋阵布局的对垒，更是激情和智慧的角逐。"非洲雄鹰"尼日利亚过关夺隘、智利队"双萨"的神勇组合，巴西的罗纳尔多、英格兰的欧文、法国的齐达内、荷兰的博格坎普、阿根廷的奥特加等人上乘的表演，与其说是在演绎和活化了足球艺术，不如说他们是用激情的利刃在解剖足球，就是这些足球的激情大师，才有了阿根廷与英格兰、德国与克罗地亚的经典战事。尘埃落定，我们在惋惜一些强队命运不公时，又为这些激情天才的出现而宽慰，也许这就是法兰西之战的最大成功。

比赛充满悬念，充满玄机，旦夕祸福，不测风云。偶然的机遇，随意的可能，冷门和黑马，结果胜败难料，也因此吸引了各色人等的预言家，连各参赛国的政要也不甘寂寞——首脑督阵，议会休会。体育大赛玄妙无穷，足球大战更是壶里乾坤，咫尺万里。玄机玩弄于股掌，胜负命悬一线；教练斗法，球员争勇；"裁判风波"，球迷狂闹；老牌劲旅西班牙、英格兰、意大利、德国过早地被淘汰出局……这就是足球，这就是今夏热闹的法兰西。

　　拥有六十四场战事的第十六届世界杯，渐近尾声。我们度过了难忘的一个月，享受足球带给我们的激情，体味人生，这岂是体育所能包括了的？没有足球大战的夏天并不都是平淡的，但有了足球的夏天，我们体味了丰富的人生。

　　我们为有这个浪漫的夏天而庆幸。

1998年6月

永远的廊桥

　　从大兴安岭的林区回来正值这个城市暑气逼人，没日没夜的酷热，叫人无法安静下来，心还在那绿色的清凉世界里逗留，每天次第把那十数天的时光和旅程温习一遍。回到你所立足的当下，那喧嚣的市声，嘈杂的人流，蝇营狗苟，鸡毛蒜皮，弄得人烦闷之极。想做点什么，都索然乏味，人的心好像也中了暑。你只好用回忆来冲凉和消暑。不甘心被热气打倒，看书写点什么吗？汗水早比你的思维捷足先登。看电视吗？那蹩脚的男男女女游戏，引起不了多大兴趣。于是，抱着电扇，啃着冷饮，翻翻那些消遣的书籍是这个时辰打发光阴的最好办法。

　　这天，晚饭后慵懒的我，随手抄起一本朋友新近送的书。这是一本美国作家罗伯特·詹姆斯·沃勒的新著《廊桥遗梦》，朋友是本书出版社的老总，一个热情的兄长。他几次推荐说，八万字的篇幅，又是风靡美国的畅销小说，很好看的，用它来消暑退热吧。于是，燃起那可爱的尼古丁，吞云吐雾，于暑气热浪之中，享受着大洋彼岸的人生风景。廊桥，遗梦，多么优雅而含蓄的题名。小说以一个摄影家浪漫的故事表现一段不了之情。这是一个偶然的人生过程，温馨的情怀激励着当事人在人生的旅途中充分享受着生命的意义。许多年后，这份真情被一位作家发掘并表现了出来。男女主人公四天的邂逅，云山阻隔，那段往事、那份情感全成为人生的遗梦。这里所描绘的廊桥是摄影家金凯心仪的一个名叫罗斯曼的桥，他从华盛顿到依阿华为拍摄其采风，独自驱车，而在这带有冒险的执着中，他结识了一位名叫弗朗西丝卡的妇女。艺术家的浪漫和普通人的情怀酿成了一段不了之缘。当若干年后进入暮年晚境，回忆起这段姻缘，过往的历史虽然仅仅是一个人生的偶然过程，但是特殊的生命情怀在不无遗憾中变得越发令人怀想和挂牵。渐进的宽容和理解，十年生死两茫茫，不思量，自难忘。世俗和天国的暌违，更掀起刻骨铭心的情感波涛。廊桥是他们情感生发的一个艺术的和生活的碑刻。读着这样的文字，你不得不感受到普通的人类情怀的共同性和共通性。你可能触动自己的情感记忆，捕捉生命历程中那份特殊的情怀和心绪。你不由得信服这什么也不能又什么也无不能的文学真正是伟大的"造情运动"。不论是什么年代什么身份的作者，只要有了一份真情的投入，那份情愫，那缕心绪，像柔柔的月光飘洒在大地，融入山野，走向广远。

今夜月色好！读着这个美丽的故事，你的联想和通感击退了暑气热浪。虽然过了不能轻弹眼泪的年龄，面对一个真实得令人不容怀疑的故事，那份情愫能拒绝自己心绪的兴奋吗？

摄影家的廊桥是他特指的美国的依阿华名叫罗斯曼的桥。拍摄这座闻名的廊桥丰采是他的目的，实际上令摄影家心仪的桥是艺术化的虚拟物，与其说是一座自然的物件，不如说是人生的一个偶然过程，一个生命行为的路碑。因此，拍摄廊桥无所谓，廊桥拍摄也许更为重要。在人生旅途中，过程的美丽和辉煌不是常常由我们的经历所证实吗？美丽温馨的廊桥，他不仅是属于作家沃勒的、摄影家金凯的，它是我们情感世界里的一片美好的风景。也许人人并不都有摄影家那浪漫的故事，然而，那里生长着人生旅途中回忆的花朵。

今夜月光明媚。知了的噪鸣，市声的鼎沸，暑气的肆虐，并没能销蚀掉你沉浸在沃勒所创造的艺术氛围中的情绪，相反，因了这份美丽的温馨，廊桥的故事开启着你的心绪，翻阅着你的生命旅程的档案……

我们在人生的风景中行走，我们有过无数次关于桥的故事和经历，我们也曾将桥纳入自己的摄影机镜头，我们的情感也同样地与桥发生过联系。然而，这一切都不是重要的。沃勒或者金凯的廊桥是生命激情迸发后的艺术再创造，是艺术生发和情感维系的见证。我们试图走近依阿华的摄影家金凯的廊桥。那粗俗的、纤巧的、华贵的、妖媚的、浅薄的、平庸的……曾经在我们的生命历程偶遇的一切一切，能够与沃勒笔下和金凯的镜头中的廊桥相媲美吗？

摄影家第一次也是最后一次走向罗斯曼桥，艺术的创造和生命的体验，使他既有满足也不无遗憾。他的廊桥依然雄峙在依阿华一个不名的山坳里，他的情感留在那寻找的过程中。廊桥是永恒的，一如他所追求的艺术，然而，他的生命却在有限的时光里静静地消逝。"此情可待成追忆"，廊桥的遗梦成了他人生的绝唱。不过，他也应有自己的满足，毕竟他曾经有过值得追忆的美好时光。那么，面对着彼岸风景的廊桥，我们的阅读体验呢？物质昌明，张扬个性，过分物质化的挤压，充斥着声色感性，满足着感官的快慰，流行的文化招摇过市等等，真情需要重新唤回，那金凯式的廊桥情怀，令我们有着并不陌生的共鸣。无怪乎，在发达的工业社会里，回归一种金凯式的温馨情感、古典情怀及人与人之间真挚的沟通和理解，尤显得必要。而面对物质生产并不发达的当下，这将昭示给我们什么呢？是艺术的，抑或不是艺术的？

1994年8月

邂逅美国 "大选"

这次在美国月余，有幸赶上第五十五届总统大选。正好我所在的俄亥俄州又是举足轻重的选举人票决之地，如今大选尘埃落定，可是这个俄州的统计票到最后才水落石出。以至有些俄州人氏，小有自得。想想也是，借着总统大选，吸引世界的眼球，多好的超级广告。

甫到俄亥俄州立大学访学，朋友就说，你这次可是赶上了，还灌输了这次大选的"观战方略"。不过，无论是同胞老乡还是金发碧眼的老外，说的最多的是，两位候选人大选临战前夜是要到这里来的，还特别提到，上次上上次的选举，谁谁到了学校，场面如何如何精彩。还有提到，俄州也是风水宝地，历史上出过几任总统，哪次的检票又是如何地影响全局什么的，说这说那，总之，这里是不能小瞧的。

进入十月下旬，我发现每天的电视报纸上，大选的内容逐步升级，可是，除了私下里朋友发点对布什表现低能的牢骚外，并没有我想象的那样场面热闹。不管怎么说，四年等一回，一个全国性、全民的政治行动，岂能让素有民主传统和习惯于民主的老美们无动于衷？有如此的平静，令人纳闷。忽一日，我在学校留学生办公楼前办事，发现一张小桌子旁，有几位学生模样的人在向路人发放宣传品，觉得好玩，即前去问讯，才知是共和党的支持者在拉选票。我看那些礼品——名牌和国旗，都很精致，想要一份，无奈还要填表，要登记，像我这样的隔岸观火者，哪有这门心思，只好放弃。可是，也没见什么人去凑热闹。当时就想，是否还没有到火候呢？

不曾想，就在几天后，十月二十八日中午，我所在的东亚语言文学系的Galal Walker（吴伟克）教授递给我一张像海报样的东西，上面有这次民主党候选人克里（在美国叫他凯瑞）的照片，还有他下午来学校演说的消息。在吴的办公室，他用中国话对我说，要看看去，很有意思的。

这是克里第二次到访。在大选进入最后冲刺（还有五天就要揭晓）之时，克里的到来，无疑要掀起一个高潮。再说，依我不太确实的了解，这个学校他的支持者多，要不，他为何几度奔波于此。据说，他上次来是今年三月份，有一位就读于本校后留校的女同胞，平时不甚关心这些，可那天正好看热闹，挤在前面，被那场面感染，情急中把自己的玉照拿出让克里亲笔签名，这个收获，她炫耀了好久，也让同事们好生羡慕。不知克里是否还记得这细节，也许一个中国女生的热情，让他印象深刻，再次光临。当然，这只是我的臆想。听说，这次有好些人都做了准备。

只听大操场那端喧闹嘈杂，一片沸腾，老远就看到拉起了警戒线，警灯闪烁，人头攒动。人们陆续往中心圈集中，有学校的师生，更多的是校外的人，有的还吃着东西，三三两两，结伴而行，虽离主角克里到来还有三个多小时，人们已蜂拥而至，是为了找个好位置。

学校的广场，占地不小，地处学校中心，一侧长着高大的像枫树和橡树一样的乔木，还有"校树"七叶树，粗的要多人环抱，荫庇如盖。中间有修整很好的草坪，是休闲娱乐的好地方，也是绝佳的集体活动场所。今天，就在这正中间搭起了一个台子，挂起了据说是克里的名言——"给美国一个新起点"的横幅，也树起了高音喇叭，播放着美国一位当红歌星的歌曲，营造的气氛热烈红火。这阵势，让我久违，想起过去我们所经历的一些政治运动。

所以，有幸赶上这时刻，岂能随意错过。几天来，在大选的关键时刻，报纸电视上有不少关于大选的内容。无非是，关于经济、就业、减税，关于安全、反恐，关于教育、环保，等等，对阵双方短兵相接，还提出一些口号、许诺、憧憬、诱惑，以至于揭老底，对骂，这些常见的美式的民主和政治游戏规则。有意思的是，候选人还以广告的方式向对手示威，听说还得交广告费，市场经济，价值规律，政治与金钱脱不了干系。俄州州府哥伦布街头也有克里的大幅广告，像明星一样抢眼。我几次路过，都注意观察，因这里是一个交通要地，除了汽车司机无意间可见到外，好像没有多少人当回事，我想那也是要收费的。

这次克里到来，正好是最后一次的电视辩论刚结束。美国朋友、中国老乡都大谈辩论的事，布什的木讷，而略带狡诈，克里的老相，而不乏几分愚顽。有资格的选民们盘想着这张票给谁，而我的好多同胞们没有这个权利，而关心的是哪个家伙上去了，社会福利什么的如何如何有些改善，议论最多的是油价上涨、股市下滑、报纸上的趣闻等。

也许这个美国中（西）部州历来为两党选手竞选必争之

地，在这里看大选更有意思。我注意到，克里是这里的精英人士，或者我们同胞喜欢的。每每与大家说到电视上两个选手的表现，这个马萨诸塞州的参议员，虽然年已花甲，却很有人缘，他的所谓"让美国重新成为美国""给美国一个新起点"，以及关于医疗、环境、科学、反恐等方面的主张，也培养了一些拥趸。还有，他曾在二十年前，为研究酸雨问题，亲赴欧洲调查，这些都成为他的支持者们所乐道的。当然，这种大选，对于选民来说，多少带有点赌的心理，不是吗？那位女同胞就乐滋滋地说，克里先生可要让我的签名升值。当然，政治的游戏，政治者的游戏，更是风诡云谲、变幻莫测的。

虽是这样，对于政治，美国人只要参与，总有热情，变着法子表达意愿。比如，在街头行走，冷不丁，一辆汽车过来，车屁股上贴着某候选人的名字，像个汽车广告；还有不少人在自家门前竖上牌子，写着支持者的大名，让候选人为自己镇守屋宅。一家人可以有不同的支持者，驴派象党，老婆老公，各为其好。我们住的附近，有一个风景优美的小区，黄叶萧萧，红枫艳丽，人口稀少，较为宁静，可"万圣节"前不少人家门前鬼怪面具悬挂张扬，以及不少人家绿地上插着的候选人名牌，前后错落，却又显出几分热闹与生动。一天，我和朋友去那里照相，看到绿茵茵的草坪上，插有不少各不相同的名牌，再仔细一看，像是统一制作的，字型字号色彩等都很统一。后来问明白人才知，的确有专门的发放点，登记了就可领取。有意思的是，在一些街道门前，布什在前，克里在后，或克里与布什平起平坐，相安无事，井水不犯河水。

大选的故事多多，也透示出美国社会的一面。有的街坊间，为插这些弄得不快。一位已在富人区买了房子的朋友，在这里留学多年，毕业后嫁了美国人，她与老公都是克里的支持者，与对面的邻居本来关系不错的，不料有一天，邻居在家门口竖起了布什的牌子，她气愤地说，看起来挺有文化的人也这么愚蠢，颇为不屑。也曾听一位朋友说，有一对美国老夫妇，夫妻有不同的"目标"，倒也心平气和，各有其好。可一天早上，他们家门前刚插上的牌子丢失，本来是老婆与老公商量好了，先由老婆支持的候选人"供奉"一天，再给老公机会，次第露面，一人一天。可是，仅第一个晚上就发生情况，老婆不干，以为老公做了手脚，遂阻止老公插牌，而老公则是有口难辩，自认倒霉，弄得举家不欢，到后来，也是无头案。也听说有人专门月黑风高之时，看不顺眼，就去拔牌子。

我们来到现场后，看到气氛越发热烈，人越聚越多。广场临街，马路上被限制通行。听说只有学校举办国球"橄榄球"赛事才有这等景象。这时，有不少小贩来发"大选财"，卖克里的纪念章的，一把小板凳支着，五美元一个，如水杯盖大小；卖印有克里头像的T恤或图书的，生意稍稍红火一些。那一处另有风景：有人把布什的头像放大弄成漫画，怪里怪气的，还能动弹，不少人争相上前照相，好像并不收钱。不远处，也有布什的支持者扛来几幅照片，在入口处一字儿摆开，那架势如同开图片展览，仔细一看，全是反对堕胎的照片。那血淋淋的镜头，或一些病状的图片，让人不忍看，当然，慑于这边的强势，这些布什的支持者也只是在警戒线之外，但几张抢眼的图片和一溜长的阵势，还是吸引了一些看热闹的人。

下午的活动是要票的。票可以到学校某处统一领取，也可以自己到克里的竞选网站上去打印。用绳线拉起的警戒线内，进入时把票举一下就可，不算严格，但进去后再出来，还得重新验票，好像是到机场安检一样了。

我们进去的时候是五点多钟。想往里挤，到中心区看是些什么，但人太多，深入不了，只好回到原来最后一排，我也好趁机照相。在眼前的警戒区内，停着一辆簇新的小货车，车门上面一幅克里的头像占据整体，车身以蓝色调为主间以白红三色，很吸引人。旁边另有一辆集装式的大卡车，写着克里和副手的名字，好像是专门为候选人到各处演说而准备的"道具"。车旁几位警察执守，多了几分威严。两车油漆鲜亮，很是好看，不少人争相在这个画像（其实是照片）下留影。后来，操场中央的活动开始后，人挤得远处看不清，有人就干脆坐在车上，成为制高点，也没有警察干预。

人渐渐地多起来，中心地带更是热闹非凡。听介绍，主角好像要等到七点左右才来，没有人抱怨，只是一阵阵的掌声，大概是为主持人唱赞歌。这时，也听不清是说还是唱，我们索性就当个看热闹的看客，真正地欣赏西洋景了。

我试图还想穿过去，深入往前，可是，人流在集中，我无法也不好意思了。只能通过可以推拉的相机，把前面台子上的情景拉过来。这样几次反复，收效不大。远处只见有乐队彩装在身，跳跳唱唱的，很是投入。在操场上方，一个汽艇游弋在上空，也有飞机飞得很低，有人猜测是克里的支持者干的，天上地下，立体行动，很是气派。而近处，人们听得认真，大概引起了共鸣，不时地应和着主持者的节拍。也有的就席地而坐，吃着东西，很是休闲，大约是做了坚持等下去的准备，或者如我者是看热闹而已。

过了小会儿，天渐渐暗下来，前面的台子上，鼓乐手仍在演奏，歌手也在不停地跳着。人群中不时掀起阵阵掌声，一会儿，复又安静。再就是大声喧哗，有人在为克里的政策叫好，有人说，布什如何的低能。歌声也是尖厉刺耳的，叫声和着掌声夹着歌声，为克里的到来呼啸，有如体育竞技的预热，不能不说还颇有声势。

我观察着周围的人流，想这块斯文之地，这样的作秀似的演讲，带给这些参加者是些什么。或许，来的可能是些看热闹的，但从那认真的样子，觉得不尽是那么回事。人各不同，心态各异。

有的父母把孩子带来，可能是刚好下班，看看热闹，小孩子读着书，大人专注于前面的动静；一位身上挂着不少克里像章的老者，也趁机向人们展示这特殊的支持；还有一位年轻女子，席地而坐，抽着烟，木呆呆的，而就在克里的汽车前，我镜头对着她数次，也没有任何反应，或许是被这些热闹场景所刺激，想着什么心事。一些人交谈寒暄着，借机会会朋友。不管怎么样，这种场面更像是一个节日。

突然，在警戒线外，一阵骚动，只见一队人马举着布什的画像，行进着，先是十来人，后又有尾随者渐渐增多，如此反复，来回游动，像一条长蛇，引来不少观者。因人少，一会儿就淹没在人流中。后来，这支队伍又重新集结，除了布什的画像，还有装扮成鬼怪样的，披着一个红色的大氅，更是引人注目，人员有时也发生变化，主要以年轻人为主。前面的举起布什画像，后面的人手持一名牌，但多为自由散漫状，以至后来有的人就一双拖鞋上阵。这样子来来回回，自然引起克里支持者的不悦，也略为警觉。不过，也只是怒目相向。可是过一会儿，那边的队伍越发长起来，过一刻钟就一番行动，还故意从原来的路线走，有的手舞足蹈的，这种示威性的行为，让这边一些人心烦了。这时，只见警戒线内，一个戴着白色帽子、长得浑圆的中年男子，每在布什的支持者过来一人时，就反复地说着同一句：愚蠢，或是再加一句：笨蛋，表示了极大的不屑。他警惕地盯着对方，并不在乎场中央的动静，好似专门来阻止布什派们行动的。我对他观察了十数分钟，他高频率地向对方发出不满，手势与语言一样有力，也算场上难得一景，令对阵双方不少人都好奇。

虽然，这些争执激烈、冲动，但还是斯文的争斗、文斗，也没有多大的声响，与广场中央的热闹形成反差。或许这就是所谓美国式的争吵，君子动口不动手；也或许，大家对这些所谓的大选演说，见惯不怪的，发发郁闷，泄泄心火；或者是对油价不断上扬，福利没有上去，安全受到威胁等等不满，找个出气口而已。这才有了这热闹而不失态，嘈杂而不野蛮的行为。就在这双方对峙的时候，我看到在一旁有人牵着一只高大的狗，在训练的样子，让狗往上面蹦跳。还有，场中央的音乐声起，这边场外有一位老年女士，穿着长长的吊裙，一袭深绿色的打扮，应和着音乐的节拍，优雅地跳起了舞。似乎那边的动静，仅在于音乐对她有吸引。

忽然，那边对峙的两派有些火气了。因出言不逊，有了一点小摩擦。只见一个男子上身赤裸，在向一位线内的克里支持者挥着拳头，那架势是要动武了。后面的双方支持者，也怒目圆睁，只是，并没有先行动。几位本来闲得无事的警察，过来干预，双方才作罢。这边平静后，除了高音喇叭的声响外，只有那仍喋喋不休的中年男子，还在对往返于他身边的布什派们重复着那句话，举着左手不停息地激动着。

我们因别的事情牵扯，没有继续等下去，一个钟头后再回返，已是灯火一片，场面更为激情鼎沸了。在场内等了三个多小时的人们，仍有滋有味地站着，一阵阵的掌声豪情依然。这时，主角克里已经登场。朋友翻译说，他在谈经济、减税、低失业率、社会福利，一如他在不少地方都演讲过的"要建立一个强大的美国"，"有一个新的起点"，颇能蛊惑人心。为了造势，哥伦布的市长也在说着什么。克里的声音高亢，听者们也激烈，和着静寂的夜空，传得很远。而那些布什派们大概已完成了任务，或者没有了耐心，悄然散去。

当夜，在这个城市的电视节目里，我才清楚地看到了这位民主党候选人的面孔。

过了五天，也是从电视上，我看到整个美国的版图被清楚地一分为二，红色占据了主导地位，蓝色在两岸徘徊。朋友说，红色是共和党的天下，蓝色代表民主党。从美国国家广播电视公司的老牌晚间节目主持人Tom Brokaw口中，我得知民主党候选人、马萨诸塞州副州长、参议员、六十四岁的克里先生，落败于布什。据说，当天他即在电视上讲话认输。

2004年12月

第二辑 · 人情知味

"大院人物"小识

大院，是说我所供职工作过的单位。人多院深位置显，历史有六十余年。高台深院，藏龙卧虎，故事也多。"庭院深深深几许"，这里，只写我的同事——亦师亦头亦友们。简笔素描，点滴印象，谓之小识，而已而已。

——题记

老田

老田，原名田钟洛，苏北原籍，上海求学，二十世纪五十年代初到人民日报社。老田，为大家习惯称呼。他主持副刊多年，任文艺部主任多年。单位同事，外面作者，年长年少，多以"老田"称之。一是当年不兴别扭的官名叫法，那样子显得俗气；二是他的慈祥和厚道，大哥大叔甚至大爷似的慈爱，你没法去生分地叫个官名来。

老田者，笔名袁鹰，颇为响亮的文名。查资料，袁鹰散文，在当代文学史上留有专门的评述和分析。早年中学课本收有他的《井冈翠竹》《红军路上》，以及儿童诗作。在那时，袁鹰散文集《风帆》和一些诗集也是多次印刷及行销的。

他创作七十多年，作品达数十部，可谓著作等身。他的散文，写事记人，情怀幽幽，触景生发，内涵深挚。早年作品，如二十世纪五六十年代发表的上述名篇，有浓烈的现实感，细密的生活细节，充溢着对社会人生的激情思考。新时期开始，他正当盛年，创作了《十月长安街》《玉碎》和《京华小品》等意蕴深沉的散文，闻名一时。晚近的作品，侧重写史，回忆文坛往事，也不独是个人性回忆，展示的是不同时期社会文化的多重面貌。

他在新中国成立前加入共产党，并投身到学生运动和革命文化工作，后从上海《解放日报》到了人民日报社，直到1986年离休。几十年的新闻经历，政治大报中的风风雨雨，社会风云变幻，以及人事的是是非非，对于他，万千风云心底过，一支毛锥写纵横。而晚年更是以冲淡平和的态度，看取人生。也许，这种经历，谓之健在的元老级副刊前辈，并不为过。他稍胖，一副富态之相貌，一副善良宽厚心肠，一种对生活和名利淡然处之的心态，总让我们后辈心生敬重。我曾多次思忖，在文坛，在报界，在单位，在官场，周围的人有谁的资历还可与他比肩，又有谁的文化风范可与之相匹？好像没有。就他参与的文化事件，他与多位文化名家和政界大佬的交往、翰墨之谊，也能说明。他的经历，可以说是一部活的新闻副刊史。

老田今年九十有一，精神头不错，说话仍然洪亮，也健谈，还幽默。虽耳朵有点背，腿脚因一次摔跤后没有痊愈，但九十高龄的人，气色和精神状态却不逊于年轻人。尤其是脑子清晰，记忆力不减。近年来，他常有忆旧文章问世。几十年的往事故人，他写来随心得手。他写作时，多爱用粗头钢笔，用力强硬，书写文字劲道有力如书法味道。他记忆过往，以史记事，史与情交融，文化名家的过从、政治人物的情怀及文章风貌、副刊作者的故事等，有着特别味道。

2006年，老田的一本《风云侧记——我在人民日报副刊的岁月》引起过不小的风波。在下一年的订货会上，有官员点了几本认为有问题的书名，其中就有老田的这书。点名了，这还了得，一时间此书变为禁书。那时，他却幽默地说，我写的文化的事，都是发表过的，犯什么禁，更没什么内幕爆料啊。他当然不解，也据理力争。了解实情的人，都明了老田这样的老布尔什维克人的政治觉悟，难道有让某些左视眼的人抓住了什么吗？事实是，有人或是杯弓蛇影，或有职务敏感等，都有可能。而后来，并没有发现可以被禁的理由，武断者们或许没有看，或许根本没有看明白，后来如何收场，有没有人来认错？不得而知，也不了了之。相反，这本书的影响扩大了，洛阳纸贵，找我代要书的人达十多个。这事，屡经风波的他，倒觉得不是个人的什么冤屈，仍持一种平和的心态看待罢了。这本书中，他回首编辑往事，披露了一些重大事件的经过，有一些真相揭示，一些骨鲠在喉不吐不快的是非判断，以及一些文化大家，如冰心、夏衍、胡乔木、周扬、邓拓、林淡秋、袁水拍、陈笑雨、赵朴初、赵丹等人，老田写与他们的过从，谈他们的文章。书中也收集了一些珍贵的信件、手稿、照片，是一本好看的、有价值、可收藏的书。

去年秋冬，我们一帮老同事，聚集在他家为他过九十寿庆。当时，近二十人中，年长的小他三五岁，年轻的也近花甲，多为他的学生和后辈。一圈人围挤在他那并不宽敞的客厅，按长幼齿序来说话，像单位开民主生活会，每人几句，怀旧、祝福之外，都说及老田的为人。回忆当年他领导部门的往事，说的最多的是他没有架子，有亲和力，以及老辈文人的传统和作风。他不时回应，说不要评功摆好，像写简历搞盖棺定论似的，一如以前的谦和幽默。尽管大家都很虔诚，朋友聚会说一些开心话，老人家在开心之余也以本色感人。

这就是老田，他是谦谦君子，实实在在的又如田夫，他总是为别人想得多，低调为人行事。他在文坛报界几十年，曾任中国作家协会的书记处书记、主席团委员等，在新闻和文艺界都是有名望和声誉的。那天聚会时，我执弟子礼（他是我研究生的指导老师），我说田老师没有什么毛病，如果要挑的话，是人太好了，好的有些过分。对人都好，好人坏人都好。我向他深鞠一躬，并说了一句俗话：先生之风，山高水长。（此次有张宝林兄的文章《为老田祝寿》记录，见《新民晚报》网）是的，正是他为文、为人，始终有一颗纯正清静的童心，善良地看待人和事，无论是写作，还是生活，善心美意，数十年不变，才在人们的心中占有重要位置。

近年，老田年事渐高，行动不便，可是，却不愿意麻烦人、求人，哪怕是同事和学生，哪怕是小事、琐事。他们夫妻二老都年过九旬，夫人吴老师也因一次摔倒后几乎卧床，事无大小，老田亲力亲为，还照顾残疾的女儿。前年搬家，我们多次表示去帮忙，看他的一屋旧书和刊物，想打包装车多么难，可是，他却自己一本一摞地收拾。他每有文字成稿，总是亲自到街头自费打印，即使是我们报纸的约稿，也先找人录成电子版。本来一个电话让我们去取或者找人带来都可，可他不，专门去邮局寄出。其实，到我们办公室的距离不比邮局远，但他觉得那样子麻烦别人。对于生活，他清淡无为，无欲无求，他这样老资格的报人、老文人、离休老干部，仍然住着旧楼，一住三十多年，要不是最近拆迁，没有电梯的旧式老楼，他安之若素。每天上下三楼对他是个大难题，可他泰然以对，说习惯了，无所谓的。

他的爱心善心，修身修为，是人们熟知的。二十世纪五六十年代，他将八千元的稿费交了党费，这笔钱当时可以买一个小院。他回忆说，我们夫妇两人的工资完全够生活，家庭负担并不重。那个时候这笔钱大体上相当于三年的工资。当时想的也很简单，交了也就交了，也没有什么，当时报社其他同志也有过，不像我这么多就是了。这之后，常是有了稿费就交党费。在今天，这样的事，几乎是一个神话了。

三十多年里，我就没有见他生过气，不是几乎，是没有，也没有与谁红过脸，批评过人，有时说点文坛的不堪之事，说点社会上的是是非非，虽有不快，但多是从善意的角度，一笑了之，或者为他人着想，不去为此伤肝动怒。有人说他宅心仁厚，有人说他老文人的风范，也有人说他是老好人。总之，他是一个宽厚的长者，他以一个老派文人，或者说老共产党人的做派，看人看事，对人对事，哪怕关系到自己利益之事，他也不计较，公事公办，严于律己。我曾感叹，在这样一个唯利是图、熙熙攘攘的环境中，追名逐利、斯文扫地不足为奇的大院文化中，他还能保有如此的清正，淡看利益，笑对生活，老田不是唯一，却是有他这样的资历的老人中也是难得的。

仁者老田。

先生之风，山高水长。

（注：2004年袁鹰老八十大寿，我写过一文，题目也是《老田》，发表在《中国作家》上，本文是为同事系列所作）

希凡

希凡，即六十三年前那场"红学"纷争的"两个小人物"之一，原名李锡范，后写文章的笔名为李希凡。新中国成立初期的那场"红学"官司，主人公是李希凡和他的山东大学同窗蓝翎。因当年这桩"批红"的全国公案，因为领袖毛泽东的关注和批示，红极一时。也因此，几十年的文坛风雨，他和蓝翎吃了苦头。

可谓是少年出名，到我见他时已三十年过去。名声依然，却不是那样的为人所关注，至少，在我们大院里，他和蓝翎，都没得到特别的注意。那时，我虽刚来，也随大家以希凡称之，也是单位同仁都不时兴叫官名，甚至讨厌。讨厌的不仅是被叫的，而叫人的也讨厌，足见当时的风气。也是因为他的温和脾性，如此称呼更显亲切、和气，也拉近了距离。

我与他成为同事，确切地说同老田一样，成为他们的部下，时在八十年代初。那时，同事关系简单纯正，即便有过节不快者，有性格不合而生分的，有产生误会而心有芥蒂的，但总的风气是和谐的，是明朗清爽的，体现在对人的称呼上，也如家庭似的亲切。直呼希凡，亲切中不乏敬意，作为晚辈的我们是这样看待的。刚开始，还有点不好意思，李老师或老李的也叫过，后来，大家都直呼其名，我也从众，不知那第一次他是如何作想。那时候，与他没太多的交往。刚到部门，工作也多是打下手，他也没有直接分管我。这样的叫他，我多是听同事们与他的关系亲和，几位年轻如我辈者像大徐、小蒋、大易们，都是如此。也许，这没大没小的，在那忙碌的工作中和那简单的物质条件下，更是合乎情理的了。或者，他本人一副菩萨的面相，有这样的心胸，同事们尤其是年轻者，就没有太多的顾忌和生分。

　　他是大运河的儿子，北方男子汉的大高个头，短发寸头，没说话前，脸上好像微有笑意，又细声慢气、抑扬顿挫的语调。偶尔去他那里，常常见他桌上散乱的烟头，或摊开的书本，或在写什么，编务事不多，话也不多。当时他是三人一间的办公室，在走廊的拐角处，三位都是文化名人，名头不小，也都是所谓的局处待遇。那时候的办公条件就这样，有级别没有特权，地方所限，都好像很正常，也根本没有太多的心思，想着如何得到改善，获得什么便利。一直到1986年他调走，都是在这个小小的狭窄空间度过的。三位大员共处一个二十来平方的地方，蜗居办公的情形，至今常想起，心中五味杂陈，不是滋味。

　　希凡以红学研究名世，而他更多的是研究现代文学，特别是对鲁迅研究下有功夫。那时候，我也对鲁迅和现代文学有兴趣，总想找机会向他请教点学术的事。一本他新出的论述鲁迅创作的专著《一个伟大寻求者的心声》，之前就翻读了好久。我的前同事田本相先生与他熟悉，田老师参与主编的《现代文学丛刊》要我写一篇希凡此书的评论，我就胡乱写了。本想给他看看，可是没有，我不是没有勇气，私心是算了吧，等发表后再告诉，不会有什么闲话，所以，几度到嘴边的话也就收回，只是拿着他那本书请他签了字而已。当时他有点奇怪说，你还读了啊。这让我没有再深说下去。我的文章发表后，不知他是否看到，全然忘了。这之前，我的毕业论文，是他作为评委会的主席，答辩通过的。最近，收拾旧书本，又见到了他作为主席写的评语复印件。三张人民日报社竖格的公文纸上，按规范，写有评语千余字，柔和不失潦草的字体，看出他的文字特色，字迹绵柔中也有力道，读这评语，看这字体笔迹，忽忽已三十三年，往事历历，可当年答辩委员中的顾行先生早已作古，这时光如刀啊！

希凡的穿着，典型北方大叔的样子，夏天爱大裤衩，或者，时兴的的确良短袖衣。一到大热天，空调不给力，他那有点发福的身子，总是手不离扇，一副京郊老农的派头，颇为随和。他上下班的提包有如一个购米袋。我很喜欢这样的随意，觉得不受拘束，也可节俭，还能装东西，竟也学着，多年后也是这个布袋式的行头上走东跑西地拎着，虽然我用的是可能比他那时还要低廉的塑料尼龙什么的。其实，那时候的人们，背包什么的多用帆布，皮革之类已属奢侈，对于老一点的人们，行头和派头等等，就更是没有什么概念了。

平时，希凡对我好像没有特别谈到专业，或者谈文学，偶尔有关于编发稿件的事，也是不痛不痒的，没见过他专门去说文学、说文学批评、说写作。那时，三人一室的局促，也不好太多闲聊。或许，二十世纪六十年代中，他有许多教训挫折，也颇有争议，这文学与文学批评，成了他的一些难言之痛。虽然，已是新时期到来，而刚刚变化的一些动静，他还没有来得及清理，也许是在不断寻找行事和适应的方式。记得当时，他出版过几本专著。有的是当年红学书的再版，也有新著，他签名送了我。那时，部门有人出书，多是先送同事，签上名放在资料室各人名下的抽屉中，成了习惯。大家在收到后，也以不同方式表示意思。记得他给我的书，是部门中送人不多的。当时，他与部门的某人之间有纠葛，我隐隐地感觉到一点。因为，他不多的言谈，不爱串门，不太与同事说笑。常常看到的是，他埋头读写，巧用时间，研究写作。或许，这是他寻找心灵沉静和安定的最好的方式。不久，他去了新组建的中国艺术研究院任常务副院长。听说是王蒙先生点将，王蒙时任文化部长。之后，我们偶有会议上见面，问询一下，不太多问及原单位的人和事。他原本是一个沉静的人，一个书生、文化人，而早年的大名和之后的是是非非，他或许积郁了很多心结。所以，调离的时候，不少人觉得很是突然，也有些理解。

之后，再见他时，是退休多年后。再后几年，部门年关聚会，有人邀请他回来，虽离开了近三十年，面前多是新人、年轻人，他与我说到，你也退了，小王成了老王了啊。感叹时间的无情。见他过去那高大身形有了几分消瘦，听说有血糖高的毛病。那天，在老田家祝寿时，他也来了，因为血糖高，没有留下吃饭。

就说到他与合作者蓝翎的是非恩怨，因为他俩都是我的先后领导和同事，早晚相处，时有所闻。我不明白的是，如同一对恋人，相爱之后，发生口角，发生争执，难道必定水火不容，小打小闹必须上升到什么什么的高度，发了狠话，才会平服心气？合作者、同道、同好、同窗，这些难道都转眼为烟云，视为仇人吗？当年，李希凡、蓝翎的关于《红楼梦》研究，因领袖的批示，是1954年声势浩大的文化事件。他们有了荣誉，年少气盛，先后调入人民日报社。新时期后，他们从当时的一室办公，至少还相安无事，后来希凡调出，而蓝翎任职，这时，不知何因，早先的同道成了分道的路人，之后，他们开文仗，生罅隙，令人惋惜。从旁看来，他们在我所知晓的四年时间，同室办公，没有公开的不快，之后，也许各自升迁发展，变化的环境和心态，成了他们矛盾产生的一些诱因，而终归何因，孰是孰非，不得而知，也不足为外人道。如今蓝翎已作古，而希凡也近九旬高寿，六十年前的文坛事件的参与者们，一个个远去的背影，让人生叹。其实也是没有赢家的仗阵。当然，有说他们的矛盾产生，也因为不同的思想态度和文艺观，比如右倾与左倾，比如保守和改革等，这些可以是我们认知他们的思想行为的一个参照，也未必就是他们晚年后情断义绝的一个动因。

也是在老田家的聚会中，希凡由女儿陪着，拄着拐杖，步子蹒跚。生命是可贵的，生命延续也是要去除一些任性而为的负载，或者，有损生命的外在东西。这不是什么大道理，但也不是每一个人都能做到的。作为高寿的长者，当保重。

老杨

同李希凡有"两个小人物"并称的另一位是蓝翎，原名杨建中，我们都叫他老杨。在单位中，杨建中与老杨，都有人称呼，而蓝翎就少有人叫了。在我们部门，多叫他老杨，年长他的直呼其名——建中。比如，老田、希凡、老缪、老英、老舒等人，多这样地叫他。

有意思的是，这当年颇有动静的文坛"两个小人物"，都与我同事，而老杨更长一些时间，也熟悉些。巧的是，他也是在那个逼仄的房间里办公，与李希凡、老缪一前一后，相处多年。

老杨与希凡，性格有相似也不同，他刚中有柔，多不苟言笑。他山东单县人，"五七"受难后，流放河南多年，大学、省文联都待过，在那里他努力做事，也得到一些认可，有多位知心的朋友。后来，他回到人民日报社。

其实，他也是性情温和，说话也多慢条斯理，普通话里带点山东或河南腔，不紧不慢。他身材不高，精瘦个儿，尽管饱受坎坷，身体还算结实，起码在我认识的二十多年时间，没有什么大毛病。不幸的是，2005年，他七十四岁，被可恶的血液病夺走了生命。

我1982年与他共事，与他的办公室一墙之隔。那时他刚五十出头，但身子硬实，行走快步，不像经历坎坷受过摧残的人。在部门，人们当他是一个文艺批评家，一个专家型的长者。那时，他是文艺评论组的组长，在三人一室的环境中办公，常伏案看什么或者写什么，桌子除了稿件和版面纸外，收拾得干净利落，这是他的习惯，一直保持到他退休离开。这一点在我们部门难得，包括女士们。而我等几位烟民一塌糊涂的乱象，常被几位大姐批评说，看你得向谁谁学习，多是以老杨的整洁为样板。每天，他不太多话，只轻松看下版面，或者，拿版面来我们房间里待一下，或是休息一下，到我们这儿聊会儿天。可以想到，虽然思想解放洪波涌起，每天都有新鲜的事，毕竟他过去惨遭折磨，底层生活打击，总会有阴影需要慢慢地祛除，尤其是心理和精神层面，当然，只是以这种思想行为方式观察生活，也以这种默默做事，不多言谈来调整。

然而，与年轻人一起，他却十分健谈。老杨住单位宿舍，走得晚，下班前后，常就过来与我们说几句，多是谈点闲话，或有时说说新闻，引发点话题。我有时想，对他以前的经历有些兴趣，但也不便直说，也有其他参加者如大易、小丁等，也偶有问及，他只草草带过，说得多的是古典戏和北方的一些戏曲什么。他这方面很在行，恰好那时多有这类节目演出，在副刊版面中，又多有涉及，他就借题发挥，说一些掌故和逸事；或指点版面文章中的一些人事、史实、引申出的编辑外的话题，再就是讲述一些历史，让我们听得饶有兴致。他有时爱抽上一支香烟，我们同室的大易和我，见他来后就陪他，有时也有老烟民老蒋，几根烟枪，吞云吐雾，高谈阔论，常是评点和斥责文坛怪事，世相流弊，谈笑无拘束，对烟有四人，不觉时光已晚。

1985年时，我们办公条件改善，搬到另一个楼里，就有了两人一室的宽敞。他与大易共一室，与我正好对过。这时我们往来多了。当时，部门改组分工，我和大易又成了他的副手。虽然，评论组的工作是文学艺术各个行当，杂而广，这个并不算个多大的职务，对于他这样的名头和资历的人，都能随遇而安，我们努力而为，也算尽职责，这就有了更多接触。他对版面上是能放手的多放手，多是重点的指导，抓大放小。记得为了活跃选题，他提出多发一些微型的评论，让读者有看头，不搞高头讲章式的，也不搞学究或学霸式的。为此，开了一个专栏，我记不得了，是以秦犁还是秦力的笔名，每人轮流一篇，对最新发生的文化界怪事和热点发点议论，三五百字为宜。他带头写过多篇。这个栏目，很抢眼，坚持了多年。他认为多发些批评，批评就是要点批判精神，这很合我们的意思。不多久，袁鹰到离休之年，他接任主任。几年的领导行政，他以开明政策和放手的策略，无为而治，却也有声有色的。他几乎只是在大样上，用毛笔指点批示，选题什么，校订之事，他多务虚，信任下属，放手放心，各位都勉力而为，评论版面和文章渐有起色，而在1989年，没有说得出的原因、或许是可以理解的原因，他停职了。

他历经坎坷，生性严谨，甚至于有些执拗，比如，他勇于承担，那时新闻宣传的压力无形中增大，动辄有框框，对口径，常常因版面的事受到批评，他多自己承揽。他反感的是，以势压人，对一些权威高层，尤其是代表个人意见的那些所谓的上头，他却并不另眼高看，却有一种本能的防御。记得有些事情，弄得上级常向他求解。他有时执拗得近乎是成见，至少，在对人事的看法上，曾经对有些年轻人的做派有微词，或者，要求过严。他虽不多话，一旦打开话题却很健谈，尤其是历史知识丰富，见地独具。有一段时间，他研究三国历史，隔几天就与我们谈读书感受，东扯西拉的，很是开心。

我有时感觉，他对我很关心。不知是我好脾气，还是因为我听话，至少，我有事无事安坐于室，看些杂书好像不太浮躁，有点像他喜欢的多读书，有定力，坐得住，他认为这样才是一个编辑应有的，或者才是干点事的条件。或者我也写了点文字，还算是个爱写作的人，也许是习性相投、言语投机或是非观接近，我明显感到他对我的善意好心。及至他赋闲后，还常从楼道的另一端他的办公室，穿行数个房间来同我神侃，或者，到楼道中开水房接水时，到我这里坐坐。那时候他已免职，我们没有工作关系了，是师友和朋友之谊。所以，抽一支香烟，闲说几句。我发现，他也不是真抽，吐出烟气，仅是从中体味一下休闲的快乐，或者，体味一下与他说得来的人之间交流的快乐。

也是因为信任，他有时在我面前随便直言，对一些人，也作评点。比如，对某出版单位某人、某事，他直言其不屑，这时，我觉得对人的成见和苛责，也只有他才会那样。偶尔评点一下某人、某事，他爱憎分明。在那个时期，一些左的行为很有市场，搞得人与人的关系扭曲，作为一些还在台上的人物，他们当然是看菜下饭，以权相人，以位取人的；或者，他们本来就热衷于官场文化，也不会真的为文化事业计。然而，在老杨的眼中，容不得这种的权势下的文化畸形存在，容不得廉价的文化交换变为正常。他对一些人和事，只要不感兴趣的，常爱翻一下旧账，也好，让我们一些不知情者长点知识。有时说到他不喜欢的某人某事，嘴一嘟噜，做轻视状，然后，手一甩，离开。此时，我想这老杨头是很可爱的。

他当了主任，不太看重这是个官位，有几次开会，他都不愿成为主桌上的神仙，还多次推掉有关的会议。也许我们那时年青，那时的晋升之路简单正当，人们对升职、晋级，平和淡然，也没有什么过多的关注。他的任职，在部门显得十分平淡，这符合他们一辈人低调的生活态度。但是，他反感的东西，直言不讳。他在部门很少专门开什么会议，有的会也只三言两语，切入正题，传达什么的，能免就免，能省就省，没花架子，以一种实在的方式屏除空洞多余的东西。或许，他从过去的经历中吸取了什么，他有时很是拧的，不管不顾，有时还有点意气。这样也包括成见，任性和宽厚，严厉与随意，都可能是一对互为矛盾的掣肘，是一个铜板的两面。

晚年，老杨从工作中退位后，有多部专著问世，特别是《龙卷风》一书，对他自己的遭遇有重点记述。然而，他与李希凡同窗之谊，文字之谊，在后来，因说不上的原因，也不知什么时候，就成了对头，成为路人。据说，关于当年文章的署名，关于如何被迫害等等史实，他们都在各自角度，火气十足地申辩与反驳。一个打入地狱般多年、蒙受不白之冤的人，找回一些事实和尊严，究诘当年的一些人事，是可以理解的。他是以为有些事要在晚年总要有些说道和梳理的，于是直挺挺地出场，但是，能否达到理想的效果呢？道不同，不相为谋。但有些事，过去的再去辩驳，当事人都有各自的认知，少有他证，就成为弄清真相的困难。老杨的脾气性格决定了他无论后果如何，他想做的就会做。如果，生命延续，他也会的，只是天公不仁，他再没有机会了。

老杨得病后，不长的时间就很严重，我去医院时他已不能说话。看他难受状，默默地为他祈祷。一代杂文大家，数十年都纠缠于与人与历史的不解之缘，他临走时也没有安生，不能不是一个悲剧。尤其是，他改正归来后，写作著述丰富，职务工作顺利，精神心态都向好，只是遭逢后来的变故，他无疾而终，当然不甘，更不愿看到某些现象的荒唐重复。

在部门以至单位，他以说话办事率直得到认可，他曾经在党员代表会上被推为兼职纪检书记。那时候，这类兼职是由群众推举的，荣誉是真正民主所得。他走后，受单位之托，我有幸为他撰写唁文悼词，翻看了他全部的档案，看他人生中也有几次检查，年少气盛，性格使然。让我佩服和感动的是，他用毛笔工整地写有两万余言的自传，虽是完成组织上的安排，可他写得认真，富有理性和逻辑，有对自己的认识，也有他认真的倔强的坚持。

他的杂文，在当代文学史上享有位置，其风格有如鲁迅，是一个有思想深度的杂文家。因为一篇并未刊发的文章，他惨遭迫害，实在是一场闹剧。1956年，他从一篇已经在《人民日报》上引起反响的辽宁某厂女工之死的报道和有关评论中，看到官僚主义作风的危害，就写了杂文《面对血迹的沉思》，投稿北京某文艺杂志上，文章并没有发表，却被编辑部的有心人举报回单位，于是，有人如获至宝，他惨遭十多年的迫害。因文罹祸，在当代史上他虽不是最早者，但伤害之深重，在我们大院算是屈指可数的。杂文惹祸，他却一生不悔，著作还是以杂文为多。八十年代后，他出有《断续集》《金台集》《风中观草》《龙卷风》《了了集》《静观默想》等。他早年读私学，书法有童子功，曾在闲职时写了不少的书法。我偶去他办公室，就翻看欣赏。一手蝇头小字，法度之外有变化，柔中藏锋，竖写直排，工整有型，让我领略了他的文字功夫，也见识他的书法功力。不是妄说，在我周围人中，老杨的书法少有人能及。可当时没有想到索要存留，大为遗憾。

一晃老杨去世十年了，他离退后，我们也从那栋旧式老楼十号楼搬出。十号楼的一些往事，在被改造的大院喧嚣乱象中，渐渐地褪色，渐渐地远去。可是，偶过那与他们一代老人共事多年的三层小楼，别有情怀，别有滋味，自然又想起他，和那些值得怀念的人和事。人的一生，就怕怀旧，也更怕伤离别、悼亡者的记怀。

缪公

缪公者，缪俊杰也。这是他的同辈好友的叫法，也是外单位比如中国作协的老冯、老何等文友们嘉许给缪俊杰先生的称谓。

公之称谓，在我看来，是文友间的礼遇、尊重、亲昵，也古雅。公者，卿也，也可以想象到一个士者形象。这个名号，在我们部门没有叫开，相反，年长者们大都叫他小缪。我见他时，他四十六七岁，而且当文艺部头儿已是三四年了。这年龄，这位置，说小缪，不太叫得出口，所以，我们叫老师或多是叫老缪。

这很有意思，在我们部门的称谓文化，基本是平民化和亲密性。平民，是不叫官职，不分长幼尊卑的。老某老某的叫法最多，叫小某的少，叫大某的也有。叫小某不多，是因为与其没有特色的小某之称，还不如取后两个字，直呼其名，也亲切爽口。或如名字是三个字的，像我等，取后两字既亲切又好叫，另也有，三字只叫前两字，也是为了上口。这样一来就有点乱，但是，这种叫法体现的是平等，也体现亲和。单位称呼人名，不叫官职，是大众习惯和群体喜好结合，最关键的是与领导者的喜好有关，与民主氛围有关。彼此称呼，是关系体现，是叫者与被叫者的素养，也是一个单位或部门的文化风气使然。这真不是说大话。只要有心，看一下如今你身边的、你单位的人与人之间的称谓，很是准的。

缪公，是一个热情的人，也是一个激情中见细致的人，一个勤奋的写者。

可以说，对缪公老缪的了解，自以为在同事中过我者不多。我一进部门，就在他的领导下，凡三十年吧，即使他退休，我们也常联系，文字交往，出差开会都在一起的，更不用说楼上楼下的邻居。再者，他是我大学的学长，虽比我高出一辈人的年龄。他夫人宗老师的哥嫂都是我大学的老师，也是常请安见面的师友。这些机缘也就联系多一些。还有，我也学着写文学评论，读着他不少的文章，算是后学、同好，也可忝列同道。

他在部门其实是有很多最的。一是，最年轻的部门领导。在他任职时也就四十多点，他领导的人员岁数多有比他大的。在今天，这年龄虽不算小者，但在那年代而且是一个大院深深的部级单位，有好多建国时期的老干部、老革命，贤达云集。他曾说过，是当年胡耀邦当中组部长的任命，可见一斑。二是，他很早就出有专著，我说的是文学评论集。当年，湖南文艺出版社的一套当代著名文学评论家的丛书，他可能是最年轻的入选者，可见他的评论早为文坛认可，之后，他勤于写作，出了数本评论集。三是，他任职时间在大院同样职位中最早、最长，历经风云变幻。但天有不测风云，个中缘由复杂。但是，也许就此，他保持了清正，滚滚红尘，看云起云收，虽不免惋惜，却能心定意闲，写自己想写的，说自己想说的，可以

"阅金经，调素琴"，可以"惯看秋月春风"，安度晚年。四是，他是部门，也可能在文坛中，以文学评论为主却又多角度写作并有收获的人。文史研究早有《文心雕龙》专著，文学批评有个人选集和众多的评论集问世，散文写作有两本域外游记和多本散文集，人物传记有"中国百家文化名人传"的《刘勰传》等两本，再是新近的四十多万字的长篇小说《烟雨东江》。集多副笔墨于一身，见其能量与精神。五是，他也算跨行业的。先是新闻再是副刊的工作，新闻的敏感和文艺的情怀交融，他的文章，多是浓烈的现实精神，也有家国情感，个人情愫，民生情怀。看似平常却奇崛。试想，偌大的新闻文艺界，又有何人如此？无多。所以说，他是一个激情的写者，一个有众多收获的文化人。

　　我其实是拜他为师的。学长之谊外，他还是我的同窗李庆宇的研究生导师，这样我当是执弟子礼的。初见他，一副较深度的近视眼镜后面，我看到一个学者样的年轻领导的威严。在直接领导我时，他工作和处事都随和简练，不是苛求和挑剔的人，对人对事，善意，和顺。那时候，编辑工作多是手工作业，没有后来的电子技术便利，所以，改版式样子，排字，他特别体谅我们的苦衷，版面要求从工作印制的方便来考虑，当然，在原则允许的前提下，他是好说话的领导。那时，物质条件简单，工作心气高，但领导也体恤下级，不搞命令式，不摆官架子，不因为自己是名人和有资历，颐指气使，也不因为有权就搞一些庸俗的关系，所以，几十年在他们这一代人影响下，部门或者副刊是清正和正气的，没有那种吹吹拍拍，官腔官话十足，文人相轻，内耗干架，把版面变成自留地，这种陋习至少他们那一时期不会被人指责。两年多前，我在未退位时的一次民主生活会上，对如何发扬部门几代人留下的传统，说了几点，比如，保持正气，超脱俗气，但最主要的是，清气和正气。因为那是一代人，包括我前面写到的几位大员们留下的传统。到我这里，做得并不怎样，虽没有责任让谁谁接续，但当年对我的耳濡目染，我不能不向我的后继者们说出，那是交底的良心话。后来，我略有反思，你真是老昏愚朽，现在还有什么标准，这是什么年代，有人听吗？听了你的能行得通吗？！

说到传统，其实是一种沉淀。那时候，思想解放，如潮如涌，报纸作为先头兵，作用不可低估。拨乱反正初期，思想讨论，如火如荼，文艺版面特别是"文艺评论"一马当先。这就考验着各位大员。领导敢于放手，敢于负责，编辑们力图创新，殚精竭虑，做好工作。那时，批"四人帮"的文艺黑线，为一大批文艺家平反，报纸做了大量宣传，其中也有阻力，辛苦和困难并不为人知。这期间，老缪是部门具体领导，也是一线指挥，他的敏锐和担当，风风火火的作风，多年后被人们多次提及。我那时候还没赶上，听说他写有关评论、社论，组织研讨会等，有声有色。但后来，在我们共事中，我体会到这个传统是很有内涵的，不违背政治原则，却也要创新；有责任感的同时，也要有独立思考；不能等因奉此，唯上是从。后来，八十年代中后期，我也参与其中，曾经有选题讨论，一些重要的文艺思想的文章，引起了极大反应，我想，是与这个传统的延续分不开的。

老缪虽是部门领导，协助主任老田审看文化评论版面，可是那时，他没有单独的办公室，还兼做部门的党务工作，但那段时间他写作勤苦，几乎年年都有集子出版。到1985年后，我们办公条件改善了，他一人一室，可是，也是每天一早七点多就上班，而下班多是断后的几位。他的文章频频问世，我想是从早晚点滴时间挤出来的。

他真有这个本事，好像是在下班或休息时，他可以同我们说说笑笑，一会儿就回到办公桌前，铺纸开笔，文章就这样子出来了。他这样写作多年不变，他习惯用300字的单位稿纸，垫上复写纸，用圆珠笔有力道地写，文章完成后，能留下底稿。这种方式，在当时电脑没普及时不失为一个选择，可对我们来说有点难（虽在1993年前，都还没用电脑），我最多是一张稿纸，要有完整时间才可静心写作。老缪则不然，这种方式，他得心应手。一是，他文思清晰，写来流畅快捷，他是文章快手，每有写作任务，都是提前完成（我是说的工作任务，比如评论员文章、社论等，是我们每年都有的）；再是，他笔力劲道，否则这三张纸的厚度，其力道不足难以掌握；三是，要有随写随停、可行可止的能力。这种复写式的写作，可以存底，但对我们至少我是不太习惯的，而他有这特殊能耐。即使事情干扰，零碎时间，都不会影响他继续完成。他这种本事，是长期从事新闻工作练就的，也是他勤快的回报。说实话，我们想学是做不到的。现在，他不一样了，近乎原始的缪式写作法，早已成为过去。有了贤内助，手写之后，夫人宗老师录成电子版。新近出版的《刘勰传》，就是他们夫妇共同的劳作。写作中，夫唱妇随，琴瑟和鸣，颇有古雅之风，辛苦也成了甘甜。

老缪很随和，从不发狠和训人，包括责怪人。我们共事多年，几乎没有见他与人红过脸。我想不仅是性格，也是修养。不像时下有些人，私利多多，动辄训人，结果损人不利己。这些人，心态失衡，欲望太多，或者不自信，唯恐身份不被当个事，或期望值高，心理落差大。所以有人直呼，文化失范，斯文扫地，领导和主管是关键。按说，老缪最有资格怨天尤人，他可以倚老卖老为自己谋取什么，最不济可以不去与他们玩完，但是，他们这一代人，有好脾气，可以与人为善，可以为了组织原则而牺牲自我。几十年的教育，也让一代知识分子的个性融入共性中，总之，无论怎样评价，这种精神形象是影响和教育了后人：做人的底线和良知，是不能被扭曲和丧失的。

老缪热情待人，帮助过很多作者，天南海北，不同阶层的人都有。这也是一代老副刊人的共同点。在我刚到部门两年，曾患有急性肾结石，痛得无法忍受，也是在上班时间，他多方联系朋友，急火火地亲自把我送到西郊的海军医院。这急人之难，于他也是常事。重要的是，他多以一己之力，热情做有益的事。他是我见到的家乡观念最重的同事，二十年前就开始把自己收藏的图书捐家乡，先后数次，他曾经为此写过文章谈及。我有幸去定南县他老家捐建的"缪俊杰捐赠图书馆"参观过。他把藏书倾囊捐出，也有他的朋友支援捐献的，还有他自己专门购买的。这样倾力为桑梓做文化公益之事，我们少有人能及。麻烦不说，坚持数年，还打包托运什么的，当然，为家乡事也许有无形的动力，可是，谁人没有家乡，没有可以捐的书物什么的？所以，缺少热情，当然主要的缺少那个善心，我们都只能是一些嘴头上的家乡观念。

老缪的性情平和，其实也是有点急性的，同他出差或办事，他会提醒时间，策略地催促，宁可早很多，也不能晚一会儿，"宁左勿右"，刚开始你会不适应，以为是年长者的习惯。不是，是他多年规律生活形成的，也是同他做事麻利、守时规范相一致的，也与他们一代人的做事准则、行事原则有关，减少失误，凡事预则立，保证成功。有些人拖拉、误事，视小事为有无，几为常态，而他的这一风格，也常为大家挡了不少的问题和麻烦。办事讲效率，合理利用时间，虽是小事，却可以看出一个人的作风，尤其是在快节奏生活的当下，或许是做好事情的一个重要条件。这真不是放言大话。

老缪是个细心人，细于观察、辨析，常从他那深度眼镜片后，辨是非，分曲直，立马为断。对人和事，宽厚之下有原则，特别是关乎观念和原则的，或者思想意识的大是大非。文坛政界，几十年风风雨雨，圈子派系，翻来覆去的，让你有很多的热闹可看，而这时，老缪或坐看云起，有时也不免议论吐槽，即使不是在旋涡中心，也不会袖手旁观。他立场分明，即使私下聚会，也乐于参与，当然，多是议论，多是表达不快。每每对一些人和事，多是从僵化守旧，还是开放改革，看现实也看历史，这样一些本源立场上分析。对那些守旧僵化的，深为不屑，哪怕有成见或误解，他也坚持。他直言想法，多在大家闲谈中，乐意把自己的想法托出，不隐瞒。也许是他的急性子的缘由，或者，义愤填膺，疾恶如仇。不这样，不足以表达。这样有人不喜欢，传出去，得罪一些人，但是他还是这样，从不在乎得罪了谁谁。当然，有些话题，重复多了，让你觉得说者的特别在意，容易让听者少了新鲜度，或者成了一个唠叨，而自己也不一定觉得。

两年前，他的一本书让我惊讶，就是故乡题材的历史小说《烟雨东江》行世。平时以抽象思维写评论的他，最多也是以散文格局展示他的形象才能，没想到，潜心而为，不鸣则已，一下子拿出四十万言厚重的长篇小说。人物和故事，风情和意蕴，都有特别的味道，文本也很舒放，语言也是讲究的。袁鹰先生已在序言中有生动评点。我以为，老缪以一次高难动作，宣告他文学能力的提升。或者说，他把文学写作能力触伸到了一个更广的领域，释放了他的文学潜力。他近年的一些域外游记，也有精巧的构思，力避窠臼。不是我恭维，他是在寻找写作的多样变化，是一个老资格的作家晚年变法，变戏法式的玩着文学，可以说，这找到了基本支点。文学就是一种爱好，尤其是晚年，随心所欲，玩玩文学（这不是贬义），也不是什么人都能做到的，不是先前的老缪所能有的。我就琢磨，也许他经年累月之功，会再上层楼，还会有更大收获。祝愿他。

刘虔

刘虔，是我没有任何领导职务的同事，他在部门二十年时间，除了当过支委外，基本是平头一生。我写他随意轻松。

在我所有同事中，他是可以胡说八道，也可以互相批评的人。比如，他每见我就要我戒烟，有十多年了吧，他双眉一皱说，真是的，你还不戒，你不知道那是损伤身体的啊！有时，他说我的文章，可以直说不好，可以说问题，在部门也是第一人。有时，我想这老兄有对我的关爱，也有直率可爱的一面。文人相轻，虽我们没有那种程度，但大家都写点东西，有谁还去太在意你那些小玩意儿。也还想到，我是他的直接主管，他有没有当年邹忌借城北徐公游说齐王的策略，不得而知。反正，我们论文说诗，有时争一些没有答案的问题，说多了，他像乖小孩，反唇相讥也温柔，总之他说什么，我说什么，都可以无遮无拦，都没有往心里去。就像我常在友人面前介绍说他，是青春派爱情诗人，是写玫瑰诗的诗人，焕发第二春等等，他多为一笑，或者补一句，真是的……哈哈，真是的，哈哈！

他年长我一轮，性格温顺，忒没脾气，不光对我，也是部门公认的好脾性。你同他说这说那，他什么都说好，会在表情上露有惊讶和羡慕：好文章、好美食、好风景、好版面、好书法、好衣装……说这些时一脸真诚。他那个年龄，那个资历，恐怕没有第二人有那心态。他说好，称许，多是发自心中的，有羡慕，有认同，当然也小有敷衍，那不影响他的真诚。比如，他见到部里人，尤其是年轻人，发了文章，他看到了，十分的兴奋，总要给我说说，他与人为善，总看他人的好。当然，他也有挑选的。他眼中多是光明一片，也容不得阴影和阴暗，他对揭露出来的一些贪腐者，疾恶如仇。他很是关注文坛的一些思想动向，喜好读书，可是真要说那些文坛的是是非非，他有如桃花源中人。其实，他的好、好、好的评价，只是一种策略，当然，也多是他的性格和心态使然。心理学说，一个人有情商智商之说，人的能量和心智是有定数的，尺有所短，寸有所长。这也难怪，他长期生活在一个较为简单和封闭的环境中，来自湘西南贫困山村，少时上学，工作后在京城学校办刊，后到报社，中年后，先后有几位至亲家人遭遇不幸，生活的压力比一般人重，无形中他有着从书本中找安静，在诗与文中找舒放的期望。加之，他是一个主观性大于逻辑性、有点浪漫气息的诗人，很早就把诗歌视为生活不可缺少的部分，几乎多是埋头于哼哼呀呀的诗歌情结中，是文学缪斯的魔力，把他的生活能力和文学的功力变成一而二、二而一的混沌。于是，他对世事人情的天然好奇和执着，多是一种文学表达和文学判断方式。我有时候怀疑，除了读书写作，他真的不知还会些什么。我其实是很欣赏他这样的。

他是六十年代初武汉大学中文系毕业生，他的同学曾是我的老师。七十年代末到部门，早我三五年。我见他的第一面是在部门资料室，他在桌上摊开《人民日报》，摘下眼镜，人略前倾伏案，双腿八字形，看着一篇什么文章，只听旁边的老叶女士笑对他说，你们诗人是怎么写成这种句子的啊？然后，是他似答非答地说，不好弄的，不好弄。原来，他的一篇诗发表在报纸上。那稍微瘦细的背影，和一个读自己文章的人，这形象存在我心中好久。

他是好相处的兄长，没心没肺的，不设城府。有时候说点社会上的新闻，他略微知晓也不全知，一脸的新奇也一脸的茫然，并不像在新闻大院里的从业者，更不用说部门的那些是是非非、单位的升级晋位的事了。这让我佩服，也好生奇怪，一大把年纪，他却对有些人热衷的关系、门道，几乎不解。八十年代中后期，人事关系单纯的让所有人对上面敬佩，也清纯的你想有点歹意也没有市场。后来，1989年以后，改组渗透，人与人，单位里、部门中，关系变得紧张，外来的与留守的，新人与旧人，身份与观念，都有了新的分化与定位，有了考验。一些人的加入，也会在认清阵线与分辨是非上多了难度。可是他却无太多的掺和，心里虽也清楚，却不太能对付稍有难度的人和事。也许他本来就远离这些，不去自寻烦恼。按说他这么老的资历，也见识过单位和部门不同时期的不同状态，心中有自己的认知。可是，他多从善良愿望出发，埋头于他的那份事，写他的诗，有时也关注一下，在一些计谋和假象面前，犯点糊涂。出于大局，我不能说太多，他的好意，也让人无语。有几次他都问我，听说要让你去哪，或者，他听风闻后说那地方也好也不错什么的，以为我会接受什么。他的关心出于真诚，但是他也不太了解我的性格，我会看重那些吗，我如有兴趣还用得着等到现在吗？这些繁杂的人事，他是不会理清的，也没有兴趣于此。这就是一个副刊编辑难得的作风。他敬业，他善意地为部门着想，真是难有第二人。这样说，不是大话，也不是调侃。如今，视权力为上，以位置为荣，专业技术人士也为那个级别不择手段，为私利而丑态百出，生怕吃亏，连好好的年轻人也有人被拉下水，在我们身边也并非孤例。有人就说，哪个部门哪个大院不这样，越是大院深深问题越是严重。如此，更觉得像刘虔这样一名普通编辑，一介书生，清纯的近乎无瑕的人，多么难得。

就说这发文章和编辑之事，他遵守规矩，认同道理，无私心杂虑。写文章后，我爱动用权力给他文字加刀斧，有时，不管他的句式，就有点独裁，可是他有时认同，有时也坚持。这都没有什么，只是，在那时候，我们谁人要上文章，都没有利用方便，就直接地安排，先得有程序的二审到位，即使如老田老缪蓝翎这样的领导，也是稿子写完发到我们编辑手中，征求一下意见，可以提建议，也有修改过的例子。这种方式才会对得起版面，敬畏这份工作。之后的人们，都自以为是人人怀珠抱玉，早把这样的敬畏抛诸脑后。想想，也不是哪个部门哪个人的事，这样谨严，对工作的敬畏，还有几个人坚持？呜呼。

说刘虔遵规，但也不排斥新的东西，比如，高科技、现代生活方式。他维新，好新，也有赶时髦的心态。其实，在他身上有诸多的矛盾体。他学电脑，发邮件，玩微信，都踩着时间节拍，即使慢也不过半拍一拍之差，可是，多是不精只当玩儿的。电脑用得不早不晚，大约是十年前吧，一次收到他发的邮件，得意地说他刚学会，之后，多是有去无回。我真不知道，是机器有病，还是他对此不太灵光。去年，他竟然会微信了，我也受到鼓励，换了新手机，上了微信，可是，你微信他，却根本没下文。他完全是一种即兴式、激情性的玩家。他微信你联系你了，可是，你去找他，不知哪月哪天，还是原来状态。他的手机也是，接通了没人应，或者，说一半了断了。时间，对于他有时候是个难题，比如，说好了几点集合，他可能不准时，不是说晚了，而是早到得多。前一个月，去襄阳，大家集合于火车南站，他电我说，已到站了，而这时我们都还在家里没出发，他却早了两小时，大夏天的，他何苦，说是看错时间。这些虽琐细，但是基本技能，对他来说，好像没有童子功的训练，好在，他心态平和，不急不躁。

说他属维新派，说他是个时髦老年，不冤枉。七十多岁的人了，还一袭红上衣，牛仔裤，加之多年都自己加工的头发，乌亮而飘逸，瘦削的身材，行走如风，竟猜不出真实的年龄。我对人的衣着，时不时有些关注，往往从中体会人的心态。对一些装扮有点不适、有点过的，总难认同。不全是品位，主要是是否合体，这体，是身份年龄，还是格调，不好说，但是，至少是要分场合的。看到一些在这方面有着特别穿戴、爱晒新行头的人，我真不知道，他或她懂不懂搭配美学。颜色、款式，总有基本之规。当然，人各有好，与卿何干，不容旁人置喙。对一般关系的，是不会说什么，可是对刘虔兄，我可以直说，比如，有时不免劝他或者调侃几句，你穿得那样的俏丽、那样的高色调想干什么呀？那细腿的牛仔，还故意磨成旧样的，你俏些什么？也属于开他的玩笑之类。而他一笑了之，或者根本没有弄明白我的意思。你说你的，我行我素。他信奉的是，我快乐，我为自己活着。但是，他总还是能听我的一点建议的。不为其他，只为友情。

他是诗人，也有多部诗集出版，他还以散文诗的写作在业内受关注，成为一方诸侯。他也有多部报告文学出版。但是，他主要的是编辑，在部门他负责文学作品，几十年不变。为保持副刊文学的品位，他和搭档老袁功不可没。这里说个大话，不避嫌，不免俗，《人民日报》文艺副刊，六十多年名称多变，改了又改，小二十多个，可是，能记下的又有几何。我放言，"文艺评论"除五十年代的《红楼梦》讨论、八十年代的文学价值与文学重建的讨论，还有点声响外，而最能记留的只有"大地"，包括综合性的副刊和文学作品。提起副刊的报告文学创作为人津津乐道，而这些版面后来的主要厨师就是刘虔和老袁。

刘虔的诗作，突出的是爱情诗。这也是诸多诗人的重要诗题，不同的是，他的爱情诗，从常见的事物，以哲理的营造来展示诗意，多以大地、玫瑰等意象，通过他绮丽的近乎奇诡的语言来表达。他何时开始诗创作，我没有考察，但是他对语言的锤炼，我很是有感觉，但不完全认同。他有时为了追求语言的效果，而故作惊人之语，不顾损害了诗意。他爱用一种不规则的句式，甚至是不合规范的语言，让诗朦胧也不朦胧，却造成阅读的障碍。这一点，只要是我签发他的诗作时，都要与他讨论一番，有时候出于诗无达诂的理解，能将就则作罢，多的时候，就专制地进行删修，为了保护语言的规范，没的商量。往往他会十分惋惜地固执一下。

他很勤奋，外出时多带着一个软面记事本，随手记下感受，好多诗句也许是这样捕获的。多年如此，保持如今。这样的老派做法恐怕也没有人了。他对诗，几近痴迷，写不出来的时候，他说，茶饭不香，有点恨自己。我曾经说他是苦吟派，为赋诗句捻断须。他写东西很下功夫，但出手又小心，也就很慢。而这恰恰造就了他的作品不是粗制滥造，随意而为。但，这又有两说，你着实为了语言而语言，追求那种老杜的"语不惊人死不休"境界，是否有点胶柱鼓瑟，自我较劲？所以，我说他苦吟派是给自己下了套。文学技巧本质上是匠工活，但文学的最高技巧又是无技巧。文学与情感和心态有关，而少了放松心态，就可能损失了文学的情怀和灵性。放松为文，自由为人。这是我对刘虔兄的一点建议。共勉共好。

2015年8月

读写他们

——一本散文和一组作家书信

一、电脑引发的

电脑的普及，无疑解放了我等吃文字饭的诸位。尽管用电脑办公十多年了，眼睛为之降低了度数，还冒着辐射的侵害，而这个电辐射、光污染的家伙，还是给我等坐办公室的极大方便。至少，查资料、写东西十分得便。而且用上了这五笔字型，字随意到，敲击快慢之间，文字跳跃闪动，声音噼里啪啦，有动感，有声响，也有光影。这可人恼人的家伙，还是方便也好玩的。

可问题是，习惯了，熟练了，长短文字都是这电脑代劳，懒于握笔，而那十分心爱的书写，或者手书，却成了往日的记忆，变得陌生而珍贵了。

这就是现代文明付出的代价吗？

是的，我们在孩童时期，有老师和家长逼迫，谁没有过描红，没有灯下练字习书；或者，在课堂上欣赏个别老师的板书；再者，稍长之后谋生他乡，用急促而眷念的心情，铺纸展笔，寄写家书的经历？那是一种温馨的回忆，一种难得的心情！

所以，那些书法或者叫手迹的东西，今天变成了一种收藏。收藏可能就是缺失，对我们这等爱好写写划划的人，多少有点惆怅而失落的！

枯坐电脑前，生发这多感触，几近常事。于今，我偶然翻出近十七年前（可怕的十七年啊），因编辑一本散文选集，与众多作家朋友的信函交往，更加深了这番感触。

二、编书成全

事情还得从头说来。

在1992年冬或是1993年初，家乡人老简和老秦，司职长江文艺出版社，他们来北京组稿，提及到要搞一个什么选题，即使不赚钱也要出的书。他们态度坚定，大家各方想法子，于是，就有了我和同样算是乡党的当时任职《文艺报》的潘凯雄的合作，就有了后来也还算有点意思的一本《小说名家散文百题》的图书。我敢说，这样的选题是一个独创。那时，新时期文学历经八十年代的红火，九十年代的稍嫌冷寂，而散文好像别有不同，热闹的小说家和不甘的小说家们，也加入了这个阵营，成集团阵势。也可以说，自那之后小说家散文渐渐兴起，而且，有着十分看好的前景。在这本书的后记中，我写了有关情况——

　　编小说家散文之类的选本和专集，也不是鲜见的题目。好多这类的东西，问世后并不走俏。闲聊之余，我们说及到让每位入选者写上五六百字的"散文感言"或"散文观"之类文字，以纲带目，兴许能区别于同类选编而见出新意来。

　　想法归想法，付诸实施不是件容易的事。首先，入选者名单，是很慎重的。书名冠之以小说名家，这"名"一定要严，要有标准。一是要活跃于新时期以来文坛的小说高手，同时又有为人称道的散文新作。

　　为使选本有权威性，葆其特色，我们请作家自荐作品。入选的五十多位名家之作，除个别老先生因年事已高不便做打扰外，余者均为作家们自荐。不少作家手头工作和创作任务繁忙，却十分热情不吝赐文，尤其是那精粹的短文"散文感言"。

　　记得把编书的信息告诉一些作家师友后，他们都爽快支持。王蒙先生在出访国外前的空隙，第一个将"散文感言"写就。在海口，韩少功兄的文稿，放在摩托车后方被当作钱物遭窃，数日后又重新复印，并据记忆重写一篇"散文观"送给我们；还有汪曾祺老的手稿刚完即复印寄赐；刘庆邦兄自谦散文写得不好，专门为本书写一篇，都令我们感动。——众多的亦师亦友的作家们，寄来文章的同时，也亲笔写来信件。

时光荏苒，但现在想起来也记忆如昨。当年，编选之事在拟定选题后，略微确定了一个名单。名为小说家百篇是个概数，以我们感受到的有特色的小说名家，以其小说在当下活跃走红为标准，当然，私心是以青壮年和我们熟悉的为主。于是，就地北天南，先后反复，最后选了55位。

从我保存的一份有点乱散的初定名单看，是以老者领衔，以地区比如北京、上海等划分，名单定好后再传到出版社，由他们打印一个约稿信件，盖上公章，再从北京寄发。一来二去，到了3月8日，我和凯雄分头寄出约稿函。

十多年后，拣出这些信件，有五位作家已作古，他们是冰心、巴金、孙犁、陆文夫、高晓声，看他们的文字，不免唏嘘，也让我有赶快写下这些文字的念头。

三、在海口，韩少功丢文稿

没想到，这诸多来信中，最早的一封是来自遥远的海南的韩少功兄。

他写道：

必胜：

近好。

回北京一路可顺利？寄来五百字以内的散文观，你看能不能用。

一回生，二回熟，这次认识你很高兴，对你木讷之下深藏着明敏和幽默有很深印象。还盼以后在什么好玩的地方重聚。颂顺适。

少功

1993年3月6日

　　另：你为贵报约写散文一类的事，我找了找，寄
上一篇未曾公开发表的，不知是否合用。不用掷还，
不必客气。

　　少功的字是用海南省作家协会的三百字稿纸写的，这在
当时是很常见的单位公用稿纸。字写得秀气流利，还有点行书
味。坦率地说，从书法角度看，不敢说很有特色，当然，这十
多年后，他，包括这篇文章所涉及的诸位，可能潜心或不经意
地成为书法高手，也未可知，在这里，仅以当年的书信文字解
读和诠释，若有不妥或不恭，包涵了。

　　信写得很家常，看出他是个很细心的人。少功对我的几句
评价，也没客套，令我感动。更主要的是，这寥寥百十字，却
是这一组书信的开篇。

　　与韩少功兄相交，是在海南的一个笔会上。那是1993年2月
21日，当时从安徽到海南的作家潘军，在海口经商有了点实力
后，以他们公司的名义举办了一个"蓝星笔会"，其阵营较为庞
大，约二十多人，记得领衔的是汪曾祺老及他的夫人施老师，还
有文坛上甚为活跃的诸才子们，以北京南京武汉广州方面的为
多。那天我从上海飞到海口时，作家刘恒到机场去接我时穿一白
衬衫，而我从北边来，一身厚实的皮夹克，极为反差，至今记忆
如昨。有何志云，他和我同住一屋，这两位仁兄，在北京就熟

悉，海口几日多有相处。还有南京的苏童、叶兆言、范小青、赵本夫、俞黑子、范小天、王干、傅晓红，北京除刘恒、何志云外，还有王朔、陈晓明，上海有格非，海南的有韩少功、蒋子丹等，广州有张欣、范汉生、田瑛等，武汉的方方前半程参加，后去了另一个会上提前离开，吉林宗仁发，天津的闻树国，安徽的沈敏特，海口的除韩、蒋外，还有一些人。真正是天南海北，群贤毕至。为写这篇文字，想查找当时参加笔会的人名单，可没有原始的记录，只凭印象，大约还有几位。

那几天，作为东道主，潘军用他能够想到的办法，让这些来自各地的作家们，坐镇海南谈文学，把这个"蓝星笔会"弄得像模像样。对这个会议，印象是面对市场经济的冲击，作家们感叹这变化之快，有点出乎意外。会上，就文化的商品性与市场化也多有涉及。记得开了两个半天的会，在一个圆桌似的会上，大家都没太认真，说三道四，有大言滔滔，有随意即兴的，对当时商品经济和市场化的社会现实，都有着较为敏锐的感悟。会议好像没有太集中的主题，也没有形成什么统一的结论，有点神仙会的味道，其本意是主办者想借此活动，让大家聚会海南。无论怎样的初衷，这有点民间味道的笔会，在当时以较大的阵营和规模，形成了影响。日后几天在三亚发生的小插曲，更是让这次笔会增加了谈资，让人难忘。当然，也有通常的旅游采风。只是去了三亚，天涯海角边上沐浴椰风蕉雨，文学也变得可爱。汪曾祺老先生那时酒量很在状态，酒后多有妙语，他几次同范小青、张欣等女士比试酒量，虽有夫人在旁管束也无妨，常常是兴味盎然，酒意阑珊。最可记忆的是，在三亚一个好像叫唐朝还是唐都的酒店，凌晨时分，在睡意沉醉之时，同住一屋的叶兆言、格非，突然被闯进的蒙面者喷了迷药，眼睁睁地看着被抢走了两块手表，所幸人没有什么伤害。这样一个正规酒店却被人拧开门锁盗窃，闻所未闻，虽然获赔了，但凌晨惊魂，让笔会结尾时有了高潮。

在这次笔会上，也是地主的韩少功，几天的会都参加，记得还邀请大家去他家做客。那时候，他从湖南到海口，住在海南师院。可能以前在什么会上我们见过，却没有深入交往，但在海口一见如故，在他家我向他索稿。他答应要挑出文章在我回程时带走。过后，在宾馆的会上，他说好拿来文章的复印件，可是，不小心放在摩托车后面弄丢了，他说是在上楼的一会儿功夫，被小偷当宝贝顺走了。

这样，本来当面给我的文章，被小偷拦劫后，改由他邮寄，就有了这封信件，因祸得福是也。让我感动的是，他重新把那感言文字回忆下来（按当时我们的统一要求，每个作家提供六百字的散文观），随信寄来了三百字的"散文观"。可惜的是，当时排版印刷都是手工，一些原稿送到车间拣字后了无踪影了。

少功写的"感言"，还有个题目《不敢随便动笔》。文字不长，照录如下：

> 散文是最自由的文体，是最迫近日常生活和最不讲究法则的文体，也就是说，是技术帮不上多少忙的文体。散文是心灵的裸露和袒示。一个心灵贫乏和狭隘的作家，有时候能借助技术把自己矫饰成小说、电视剧、诗歌、戏曲，等等，但这一写散文就深深发

怵，一写散文就常常露馅。如同某些姿色不够的优伶，只愿意上妆后登台，靠油彩博得爱慕，而不愿意卸妆后在乱糟糟的后台会客。

造作的散文，无非就是下台以后仍不卸妆，仍在装腔作势，把剧中角色的优雅或怪诞一直演到后台甚至演到亲朋戚友的家中。

这样看来，散文最平常也最不容易写好。成败与否完全取决于心灵本身是否具有魅力。

我本庸才，因此从来都不敢随便动笔写散文。

韩少功提供了两篇作品：《作揖的好处》《然后》。这两篇散文风格各异，前者以说理为主，从五个方面来论及作揖这个当时被热议的一种礼仪的"好处"，行文犀利明快，简捷思辨。后一篇是怀念莫应丰的文字。"然后"，是他的同事作家莫应丰在弥留之际"冒出的一句疑问"。而这个"然后"的疑问，包含了什么，对此，少功追问："然后什么？逝者如川，然而有后，万物皆有盈虚，唯时间永无穷尽，……岁月茫茫，众多'然后'哪堪清理，他在搜寻什么？在疑问什么？"从莫应丰与命运的抗争，到他不幸染上重病，到最后的归去，他感叹："命运也是如此仁慈，竟在他生命的最后的一程，仍赐给他勇气和纯真的理想，给了他男子汉的证明。使他一生的句点，不是风烛残年，不是脑满肠肥和耳聩目昏，而是起跑线上的雄姿英发，爆出最后的辉煌。"少功对莫应丰的"然后"，进行了解读，也是对亡友的怀念与纪念。逝者已去，生者怀念，有深深的纠结和诘问。对莫的怀念，虽是人生的几个片段，一个耿直而纯真的小说家，跃然而出。这就是少功散文的力道。

散文可说是韩少功的副业，他认真，"不随便动笔"，却成绩卓然，仅列举篇名就可知他的收获，计有：《面对神秘而空阔的世界》（浙江文艺出版社，1986年）；《夜行者梦语》（上海知识出版社，1993年）；《圣战与游戏》（1994年）；《心想》（天津人民出版社，1996年）；《灵魂的声音》（吉林人民出版社，1996年）；《世界》（湖南文艺出版社，1996年）；《韩少功散文》（两卷集）（中国广播电视出版社，1997年）；《完美的假定》（昆仑出版社，2003年）；《阅读的年轮》（九州出版社，2004年）等。

少功的散文作品，我以为，当年的《灵魂的声音》《完美的假定》以及晚近的《山南水北》几部，较突出地反映了其散文特色。他多是以思想性见长，从日常生活、平常故事写人生，有人文精神的贯注，信手拈来却含英蕴华。他的语言讲究，精致而不干涩，典雅而不浮华，有张力，多智性，重文气，不太引经据典，也不掉书袋。可以说，韩式散文已有某种特定的范式，换言之，大众情怀，人文视角，理性思辨，构成了其散文底色。散文于今，乱花迷眼之中，多有诟病，无论如何，期待散文的知性和理性，识见和文气，是当下散文界的共识，而这恰恰在少功的作品中相当充分。这多年来，如果将小说家的散文排行，他的创作，不仅是蔚为大观，也是名列前位的。

之后，与少功兄也是在某个会议上偶尔打一照面，见面很少，但他这些年每有动静，还是很关注的。他小说创作中继续着先锋的锐气与寻根的厚实，两条路数并立而行，常有佳作，并时不时有较大声浪。二十世纪九十年代初他较早翻译的米兰·昆德拉，成为一时话题；后来的长篇小说《马桥词典》，更是有争鸣与争议；以及他到湖南汨罗乡下有如梭罗式的田园耕读生活，都曾在我的视野中捕捉。近十年来，每年我们都编一套年度优秀散文随笔，他的作品也常在选中，偶或与他打个招呼，或者也先斩后奏，以为是熟人就没多介意，自作主张他也不计较，默默中感受到他的美意。

只是这年头电脑挤兑了笔，人也懒了，好多美好，只是在回味和怀想中重复。

四、"随意说"的方方

第二封信是武汉的方方。时间是1993年3月16日。

方方算是以小说《大篷车上》登上文坛的。上世纪八十年代初，文学激情澎湃，风光无限。小说有读者，也有电影人青睐。方方的这篇小说也借电影走红。她还写有《十八岁进行曲》等小说，大概是号准了那一时期社会奋进的心态，抒写了青年一代的进取心理，很有读者和观众。尔后，方方多篇写实小说问世，及至八十年代末，《风景》《祖父在父亲心中》等小说，奠定了她写实小说家的地位。卓尔不群、锐利峻切的风格，沉重的历史情怀和对人情感的穿透力，她的小说成为新写实的佼佼者，她并不特别拘泥于某种地域文化，却有强烈的精神力度。方方散文也有一种刚性和率真，在柔软中显示坚强，直抒胸臆的畅快淋漓，如行云流水。

关于散文的感受，方方写道：

　　我非常喜欢"随意"这两个字。我觉得无论是作文还是做人，这都是一种境界。我作文章素来主张随意，尤其是散文，心到意到笔到，这是起码的。那种刻意作文，每文必想文眼所在，思想意义所在，以及上升到什么高度等等，一定是很累的。写的人累，读的人亦累……人们现在已经越来越广义地去理解和认识散文了，不再只是读到华丽的词字和句子才说那是散文。这正是散文越来越随意的结果。随意便展示出了个性，而个性的作品总是容易受人青睐的……

　　很久前有人问我，你在什么状态下写小说？我说，怎么舒服怎么写。这就是一种随意，对写散文，我仍得这么说。

　　方方自荐的散文以"都市闲笔"为总题，有"跳舞""看电影""看病""刍言""书病"五章。这组随笔中，她写平常生活事相，以明快并略带幽默的语言，对都市的现代生活现象，从自我的感觉和参与中，进行言说。跳舞曾为当时的全民运动，如何呢，尽管有种种好处，但她却并不坚持，从有兴趣到愿意为看客，因为，与其大汗淋漓，不如安静地一旁欣赏别人。同样，在电影场上秩序乱，再好的影片也是一种作贱。看病与生病，买书与读书，这诸多矛盾的统一体，其中况味，她是步步地解读，并让"闲笔"关乎心情、性格、人生的态度，当然，也有人间烟火味，闲而不枯。

　　方方的散文不多，但精致，她多是随笔类，在谈天说地中描绘生活世相，在关注现代人生活状态的同时，注重人的精神需求。

如同方方"随意说"，她在给我的信中也随意地写上：

王必胜：

你好。海南一别，不觉又去了半个多月，（所托告诉池莉寄散文事已对池莉讲过），听说你们在海南玩得很开心，惊险事不断出现，显示了资本主义笔会的诡谲。我们这边的"社会主义"笔会，实在是祥和，安定，形势一派大好，可见"资"和"社"的分野随处可见也。一笑。

寄上散文一组。约七千字。创作谈谈得随意，其实，随意最好，有话则说，无话则不说，这当是写散文的最佳境界（我这里是胡扯了）。

附作品。祝好。篇幅若长了可拿下《看电影》一文。

方方

3月16日

信中，方方说的托池莉散文事，也是请她代约池莉自荐散文稿子。她是个认真的人，我顺便一说她还很当个事。她说的惊险事不断，就是叶兆言、格非俩在酒店里被不明不白地迷醉后遭劫之事。那个奇怪的惊魂之晨，一时传向四方，而方方前半节参加了在海口的笔会，好像她还去贵阳还是一个什么地方参加另外会议，提前离开，她没有亲历那个惊险场面，所以，她在信中不忘逗一下我们。那一时候，思想界有所谓的"姓社""姓资"的讨论，关乎大节，可于她只是随意一用，恰当而幽默，可见放松随意、不拘形迹的顽真，这是方方的性格。

与方方多有接触，是因为湖北老乡又是武汉大学校友，最早好像是1983年前后，在武汉参加一个作协的创作会议，就认识了。因湖北的好多朋友，像於可训、秦文仲，还有作协的一帮人，都与方方合得来。1994年秋，武汉举办了全国的书市，她那时已主政《今日名流》杂志，也是热火朝天的时期。书市上，她们为宣传展示杂志的成绩和期待更多的读者，拉起了大展位，她事无巨细，跑前忙后。在当时办刊物并没有什么经济效益，不像后来"办杂志向钱看"是各类杂志的目标。但她把杂志办得风生水起，影响一时。争睹名流，抓住了人们崇名的心理，一时报摊上争购脱销，成为那时特有的文化风景。作家办杂志，说来最早也始于海南的韩少功，他同蒋子丹办的《海南纪实》，打人文选题牌、新闻政治类的延伸旗号，常有不少的文章引起轰动，杂志声誉不胫而走。或许从人物纪实的角度，方方看到了潜在的空间，接手并改版了这份刊物。在武汉这个中部地带，办活一份人物杂志，并没有多大的人文优势，也不是真空的地带。后来，种种原因，杂志无疾而终。但方主编和她的杂志，其思路和创意，让人敬服，在出版界和文坛也留下了佳话。

为此，她在另一信中说：

王必胜：

你好！许久没联系，近来可忙？

我近年在办杂志，忙得什么也没写，现在总算告一段落，想继续我的"写作生涯"。办杂志一年，也还有趣，尤其见到杂志出来，众人称道，心里也十分高兴，辛苦一场，其实也就为这份高兴。并忍不住让诸朋友共分享之。特地寄上两册给你，请多提意见的同时，亦帮出点点子。北京地势高，视野辽远些，比之武汉，新思想新见识要多得多。

另外，若能介绍几个贵报笔头厉害的记者给我刊，那就是帮我们大忙了。就档次来说，在我刊发作品是不会辱没贵报记者的。一笑。

祝春安。

方方

3月12日

我猜想这信是在1995年左右写的。几年里，她无不集中精力，尽可能地利用各方的信息。那时杂志发行量不断上升，而且，与《海南纪实》一南一北，互为竞争，有得一拼。杂志事务渐渐走向正常。作为主编，她向朋友们传递了这份喜悦。她也希望扩大作者面，以为我的同事中有这类写手和高人，可惜的是，我没能帮上什么，当时忘记了有没有向她推荐了谁，后来也没有再过问，直至杂志停办承蒙她仍惠寄，总有点不安。

方方的信，写来也是率性随意的，亲切还不时幽默一下。她的字，笔力硬朗劲道，不讲究，很率性。字如其人，文见性情，然也。

以后与方方也是断断续续联系，好像她不太参加文学的活动，哪怕是武汉或湖北的文学事情，很少见到她，不知是杂志之事，耽搁了她想补回所谓的"写作生涯"，也不知是否她的习性如此。有几年的全国作代会，似乎都看不到她。或者，她在这些会议上多是低调行事。

大概是四五年前，北京有个中外文学论坛之类的，好像是东亚诸国韩日什么女作家论坛吧，那天，得知有外地朋友来，大家说聚聚，在我们单位附近的一个小餐馆午餐，一拨文友，方方她们来了，起先也不知谁能来，放弃高级宴请，就吃点廉价的川菜，一杯薄酒，还跑这远的路，或许是为了友情，这味道我想是最醇绵的。

以后与她间或有电子邮件联系，出任湖北省作协主席后，方方并不成为文坛的忙人，去年她还在德国写作两个多月。在多年的隐伏之后，她以作品来说话，《水在时间之下》《万箭穿心》等等，她的作品数量和锐气并没有减少，尤其是那根深蒂固的书卷气。最近与她相见是2009年秋天，她从德国回来，在《北京文学》颁她的一个授奖会上，匆匆交谈，还是那样子，不像有的人，几年没见面无论是形体外貌还是做派，都沧桑许多，变味许多，方方好像没有。当时，我开了个玩笑说，你还是那样的没有见长大呀。不知她是否乐意我这个随意一说。我以为她是那个老样子，纯真而豁达，没有多少客套。可能是写作让一个人永远有自己的状态。但，那也是要有修炼的。

五、朱苏进：南京不曾忘你

必胜文兄：

信悉。彬彬老弟也谈到了你们海南行的佳趣，并带来了你的旨意。

　　我恰在编选自己的散文集（天知道何时才能出来），抽出两篇自以为可读之文，寄上呈阅。"散文感言"也可用篇末的"自语"代替，兄以为可否？

　　前嘱为副刊撰稿事，不敢有忘，待忙过了这几日，调整心绪，再用心写来。

　　南京不曾忘你，盼你也别忘了南京各位兄弟，闲时下来走走，大家欢聚。

　　握手！

苏进

3 月17日

　　这是南京军区的小说家朱苏进的信，在应邀作家的回信中，他是第三位。当时，我和潘凯雄分头联系，也各自收到作家们的回复。

　　苏进兄也是洒脱的就用一张白纸写来，他的字坦率地说，不太恭维，想来，多少名家高手写小说如风如火，可字嘛也并不经意了。如果往好里说，他这有点朴拙的字，稍显男性雄劲却没有太多的体式。也就百十来字，他却写满两大张，着力于把这种潇洒的感觉抒发而出，率性而为，重气势，有如武士列阵，其气象可见一斑。

　　与苏进算也是早认识，部队的小说家好像与地方有着天然友情，一是因为部队的刊物、出版社，间或有一些文学会议，再是军区有创作室也常活动，所以，与部队活跃的作家们，多在这样的场合有联系。苏进的小说《凝眸》《炮群》《射天狼》《醉太平》等等，他长枪短炮的，在文坛上动静很大，那时候，说军旅小说，说军人作家，他怎是了得。

于是，一些重要的文学活动有他。记得1988年，我们部门在苏州开一个文学笔会。与会人员有北京南京上海武汉四川的老中青各方，人数达三四十。北京小说家有王蒙先生，他好像还在担任文化部长，是以作家身份与会，有李国文、从维熙、张洁、谌容、苏晓康诸先生，江苏的陆文夫、石言、朱苏进等等，评论家有高尔泰、吴泰昌、陈美兰、雷达、陈思和、王晓明，我们部门有蓝翎、范荣康、缪俊杰等。会议上大家相当放松，话题广泛。那一时期，说文学，人们多敞开着谈，也有的说。那时的会，也多是目标单一纯粹，尽管是在开放发达的苏南，也没有专门的采风，记得只是文夫先生带我们去了一次虎丘而已。会议很纯粹，也不请官员，没有什么仪式的。

会议时值中秋，吃了苏州的风味餐，去了陆文夫先生小巷深处的家，其他记得下来的也不多。会中，我们在苏州的商场里闲逛，难得有这样的雅兴。苏州的毛衣当时是领时装之风气的，特别是四平针毛衣。当时，男人的时髦可能就是这样子打扮。几位同行的都在为自己采购，可是，朱苏进却是在女装那边挑选，他买了一件我至今记得是天蓝色的女外套上装，让男人们都把欣赏投给他。想不到朱军人还有这等细心，真是为他这样好丈夫的角色佩服，记得我也学他做了一回好样子。不久后我们见面，还说及当时一同购物的事。他笔下多是描绘军人的英武和场面的粗犷，而那份心细真像一个新好男人。其实与他谈话他表达慢条斯理，行事文雅，与他多年的军旅生涯，与他军人家庭出身有关。

后来，好像是1994年左右吧，在北京南口镇一个坦克基地，解放军文艺社的一个文学活动中，我们晚上打扑克，多是特熟悉的一帮人，打一种那时流行的拱猪，追逐逼赶，可粗野可狂放，打法灵活，一对众，或众对一，或分为两派，记得我们是六人二组，胜负输赢还有点小惩罚，而老被动挨打，脸面是挂不住的。牌风沉稳、精于计算的他，每有不俗表现。只是，我那次也手气不差，几番下来，有的人顶不住了，不免认真起来，而苏进兄好像总是文气和气的，总是那样子的笑笑，也不忘夸奖一下我等。

他在散文感言中写道：

散文确是于随心所欲中最见个性的文体，你有多大的心眼，必有多大的散文，把你所写的散文摞到一块儿，就会看到一个浸在某种气浪中的自己。有时不免吃惊，原来我也曾精彩过。

散文写的全是自己，以及自己的意识迸到外界反弹回来的自己，所以写散文的时候，感到自己在胀开了，感到自己比预料到的要丰富得多，多得不得不散失掉一些，就像依靠一声吟哦散失掉一些心气儿。

当一个人默然独立时，他已经是一个散文化的人了，掏出他此刻心境意念，块块皆散文。这对于别人也许不重要，也许不堪观诵，但对于他自己而言，正是由于这些东西才将自己与他人区别开来了。我相信，一个人如果长年没有默然独立的机会，肯定会把自己搞丢的。一个作家如果不时常有些散文式的笔墨，那也会冷漠掉自己，苦忙于营造。散文是自语的，用自己的口说给自己的耳听的。所幸者，是万千人儿都爱听到别人的自语。我想，自语者可别失误于此，而将自语打扮得不是自语了，为诱惑众多的耳朵而说话。或者，还没说呢，先想着锲刻在石头上。

朱苏进认为，一个作家如果不时常有些散文式的笔墨，那也会冷漠掉自己。可见他把散文当作作家警省的创作。也说"散文是自语，用自己的口说给自己的耳听的"。他自荐的散文，一是《我就是酒》，一是《天圆地方》。他从酒和围棋中体会人生，多以谈论杂感式，"掏出他此刻心境意念，块块皆散文"。他这样说而行动也于此。

他信中说及的彬彬老弟，是指当时从博士毕业后到他麾下——军区创作室搞评论的王彬彬，他文字犀利快捷，也好论辩，后来他一直在南京大学任教。在海口会上，托他带话给朱苏进要散文。信中苏进特别说到"南京不曾忘你"，令人心生暖热，在这半是工作半是私人的信件中（如他信中说，我约他为我所负责的版面写文章，算是公事），他的这句客气话也算暖心之言。不曾忘记，抑或相忘于江湖，友情虽是君子之交，却超越时空，重于金钱功利的，因为我们有过虽不多却堪可回忆的聚会。

这之后，苏进的小说写得不多，散文创作也少了，后来，他索性在小说之外寻找了新天地。这些年，他创作了《鸦片战争》《康熙王朝》《朱元璋》等诸多主流大片和畅销电视剧《我的兄弟叫顺溜》，成果斐然，为小说家"弄电"的佼佼者。也许小说

家们，尤其是功底深厚、独秉风格的小说家加盟，提升了影视文化的品位，而朱苏进的劳绩公认是数得上的。我祝愿他。

六、较真的何士光

何士光远在贵州，也算是较早的回信者。他的手书工整干净，如同文章的誊抄稿，一丝不苟，令人敬服他对文字的尊重。即便有两处笔误，他也改正如初，规范的好像当年手工拣字时送到排字车间发稿，必须要"齐、清、定"一样，这样清爽，洁净，秀气，现在恐怕得绝版了。这是他的个性还是行文习惯使然？他在信中写道：

必胜先生：

惠书收到。遵嘱寄上你们要的材料。近年来写了一些散文，但大抵都很长。像《收获》上的《黔灵留梦记》和《钟山》上的《夏天的途程》，都万字左右，太长了。《〈日子〉续篇》本是散文，连同《日子》，也都是散文。但发表出来的时候，被当作小说了。两篇都为《新华文摘》和《小说月报》等转载。最近我编《何士光散文集》时，又才改回来。寄上的这一篇有六千多字，所以就选这一篇吧，是最短的，供参考好了。问凯雄好。

春祺。

何士光
3月17日

其实说来，同他，是这数十来位小说家中，除了几位老者外，最不熟悉的。但他的散文却很有味道，为我们所关注。如他所荐的《日子》，我是把它当作散文来读的。他的小说名头大，是新时期早期写农村的几位高手之一。《乡场上》获全国优秀短篇小说奖，一时洛阳纸贵。他的小说虽不多，却精致，有味。他尝试着在小说与散文之间的联系，让散文的节奏进入小说，有散文化的小说实验。在这次信中，他说自己的散文发表时被当成小说，而初衷却是当散文写的。这样的被认同，或者说被误读，当时也不乏其例。记得是《上海文学》吧，曾也有类似的"拉郎配"，好像是朱苏进的，还是散文家周涛的什么散文，也当作小说发过，发表后被有些书当散文收入。所以，有所谓散文化生活流的小说，其实就是在散淡的生活场景和闲雅的文字书写中，人物事件并不集中，情感和笔调都浓郁粘稠，或因强烈的主观抒情气息，被认定为散文，也是未可知的。在《〈日子〉续篇》中，何士光的感情表达就是这样子的，氤氲着一股淡淡的情致，写他的母亲、家人、故乡、亲情、人伦，于社会人生的变化与不变中，承续而聚合。包括前此的有名的散文《日子》，发表时就成了小说，而作者在给我的信中是有所不愿的，这一点深得我意。于是，就以散文收入。

关于散文，他写道：

　　《金刚经》里说，世界非世界。这是说，世界是不停地变动着的，没有一刻停息；对于不断变动着的事物，你怎么能够描绘它呢？所以这个世界是无法描绘的；于是你描绘的世界又不是这个世界，仅仅是你描绘的世界而已。经里又继续说，众生无自性。这是说，你的存在，不过是一个不断变动着的身躯的存在，和着一串不断变动着的念头存在，这之中，哪一个又是你呢？我们通常所说的自我，又会在哪里呢？所以不难看出来，在这种情况下要来写我的散文观其实是靠不住的。

他在阐发写作者面对客体，而主体的重要性时，好像说得玄虚，好像以辩证的角度说世事人生，说万物变动不居的道理。是的，人不能两次踏入同一条河。万物恒定，以心为是。也其实是站在什么角度来做什么样表述的问题，这可能与他潜心于修道问庄，近黄老之术有关。那种净心静气地去深入，悟出人生与人世的种种得失，都有可能。重要的是，何士光的《日子》，以及续篇，是在不动声色的感怀中，感悟世道人心，如禅如佛，坐看云起时，一花一世界。

以后没有见到老何有如当年"乡场上"的磅礴之声，传来说，他在研究宗教佛学什么呢，是那种精神上的苦修，是一种执着一种定力。九十年代中后，再很少读到何士光的小说，甚至散文，或许是我的孤陋寡闻，前几年，偶见他写的一篇贵阳旅游胜景的散文，看过后，仍觉有当年闲散文字的余韵。

不知老何爱不爱练习书法，可能，修道者也善修书，他如果像多数写家们似的，练习这些，定有体式，或者，他这多年后已成气候，也说不定。

七、率真的刘兆林

必胜兄：

　　遵嘱寄上散文两篇：《祝君欢笑》《感谢跳舞》。前者太短，后者又长了点，无奈是两种写法和笔调，一并寄上难为你吧。

　　我已转业，到辽宁省作协任专职副主席，地址电话如名片。

　　我的散文观附后。

　　新到地方工作不如部队熟悉，望多支持我。有机会再聚，匆此，握手。

兆林

3月20日

　　刘兆林的字是属于流畅、好看一类，以我之体会，他早年练过字的，或者常是手不离笔划划写写，有点心得，也就光鲜而流利。看得出，他是个对文字包括书写都很有感悟的人，所以，书法于他我觉得是可以有所成就的，不知他以后有没有坚持这个路子，从这十多年前的字体看，他有这个趋势，即便这样子，在作家中他的字当算不错的。

　　信，他写得简单，我也记不清他之前有没有信件于我。他是在军队中我们较早熟悉的朋友，我还为他那本有影响的长篇小说《绿色青春期》写过小文。我们也有两三次的近距离的接触，这多年没间断，每隔些时还有见面的。对他我可以说，神交早，也算熟的。

　　二十多年了，1987年"五一"吧，我们一行在张家界盘桓三四天，先是从岳阳坐船在洞庭湖上一夜水路，小小的游船，就我们一行二十多人，又逢枯水时节，走走停停，好像还搁浅过，到得常德上岸，已是两天之后了。可就是这漫长的行旅，一帮人玩闹，有了亲近。那次多是军旅人士，小说家有叶楠、王中才，散文家有周涛，评论家有韩瑞亭、黄国柱、叶鹏等，另有非军界的《人民日报·海外版》的解波大姐，中青年报的董月玲，《中国文化报》的王晋军，天津作协的王菲等等。兆林的文名当时正值上升期，他的《雪国热闹镇》《呵，索伦谷河枪声》什么的，两获全国中篇小说奖，开始有了"粉丝"。在那次，船家小妹就把他当知心大哥和师长，据说悄悄地拿出私房日记求教于他，可见他的魅力。弄得一行人中，有十分嫉妒者，还与他争当辅导。一路上的兆林，情绪很好，说笑唱跳，都很有精力。这以后，他创作了长篇小说《绿色青春期》，九十年代初还在东北牡丹江某部队开了作品讨论会。那时候，他在沈阳军区专业创作。许是1991年夏天吧，我们单位在辽宁的兴城海边主办一个副刊写作学习班，我请他去讲课。我们同住一房，听他讲了自己好多的故事，包括那次船上的辅导等等。他是个性情中人，那夜，在夏虫鸣声中，听闻海风海味，他兴致也好，讲了好多敞心掏肝的话，虽在那时还是军人的身份，但他率直，也有委婉，不只是行武人士的干脆，也有文人的倾情激昂，当然还有一种表达和倾诉的快意。我是佩服的，作为一个文学家，有了敢爱敢恨，也经历过许多如意和坎坷的人生，有过底层拼搏的经历，才会创造出那些有血肉有气味的人物，写出那么多真性情的文字。

比之其小说多是以军旅生涯和军人形象为主，他的散文多
了人生的亲情表达和人情世故的摹写。关于散文，兆林以《散
文贵在真》为题写道：

> 散文的最大优点在散，因散才不拘小节放浪形
> 骸自由自在，成为最随心所欲任意潇洒的文体。世间
> 万物，人生百味皆能入其内。其长可似黄河滔滔一泻
> 千里，洋洋数万言，短可如小溪，清流婉转百米许，
> 言简意赅，天马行空，嬉笑怒骂，直抒胸臆，委婉含
> 蓄，轻吟低唱，风花雪月；生死离别，大风飞扬，吃
> 喝玩乐，指点江山，拼搏奋斗——皆成文章。
>
> 散文贵在真，叙真情，写真事，每篇表达一片诚
> 情实意。一个"真"字，就将那满篇无拘无束的散凝
> 聚住了，即所谓形散神不散。这个"真"字很重要。
> 我主张，不仅情真，所叙人和事都是真的才更为散文
> 特点，这样才更显出与小说的真情之不同来。
>
> 散文人人可为。一封书信，一篇日记，一则广
> 告，写得情真意切活泼生动时皆为散文。散文最随
> 和，所以朋友最多……

散文是兆林小说创作之余的收获，从九十年代起他的散文
开始丰收。他先后有《临窗听雪》等数部问世。他的散文较突出
的为两类：一是亲情的，写父辈，写家人，怀念与感恩；一是行
旅散文，写见闻，客观为风物，主观写人物。曾读到一篇写他们
一次西藏行的散文，单调的行程中，他自荐主持娱乐大家，调动

众人的兴致，有了行程中的美好记忆。这类题材在散文中几近泛滥，流水账式的记录破坏了人们阅读的胃口，而挖掘情感，再现人物，以情趣串起，这样的纪游文字，兆林懂得如何趋利避害，追求"利益最大值"。这对于一个细心爱琢磨的兆林，得心应手。

他自荐的两篇，《祝君欢笑》《感谢跳舞》，有如他自说的贵在真，真实场景，真情写来，让人读后忍俊不禁。跳舞加深了夫妻关系，跳舞中见出夫妻的性格，这种文章，他是否向夫人传递一个信号，或者送上一个定心丸式的礼物。因那是二十年前的文章，这种读解不一定在理。无论何种初衷，一个性情中的舞者，一个性情的作家，至少在散文中，跃然而出。

也许这种纯真的感性思路，或者，他要自然而真实地表达，他前年创作的长篇小说《不悔录》与此思路有关，也成了有意义的话题。他把文化机关许多的美丽与丑陋、善良与不良等等，较为自然的描绘了，有些情节，甚至地名人名，与他所处的现实相疑似。从当下知识者的各种行状、做派，描绘这个群体的是是非非。关键是他还是描写场景中的一员，不能不想到他的初衷。就切入写实，真实地表现，抒写他心中的诸多"不悔"这一点上，他也许达到了。只是他不避真假，不分虚实轻重，和盘托出，他获得了一些效果，可是，也有一定的风险。因为，生活的真实与艺术的真实，谁人也无法厘清，有时候，近距离容易成为难点，或者是盲点。或者说，作为一个性情率真又激情充溢的写作者，他有这样的表达的夙愿，其他就不一定在乎了。成也性情，损也性情，这可能就是艺术与生活的悖论。这话有点远了，但作为朋友，想到了就说，但愿他姑妄听之。

八、池莉：希望稿费不太低

王必胜：你好！

你的信到武汉时，我在北京，我是最近回汉的。

你要散文我当然应该给你，问题是寄你还是寄长江文艺出版社某人？另外我的散文不多，给你的同时也另外地方出书，你认为还需要吧？方便来个电话。

祝好！

池莉

1993年3月25日

两天后，她在另一信中说：

怪我的草率，没细读信，现在明白你让我将散文寄你。

选两篇《钱这个东西》《最怕一种人》给你。另写一页《我的散文观》，没600字，我说不了那么长的关于散文的话，望谅。

希望书能早日出来。

希望稿费不太低。

祝好！

池莉

1993年3月27日

短短两天，池莉来了两信，她办事认真。

　　与她是在1988年全国小说评奖时认识的，那次评奖也是个巧合，名为全国小说评奖，是由《小说选刊》杂志和我们文艺部举办。此前几届由中国作协主办，后来不知何故没有坚持，以前承办者都是《小说选刊》杂志社，当时主编李国文与我们头儿商量，就定了下来。出于什么愿望，哪来的经费，这多年后记不太准了，只记得，我们先后外出找贵州、河南的两家企业支援，也很容易的就搞定了。后来获奖名单出来后，是一年之后了，世事突变，那年头空气也紧张，这个要管那个要看的，好烦人，有点自讨苦吃，不过，把这件事坚持了下来，还得到了认可，也算做了个善事。现在小说评奖排序，好像那次的评奖还是算数的。那次也推出了一些作家，现在多是文坛中坚。

　　池莉的小说《烦恼人生》获中篇奖。之前，何镇邦先生将她在《上海文学》发的这篇小说写了一篇评论，在1987年12月由我们发表了，可能也算较早注意她的创作的文章之一。至少在这部小说是这样的。镇邦老兄是个热情如火的人，尤其是他认为值得的作品和人，他那劲头比当事人还冲。那次池莉来领奖，在北京和平饭店发奖会上见她。当时，她还算是新人，至少在获奖方面，会上她多受关注。她人未到，就有不少人在期待。之后，她在文坛上迅速闻名，《不谈爱情》《小姐，你早》《生活秀》《来来往往》等小说影响甚广，媒体评论说她的小说，"关注最广大人群的生存本相和生活状态颇受喜爱"。

　　也是在1994年的武汉全国的书市上，长江文艺出版社把几位作家的书和我所编的这本《小说家散文百题》，弄了一个台面，与池莉还有舒婷、斯妤、张洁的"女作家爱心系列丛书"一起，签名售书。她们的书是珠海出版社出的，出版社的老总成平女士也曾是武汉军区的小说家，她也到场。而我纯粹是一个陪衬，当时与长江社熟悉，可能觉得这本散文选本的创意也可，发行也还过得去，就借书市也借我回汉之机，拿出来热闹一下，与池莉她们散文丛书一同搞活动。记得，活动本身无论是主办者还是作家本人，也没有当回事，我，好像还有舒婷、斯妤一起，由池莉带着从汉口到武昌，也就做点样子，轻松开心玩玩。这事虽说几不搭界，可作为散文的交谊，是从那次开始的。

池莉在散文观中写道：

> 我现在最喜欢的是孩子，爱一切幼小的东西。
>
> 小东西们由于懂道理天真未泯而无比可爱。
>
> 散文就是应该是这么一个可爱的小东西。它自由、真实、活泼、散漫，甚至固执、偏激、刻薄，哭笑随意，喜怒随意，只要心里有脸上也就有。
>
> 在我们面前，大大小小的名著已经够多了。名著固然好，但成熟深刻得令人生疑。
>
> 上帝在创造人类始祖亚当的时候，在他完美的身躯上留下了一个缺点：肚脐眼，假如没有这个缺点，亚当是神不是人。散文便做肚脐眼如何？

这段话写得俏皮、生动，池莉把散文当做可爱的小孩子，是从"小"和"纯"来要求散文艺术的。她自荐的"散文二题"，一是说钱，一是说人。她能够认同的人，不虚假，通达，可爱。她以为，"钱带给人的不仅仅是物质享受，精神享受更重要"，"金银的本质不过是一种金属"；人呢，她说最怕的是一种"不通之人"，这类人也许是生意人，也许是读了点书的半拉子文人，也许是常见的那种自负而爱聒噪的人。她生动描绘了这类人的种种做派，令人捧腹。这种不通之人，在文学中的形象，也许不为多见，可她却专文刺之，是小说家识人的功力。在以后的散文创作中，她也是着力于人的精神状态的开掘，一如她的汉味小说，平实，烟火味，或者，关注的是普通人的生存状态。后来，她出版有长篇散文《熬至滴水成珠》，以"如是我闻"和"我闻如是"两部分，分别记录生活和阅读、写作感受。有痛苦、沉吟、欢欣、从容，也及焦虑、寻觅等等，写得透彻而明丽，生活的历练，人生的沉浮，如同水已然结晶为露珠，她用"熬"字来表述，是一种智性的表白和沉实的总结。作为一位女性作家，敏锐而炽烈的情感文字，是至为重要的。

有意思的是，拣出池莉在一年半后给我的另一信中，她谈到当时流行的一本书：

必胜：

你好。早想给你写几句，因为去上海有事做便放下了。

你让何启治给我的书《廊桥遗梦》早已收到并于收到当晚连夜读完，非常难为情地告诉你，我那晚眼泪流得满世界，眼睛肿了，一周不敢见人，许多年许多年没有因为读小说而流泪了，也许这种感觉太可笑太幼稚太初级阶段，但我仍然衷心地感谢你让我有了这本书。

是的，我因此而想到我们从生活到文学创作，将人局限在多么狭窄的空间啊，事实上人与人之间的关系，情感，交往与想念是非常宽广乃至拥有无限的空间的。好了，谈到书与人，话总刹不住，可谁有时间看长信呢？日后见面再聊。

我想哪天给你写一个也是读《廊桥遗梦》的小文，可以吗？期待再推荐好书。

池莉

1994年11月19日

信中说到的是当时由人民文学出版社出版的新书《廊桥遗梦》，小说仅数万字，描写的是《美国地理》杂志摄影家罗伯特·金凯偶遇农场主妇后的情感纠葛，最早翻译国内后，引起了极大反响，后来这个故事改编为电影也在国内热播过。当时，忘记了是因为我在《南方周末》上写了一小文，还是在电话中说及这热销的书，她没有读到此书，正好就请我的学长、该社副老总何启治寄了一本给她。没想到，她有那种激动，激发了关于"从生活到文学"的感受，并说"人与人之间的关系，情感，交往与相信是非常宽广乃至拥有无限的空间"的。一位中国小说名家，为一本翻译小说流泪，有同行知音，如果大洋彼岸作者有知，该是多么有意义的一段文坛佳话！信中说的读后感，没有见她以后写来，也不知她写没写了在别处发表。

"谁有时间看长信呢？"是的，物欲滔滔，低俗流行，有多少人静心于文学，又倾心真挚的交流？

池莉的手书，我以为她用笔连贯浑成，也挺规正。其笔法如毛笔字中的断笔没有笔锋。那一时期，不少作家爱用蘸水笔。像刘恒，八十年代他写东西就用蘸水笔。没有电脑时代的作家们，书写工具是多么的丰富而有情调啊。

池莉行事为人细腻热情。她自认为喜爱独行，在接受采访时她说："我天生就喜欢写作，本来就是要当作家，至于其他职务和名声，都是身外之物。严格地说，我觉得自己从来都是江湖之外的江湖人。最初我是独往独来，现在还是独往独来。"

她是爱开玩笑的，于是，在那个年月，商品经济打开人的眼界，她借机不忘调侃，希望稿费不太低，明知收进这个选本没有多少银两可言，但她也得戏言一下，如此这般，这就是池莉，熟悉了就会玩笑一下。

九、周大新：不愧对"文学姑娘"

必胜兄：

　　近好。南方之行顺利吧？今遵嘱寄上两篇散文，你从中挑一篇，若都不宜用，也不要为难，扔掉作罢，都是复印件。问全家好。

　　有信请仍寄南阳那边，我不久即回去。

　　顺颂

　　文安！

大新

3月25日

周大新当时还在济南军区创作室，他笔法清秀，直接说事，因与他相当熟悉，也常有书信往来，他在信中只是说了我所要文章的事。那些时，他常回南阳，因家中的事情所累，常住那边。他有些小说也是在这期间写的。记得我有事就把信寄给他夫人小杨的单位南阳地区人事局。

周大新的小说创作始于二十世纪七十年中期，1987年左右引起文坛注意，小说《汉家女》获得全国短篇奖，小说《香魂塘畔的香油坊》为导演谢飞改编成电影《香魂女》，得过柏林的一个奖。我与他相识于济南他的作品讨论会。那次是冯牧先生领衔，后来，他早年的小说集《走廊》出版，我还写了个序言。他前期小说主要写家乡南阳盆地的故事，写部队的基层军人，兵味和乡土气息浓郁，以及对女性特别是女军人的刻画细腻，引起关注。他写得扎实而用力，是文坛的苦吟派，一步一步写来，年年都上台阶，最终长篇小说《湖光山色》获得新一届的茅盾文学奖。

散文于他时有收获，先后出版了多部集子。最新一部是《历览多少事与人》，从题名中也知其着眼于人世代谢、往来古今，思考深入。他为人谦和，也是敏感的，小说家的敏感，散文家的博取细腻，成全了他散文的亲和与精细。对散文，他说要"给人一点实在"——

散文有许多种，但不管哪种散文，都给人一点实实在在的东西。你要抒情，就抒一点也能令别人心动的真情，别假情硬抒，让人看了心里别扭甚至恶心。

　　你要讲哲理，就讲一点新鲜的，让人看了豁然顿悟，受点启发，虽重复他人已经讲过的或大家已经明了的东西。

　　你写的是一篇游记，就要给人介绍一点别人眼睛在同一景点很难发现的东西，别变成旅游指南，导游是导游小姐们的事情。

　　你发表的是一封信，就让人看看写信人究竟是一个什么性情的人，别藏藏掖掖只露出正人君子的模样。

　　你介绍一个人，就介绍这个人身上独特的不同于他人的地方，让咱们确实开开眼界。

　　你就一件事发表看法，那就说出你的真心话，别让人一看就是违心话和套话，让人替你难受。

　　散文是我们记述所见所闻所思所想的最随意最方便的一种样式，什么时候写什么怎样写都行，如果在这种情况下我们仍然要来假的空的东西，那真真是有点愧对这位最随和的文学姑娘了。

　　周大新自荐的散文两篇：《最后一季豌豆》《平衡》。前者描绘从童年往事的追忆、怀想，到人的纯真和朴实。后一篇是说人生世事的"平衡规律"无时无处不在，连老百姓都懂的道理，在每天"有喜剧、悲剧交替上演"，人生有福祸相生相克的。不以物喜，也不以己悲，千百年来，这样一个简单的思想，现代人往往并不能正常善待。不切实际的要求和拼杀，是福是祸，很难说清？周大新的散文随感，把这样的题旨，纳入他的思考。在对散文的解读中，他也以平实和真实作为生命。

也许，他能够以平常心去对待生活的曲折，应对难事甚至不幸。这些年，他经历了家庭的坎坷，却能在创作中保持状态，且屡有出彩。在我们认识的二十四年里，他工作和创作是顺利的，从军区到总部，从外地到北京，各类作品先后得奖，还有立功嘉奖，然而，生活中多有不如意，甚至打击，但他都顽强地挺过，坚韧地走过。平常的心态，执着的文心，是他创作的基石和支撑。每每看到我书柜里他那二十多本文集，长短小说、散文等，我叹服他的勤奋和定力。

想起了当年，也是二十世纪八九十年代之交，长江文艺社还在办的《当代作家》文学双月刊，托我约周大新的小说，他很快就写了两个短篇《干涸》等，讲述农村现代化后土地被征，土地流失，泉水干枯，生态无序，农民们的心态与生活的变化，他深思现代化在农村发展中的代价。时在九十年代初，他是较早以文学的感受来触摸现代化与农村关系，以及传统的变异与现代文明的悖论。作为农民的儿子，他的文学基因来源于大地和底层。关注土地，倾情于大地，则使他的文学有了基石，日后的《湖光山色》获得茅盾文学奖并不偶然。

这种文学的经世观，在他说散文，以一句别愧对文学姑娘的提醒，让人难忘。这个滋润人心灵，给人精神上的提升和慰藉的文学，也是一个有生命的物体。在散文家周大新的心中，真实，实在，是其生命力。因此，他反复告示：别"假情硬抒"，别"藏藏掖掖"，别说"违心话和套话"。这不是每个人都能做到的。面对如今的文学，尤其是纪实的怀人的散文，这种反省是多么的需要！

可又有多少人能听得进去？

十、没入列的徐怀中

徐怀中的小说在二十世纪八十年代如雷贯耳，无论是《西线轶事》，还是更早创作（1954年）日后开禁的《我们播种爱情》，以及一些军旅小说，他在军事文学中的地位无可忽视。特别是他主政的军艺文学系，培养了不少青年作家。我们编小说散文集当然得有他的。不料，他在信中，十分客气地陈述了没有像样的散文：

必胜同志：

　　来信收悉。我最近心电图有点问题，政协会议没开完就来三〇一医院住下来了，作作检查，想无大问题。谢谢你邀我参加散文百题行列。我没有写过什么像样的散文，近十年连小说也没有写了，就不能勉强充数了，甚觉惭愧，只有请你原谅。想你一定会把这本选集组织得很好，我等待读到这本书。一切顺利。

徐怀中

3月28日

他的字就是在一张没有天头地尾的白纸上写的，信手拈来，像一张复印纸，是出于节约，还是素来如此习惯？当时，他是否还在位上，没有查证，但他信中说了是在开政协会，肯定还没有完全退下来，而节省到用这无头无题的纸，亲自寄来，这样子纯文人的做法，看出老先生的自律。一个有点头脸的名人，一个有着高位的（他是总政文化部长，少将）领导，他不光是谦虚地说及自己的作品，也很自律地用这种简单方式，当时来看，我以为较正常的，可如今，看多了附庸风雅的官员文字，为求发表，动辄加密送达，弄权济私，其实，也纯系个人文字，早点晚点又何妨？这未必是当事人之意，好多吹喇叭、抬轿子者也是惹事者。这徐老先生的为人为文之道，高古之风，何能为继？呜呼，如今，这文坛报界陈腐之气，媚上之风，官场陋习，何以能除？

话说远了。再看徐怀中的信件，他自谦没有像样的散文，对我们"组织"的这本书很有兴趣，其实，我们邀请他加盟，是因为他的小说影响力。他的小说在描绘人性上有着刻骨铭心的真实和深邃，他写散文也是注重韵味和情致。只是，身体原因，他多年没有创作，他自说有十多年连小说也没有写，一代小说名家困扰于病魔，当时，很为他身体担忧，还向一些部队的朋友打听。

而他的字，写得少见清朗，如行云流水，一气呵成，也很见力度。即使是硬笔书写也是见出章法的，还是在一张没有格子的纸上。细细端详，如列兵出阵，整饬如仪，倘若用毛笔在宣纸上，他的字会是很有格式、功夫的书法作品。这是我见到的作家的字中，相当有书法味道的信件。

多年后，也曾在某个活动中见到怀中先生，他那端庄的军人风度，仍然一如既往，是那些晚辈军人文友们所学不来的。今年初，凌行正先生的长篇小说《九号干休所》在北京座谈，有幸再见到他。听他讲话，还是文质彬彬，思路清晰，精神不错。年过八旬的他，那天冒着冬寒，在不太宽的会场上一直坐有三小时，不容易。每每这样的场合，记者或号称事忙的人，都会提前离开，而他却安坐如山，仔细听会上发言，直到会议结束。无论是身子还是态度，让人佩服。因他的谦虚和坚辞，没有入列的徐怀中先生，更让我们尊重。

十一、"活趣说"的蒋子龙

必胜兄：

近安，遵嘱写一散文观和散文两篇，随兄处理。

匆此，好。

蒋子龙

1993年4月6日

蒋子龙的来信更是简单的了，简单是因为熟悉，与他相熟追溯到二十年前。那时，沈阳的林建法在耕耘《当代作家评论》之余，有很多的构想，比如，较早的成立杂志董事会，搞一些大的文化经济联姻类专题研讨。蒋子龙写过工业题材，且名头大，一篇《乔厂长上任记》，只要是说到早期的改革文学都会提及，于是，老蒋兄就在这样的场合出场领衔。九十年代初，几次大连的采风或者笔会，或者与企业家联谊，多次是老蒋兄出马，说文学谈经济说地方财政等，他都在行，也会引起会议的兴奋点。记得也是在大连有一次活动，建法兄命名为东北亚文化考察，名头有点吓人，当时，挂着建法煞有介事地配制的那个出席证，出入于这里那里，我和老蒋都窃笑，建法真会宏大思维。因老蒋是团长，还到市里参加了一个会见，也热闹了一番。还有数次，因为他的时间安排，活动也为之改期，所以，他当为这类活动的高僧大法，直到前年辽宁作协的一个工业题材的会议，被当作老工业基地上的一次文学呼唤，自然不能少他，那也是建法在帮助张罗的。就像一个宴会上，有主菜大菜的，老蒋每每是这样角色。

我们部门在1993年初，与广东省作协文学基金会在肇庆开了企业文化的研讨会。我也效法建法，把蒋子龙等请去，一大帮热心于改革题材和企业文化的作家们座谈了两天，还搞了个纪要见报。后来，在北京有几次简陋的会议上，他当天从天津赶个来回，拨冗参加，有时候，很感激他的理解，也会体味他的辛苦和无奈，没有办法，有了名就可能是尊神，也由不得自己了。这样，也免不了受朋友所托，代为请约。子龙兄也会给个面子，也有找个借口推掉，都很正常的。不要说太久远，就是这两年内，沈阳、长春、广东、河北，也不下五六次与他同行，还有北京的个别会议，也有聚晤，当为再熟悉不过的老朋友了。

半年前一个深秋，在沧州他老家一个古老的枣园里，还看他在枣树下临风把笔，写下"老树成神"几个大字。他的沧桑与闲定，也有成神如佛的修道。

所以，因为熟识，每有我向他问学，要文章，他都会支持的。就在那次约稿前，他的另一信中写道：

必胜兄：

春节好。实在对不起，这篇小稿拖欠得太久了。真要坐下来想给贵报写稿，不知为什么就正襟危坐，灵气全无，太笨了。只好硬挤出这么个东西，出于守诺还情不得不寄出，兄倘不满意再扔回来就是了。

我另想点子，一定要还朋友的账。问夫人好，并祝
阖安！

蒋子龙

1993年2月8日

记不得是哪篇文章，他如此的用力、费神。可能那种感
觉是那一时期众多作家朋友们的共性，真不好意思，难为他
们了。

在关于散文的感言中，他说：

当心里萌生出一种对自己的激情，对自己有了种
感觉，是写虚构小说或其他文体所无法表达的一种情
感，便写散文。

如同一个人自斟自饮，读者则欣赏作者的那份自
然，那份真挚，那份狂放。

因此散文必须要有真情、真心、真思、真感，最
忌假、玩、空。

……

散文以真诚给人们的精神投以阳光，所以在假货
充斥的现代社会，格外受欢迎。

唯真诚才是心灵的卫士，是散文的生命。

散文凭借真诚感知生命的诗意，让自己的艺术的
情弦充满智慧和饱满的感情。

散文的美是融合了心灵的真实和生活的真实而创
造出来的，不能指望一个虚伪的灵魂，一个没有真情

的人会创造出真实的美，写出感人的散文。

　　散文是作者心灵的告白，可直接表露自己的思想感情，表达个人的感受，表达个人独有的感受，因而也是值得珍视的。看散文如同欣赏一个人的精神收藏品。

　　有了真情，再把它提升到文学的层面，表达得美，这美就是活的，充满生命力。否则，只有美，没有真，再精致也只是艺术品，没有活趣。

　　正是这份真情，使散文虽很少大红大紫，却也从未被冷漠过，香若幽兰。

　　真实，鲜活，或者说要有"活趣"，蒋子龙把散文看作一个充满活力的鲜美事物，有香如兰。他自荐的散文是《天都情》和《中国的狗热》两篇短文，可见出其情趣，也是合他这种思路的。在向黄山天都峰的路上，他跨过了自然的绝妙与人情的极致。在这里，他信步百尺云梯，上天都峰，看到了无数恋人的连心锁高悬绝壁之上，感叹了人的情感表达绝妙神奇。而中国"养狗热"引出的问题，已成为一种社会公德拷问。他在一贬一褒中，完成对当下旅游和休闲习俗的一种描绘。这是子龙的散文特色：一、注重人的情感的挖掘，看山看水而得乎情；二、从日常事理观察出普遍意义，小事中寻大理，以小见大；三、注重当下，特别搜集时下的诸多资料，旁征博引，娓娓而谈。

　　也是在小说家散文刚红火的那一时期，八十年代中后期吧，沈阳出版社的一套作家自选的丛书，名家荟萃，就有蒋子龙的散文集。之后，散文随笔他多高产。他的说理，叙事，注重事例，触类旁通，举一反三，小事情大道理，也多关乎世道人心，特别是国计民生。这可能是他的散文随笔为众多的新闻报刊所喜欢的原因，有段时间他可是各类报纸上的文学明星。

那么子龙兄的字呢，也属自成一体的那类，有纵浪大化、凭虚御风的飘逸。他的信，或是在一张信纸上，也就十数个字，占满天地，神完气足，或者用正规的宣纸书写，还是竖写的，看出其在书法研习上的努力。前说那次沧州采风，偌大的枣林下，主办者准备了笔墨，他似乎早有腹稿，一挥而就，"老树成神"几个大字，翩然在阳光绿树下，再反复几张，一时游龙走凤飘逸不羁，树丛中掌声笑声一片。我端详几许，直想说，与这十多年前给我的钢笔字法是有了气势啊。

很愿意与他同行，无论是会议，还是会议外的休闲，听他说东说西也是享受，他发言讲话时，爱用二指禅表达，左右手食指伸出合拢，特有的习惯动作，引你入胜。更重要的是，即使是闲谈中，他以一股特有的神情，专注于你的回应和表述，其实，你也就知道，他是在琢磨什么，说不定下次的散文或者随笔，就有了你所熟悉的某一个细节。

十多年来，老蒋兄在散文之余，也完成了多年构想，一个名为《农民帝国》的大部头长篇小说，前年问世，一如他以往近时段的人物和近距离的生活，他注定固守着这强烈的为人生的艺术。

无论如何，他的书，他这人，即便是字，诚如他言，是有活趣的。

十二、可爱的汪老头

收到汪曾祺先生的信，是我们从海口笔会回来不久。一个多月前，在海口我向他约大作收入"小说家散文"中，他说回去找找，汪夫人施松卿老师还邀我有时间去家里取。后来，因事急就去了个电话，还另给他寄上出版社的邀请信，汪老回复说：

王必胜：

信悉。小说家散文选，我拟报选两篇。一、《城隍·土地·灶王爷》；二、《花》。第一篇刊在《中国文化》（刘梦溪主编）1991年8月第4期上。希望你能找到这期刊物，复印一下（我这里只有一本，还准备作其他选本之用）。第二篇尚未发表，稿在《收获》，将用在今年的第四期。大概八月才能出来。你如等不到八月，请来信，我将复印一份寄上（我这里还有一份底稿），或打电话7623874。

"感言"寄上，恰600字。

即问安适。

汪曾祺
4月7日

我写此文也是迟到的悼文，他过世已多年。最近，他八十诞辰纪念，搞得十分热闹，足见他好人缘。那年他的追悼会，恰好我出差了，沈阳的林建法兄专来参加，我只好托请致意。

想起来，海南笔会上每天与他处，但人多事杂，要不会议上，要不宴席中，或者行程匆匆的，没有多聊，但长者之风山高水长，虽匆匆数日，却亲聆馨咳，也算有幸。后来回京后一直想找时间去汪老家拜访。

1994年12月中旬，林建法从沈阳来，住在作家许谋清那儿，说一起去看汪曾祺老。到了南城的一个旧楼里，出电梯七拐八弯的，汪老家里几乎是被书和杂物占据，许谋清带来一大包老北京下酒菜，不一会儿，还有老作家林斤澜带来温州的散文家程绍国，大家就随意地开席了。晚餐，施老师准备了一个火锅，一起涮捞，很是热闹。建法和谋清与汪、林二老早就熟悉，许谋清也爱说点笑话，还有林斤澜先生也是爱开玩笑的，而建法的思维也跳跃，大家以话下酒，好像汪老说得不太多。饭后，汪老在午休前，翻了翻杂物堆，不知从哪儿找出新出散文集签名分送我们。一年后的夏天，他搬了家，也是建法来北京，相约去看汪老新家，那是虎坊桥一带单位宿舍，汪老的书和杂物少了，而较乱的是画好的和没完成的书法绘画，铺在地上桌上，我们可以随意地挑看，未料汪老也没有说什么。想起有人说过，在他家从纸篓里都能找到一张好画的，确也如此。画作多是花鸟山水，有葡萄，有海棠，有紫荆种种。我看中一幅，梨花压枝的，建法说，汪老题个字吧，于是他就手题了"满宫明月梨花白"并加上我的名字。同去的还有潘凯雄，他俩要了什么字画不记得了，好像有一幅是紫葡萄吧。如今我的"汪梨花"，画面上大朵绽放的洁白梨花，舒展奔放，也清纯如许，常年开放在陋室过道上，每每睹之，无不感怀，哲人已去，丹青有情，呜呼。

　　汪老很细心，在信中把我所请托的事，交待的清清楚楚。现在看来，我是多么的大大咧咧，也许，我是把一封普通的公式化的信函发给他。他却不厌其烦地告诉我文章出处、刊期，还说，如不可将如何解决。在我担心《收获》杂志当期到后有些晚了时，他又在4月26日回信寄来《花》的复印稿，再次告诉了他家电话号码，"有事请联系"，客气得好像他是在找我办事一样。

　　汪老是一位贤明通达的人，多个时候，看他的头有可能是偏着，或叼着烟，或者，紧盯着你，默然无语，但是，他心里总有数，要不，在海南他以近七十高龄并不成为酒和烟的奴隶。他话不多，即便你是刚认识的，都不问及你的来处，你的出身，你的周遭，甚至你的喜好。好像，你既然相信了他或者你既然是他的朋友的朋友，那你也就是可信赖的了。我不知林建法这位"文坛大侠"（我们相熟悉多年，少说是二十七八年的朋友）如何与汪老这么熟悉的，按说他在北京的朋友关系的轨迹我是略知一二，可是，他如此亲炙于汪老，如此的执礼于他，让我在感动之余也不太明白。林建法是一个义气、仗义的人，也是一个挑剔的人，他在北京的朋友很多，但只要每次来京，必定首选去汪老家，或者，汪老那里有点事，他都可能从沈阳来，从外地赶来。而言语中，多是汪老的如何如何，什么什么正事闲事，他都清楚。真不明何因？当然，汪夫人是建法他们福建老乡，这又算得什么呢！唯一最可能的答案是，这是一个文坛可爱的老头，一个让你不断有新的可爱之处的老头。

　　还是看汪老关于散文的一席话吧，他说：

近几年（也就是二三年吧），散文忽然悄悄兴起。散文有读者。在商品经济的冲击下，在流行歌曲、通俗小说、电视连续剧泛滥的时候，也还有一些人愿意一个人坐下来，泡一杯茶，看两篇散文，这是为什么？原因可能是：一，生活颠簸，心情浮躁，人们需要一点安静，一点有较高文化意味的休息；在粗俗文化的扰攘之中，想寻找一种比较精美的艺术享受，散文可以提供这样的享受，包括对语言的享受。这些年，把语言看成艺术，并从中得到愉快的人逐渐多起来，这是我们这个民族文化素养正在提高的征兆。

散文天地中有一个现象值得玩味，即散文写得较多，也较好的是两种人。一是女作家，一是老头子。女作家的感情、感觉比较细，这是她们写散文的优势。有人说散文是老人的文体，有一定道理。老年人，感慨深远，老人读的书也较多，文章有较高的文化气息，多数老人的散文可归入"学者散文"，老年人文笔也都比较干净，不卖弄，少做作。但是往往比较枯瘦，不滋润，少才华，这是老人文章一病。

小说家的散文有什么特点？我看没有什么特点。一定要说，是有人物。小说是写人的，小说家在写散文的时候，也总是想到人。即使是写游记，写习俗，乃至草木虫鱼，也都是此中有人，呼之欲出。

他分析了散文兴起的原因，说小说家的散文"没有什么特点"，写散文的时候，"有人物""想到人"，仅此而已。这或许因为是在我们的要求下才完成了这所谓"感言"吧。实在难为他,一个散文大手笔,让他写这些,类似小说大家钱钟书先生名言,吃了鸡蛋未必就得要问鸡是如何下蛋的。

汪老的字画,一时为圈内的抢手货。他被当作当代文人画的代表之一。一是他的文名影响。他以《大淖纪事》《受戒》等小说,在新时期文学初期,别开了题材的新生面,对人物心理隐秘的进入,对人性的多方的开掘,有别样风景。他的散文,回忆往事,记述人物,注重情致和性灵,也简洁精短,有如明清的小品。再是他的书画,别有情趣,画面简约,留白疏朗,写意着墨不求技法铺陈,情意活脱而出。他的字,清丽、圆润,随意中见法度,不夸饰雕琢,也不张狂。在给我的书信中,一张白纸上,没有涂抹,清爽如许。

有人说,他是当代文坛最后一个士大夫,一个张扬人道主义的作家。斯言诚也。

十三、"另类"的叶楠

必胜:

我寄给你三篇散文。是我去年今年写的我认为最好看的。篇名为:《酿造欢乐的酒浆》《神鸟敛合了翅膀》《生与死浇铸的雕像》。另遵嘱写了一篇所谓散文观,篇名:《晶莹的露珠》。请选用。

敬礼。

叶楠

22.03.1993

　　这是我收到的仅有的两位用电脑打的信件（另一位是陈建功），这之前也曾收到叶楠先生的信，刚开始看他用电脑写信，有点怪怪的，那时，是1993年初或是1992年底，电脑写作属凤毛麟角，我等年轻点的用得也不多，他就这样子的超前，时间顺序是按西式先日再月再年的。佩服之余，好像不大习惯。心想，这种格式化的写法，有点批发的味道，除了名字外，都是硬邦邦的电脑字，难道这么几句都不愿意手写，是为了节约还是有意的炫技，想不明白。这两个疑问，在叶楠老，好像都不可，那么，又做何解呢？只是想到一个兴趣广泛或者好奇心强烈的人，才有如此之举吧，"日日新，苟日新"是也。或者，他本来就是为了这刚学步的技术操作练习，才会这样子的，或者什么都不为，就是为了看起来整齐而清楚，也方便。无论为什么，他算较早用电脑写作的老作家之一。那么早，电脑创作，电脑写信，一个完全的现代科技拥趸，比年轻人还年轻人，他老先生可是花甲之年的人啊！

　　话说他也与汪曾祺老一样，叶老先生已过世有年。记得，2003年春，他重病住在海军医院，我去探望，他一头的管子，双眼紧闭，人没有了一点意识，当时，正好见到作家杨匡满也在，我们心痛，只有默默地祝福。不料三天后，他终于没有能挺过来，令人悲痛。想起了这位和善可亲的老先生，他常常是打个电话来，有事没事，交流一下，说点故事，再寒暄，问问他所关心或可能我所知道的事，他把我当成合得来的朋友。

　　与他多次一道外出，最长的时间是在北京南苑机场评全军文艺奖，一住五六天，最早的也是1987年的张家界之行。

叶楠是海军创作室主任，也因为他的电影《甲午风云》《巴山夜雨》等等的影响，在几次活动中，他被推在前台，可他却不习惯这样子，一句口头话是，那样子的不行。他的和气可爱，厚道得甚至有点的如佛如僧的淡定，不是装的，不像有些人老说我的脑子有点老年痴呆症啊，我的学问不好，书读得不多啊云云，故作低调，迹近噱头，恰恰让人侧目。平时，他话不太多，有点酒量，有点烟瘾，也有点小脾性。他也是个故事和笑话的能手，特别是当下文人圈的什么，他讲来很风趣，也很善意，往往是在大家不经意间，他最后说一些大家共同熟悉的人和事，掌故逸事皆成趣谈，活跃一下气氛。他常常一身合体装束，是少有的注重形象的老先生。作为军人，我们相交这久，从未看他穿过一次军装。更多时候，他是牛仔装，俨然不像是一个上了点年纪的老军人。

他给我的电脑文稿，打在一个长条两边带孔眼的专用打字纸上，两三千字都有长长的半米多，有时他的信也用这样的针孔纸，白纸面洇有浅蓝色的底字，并不清楚，却是那时的一道风景。

其实，他的字写得很是有笔有型的，现从他的签名两字看，有艺术字体的潇洒。柔软的飘逸，有如他散文风格。在散文"感言"中，他以"晶莹的露珠"比喻：

> 春天的清晨，高山流水草甸的柔嫩小草的叶片上，挂着颗颗露珠，它们的透明、玲珑、晶莹，世上最好的珍珠也无法与之比美……
> 露珠是那么小，只可以用细碎来形容它们，然而，

　　在它们小小的球体里，含有蓝天、白云、朝霞、皑皑雪巅、莽莽丛林、高飞翔的鹰……乃至整个宇宙。

　　它们吸溶世界上所有色彩和光，又折射向这个世界，那折射出的色彩和光，要更加明丽动人。

　　即使是它们被微风或者晨鸟的翅膀，拂碎了，那散碎的更小的水珠，也还奇妙地保持无丝毫误差的正球体，也还向这个世界闪射着它们的光辉。

　　它不是刻意制造的，像盆景，哪怕是最精美的盆景。它是得之于自然，它虽幼小，形体是完整的，容量是配套的，色彩是丰富的。

　　这就是文学体裁中的散文。

　　他以诗的语言，为散文画像。

　　自然、丰富、完整，这是他心中的散文境界。他对散文情有所钟，有多部散文出版，《浪花集》《苍老的蓝》，虽写海军生活的为数不少，但不少篇写大自然的风物，彰显生命的哲理，写天地自然中弱小事物的坚韧，有柔美细腻之风。"晶莹的露珠"，是他对散文的定义，对事物的观察，叶楠不嫌其细小，有别于男人、军人的豪放，唯此，细腻的语感，优美的文和情致，在军队散文家中别见风采。

十四、"武夫"邓刚

必胜兄：

　　您好！遵旨将散文和600字的散文观寄你，不知合格否?

　　我的信址是大连转山小区（以下门牌及电话省略——引者）有事请写这个地址。切切！祝你好并代问凯雄兄好！

邓刚匆匆上

1993年4月6日

　　收到邓刚的信是四月了，这位以《迷人的海》闻名的小说家，其塑造的"海碰子"形象，丰富了新时期文学的人物画廊。他的字龙飞凤舞，不拘法度，形象有点粗憨，却也试图有些形体。那时候，听说他到大连公安局挂职，还说他能徒手抓坏人，也曾到俄罗斯闯荡搞边贸，这一个武行道深的人，潜伏文坛，居然了得，但他也是个很细致的人，信中不忘详细地告诉你联系方式，也很周到，不忘了代问与我的合作者潘凯雄。

　　与邓刚见面是在大连的金石滩。那是在九十年代初吧，那边开发得热热闹闹，海边采风也吸引了四方八面。一日，在大连作家徐铎的领地——金石滩午餐，好像有几拨人马，坐在一起，就有了与邓刚相会。那次他也是陪朋友来采风的，饭桌上，因大家都有点熟，没有太多拘束，他就有发挥，话虽不太多，爱逗点嘴。他是快嘴大哥，特别是与女同志交锋，妙语连珠，好像有定论。再有印象就只听他说，在公安那边干活，而绝口不说自己写作的事。好像当桌上有好多的海味上餐，也有人就问了他写海的事，他眯缝着眼，一笑而过。这以后，他的文字，也就幽默加逗嘴，也有些小说笔法来臧否日常人物，于是，邓氏幽默文字，一纸风行。记得，我的同事刘梦岚女士还专门约他加盟个专栏，谈天说地，抢着侃的。只是后来，这边原因没有坚持下来。他从小说而散文随笔，从生活而文学再生活的，有段时间，他得心应手，文思泉涌，有了不少的非散文非小品非随笔的东西。忽然，有一日，我收到他的邮件，是他的一本新书。可能是在这本《小说家散文百题》出版后，他因样书的前言（那是我们以编者身份写的序言）提及了散文随笔于小说家的意义，或者，是在某个场合看到了我论及小说家散文随笔热的文章（好像是在沈阳《当代作家评论》杂志上发的），他视为同好，竟然有了一信，说得兴奋，喜形于言：

> 必胜先生：
>
> 由于常出门，联系断断续续，望原谅。近来出一本书，正是你说的随笔热，很好看，特别是中学生踊跃，在大学、中学校签名售书，竟出手一万册。大喜！在一家刊物发了个消息，邮购平均一天10本，可见书写得有意思有意味，还是大有读者。现送几家小书摊上准备与庸俗书一战！
>
> 祝夏安！
>
> 邓刚
>
> 1994年6月18日

好一段见情见性的文字，一如他的说话风格。他为自己的一本书有销量有反响而大喜，以此为例，认为"有意思有意味的书，还是大有读者的"。他的书，具体名字我记不准了，抱歉的是，因搬迁一时也找不到了，当时在快餐化、娱乐化的流行文化影响下，文学图书萎靡，他的一本书有此利好，无疑是个可与朋友分享的大喜之事。且还有他那誓与庸俗书一战的行动，好一个东方唐·吉诃德同志形象。

赤膊而战的邓刚兄，没有什么太多曲里拐弯、皮里阳秋的，这是个率性的硬汉子，不能不让人喜爱。去年秋天，《人民文学》杂志组织大家在河南汤阴采风，多年后的见面，看他那身紧绷的仔裤夹克衫，一句老兄还好，好像是断了的线又接上了头，颇为高兴。可能是他人高马大、鹤立鸡群的，有意脱离会儿大家，独自参观什么的，言语虽少却一旦与雷抒雁、徐坤等人说闹一下，也是很好玩的。这一路两三天，他一身夹克仔裤，不管紧瘦与否，却也衬出了人高马大威武状。兴许是沾了岳将军之故吧，在岳王庙里，武穆精忠持守，其书法辞章也精到，文武之功，日月同辉，世人敬仰。邓刚也是一个人独赏，但当见到岳飞庙门楣上写有"乃文乃武"匾额，写有"第一功名不爱钱，人生自古谁无死"的对联时，似乎有点感觉，就让我以此为背景给他照相。这也罢了，我当时也给他看了数码照片的效果，没承想，我们9月5日分手，回去也就两天，他就来了邮件，急要他的相片，有点故意套我的意思："必胜小兄如面：分手后才知相见的时光是多么的难得，但愿以后还有见面的机会，多说些话。还有一事，别忘了给我发照片呀，切切！祝秋爽！邓刚9月7日。"四天后，他又发邮件催我："必胜小兄：至今没见到有照片发过来，看起来国家级报刊实在是太忙了，但我还是希望你在百忙中能将照片发过来，能有你亲自拍摄的照片，我会珍视的。切切！9月11日。"几番来去，他叫我大兄小兄的，还找话激将，实在是可爱之极。我想，也就短短两三天，他这样子在意，不全是因为我的拍照。那岳将军乃文乃武之美誉，让他感佩，生怕这张沾光的照片而不得。当然，还有他看似一介武夫，粗粗拉拉的，却是很细心的人。率真而细心，好像朋友们也有这样的评价。

这种率直，也在关于散文的感言中：

> 散文比小说的年龄大，比一切其他式样的文学资格老。它所以受到那样多的敬重和冷落，几起几伏，散文从不景气，升腾到垂青的高峰，我认为这是散文的表现手法变革所致。
>
> ……
>
> 由于人们的生活节奏加快，由于科学技术越来越高超，电视摄像等手段已使人们视野开阔，几乎整个世界的景物历历在目，所以现代读者决不耐烦看过去那些静止描写景物的文字。坦率地说，一代代一本本教科书上始终牢牢地印着朱自清的《荷塘月色》，使我感到惊讶。那古董一样古气沉沉的文章，在当代鲜活的生命面前奉为范本，我个人不太以为然，当然，我决不敢否定朱自清的艺术价值。可是一个时代有一个时代的艺术特色和审美要求。一个时代的艺术巅峰与另一个朝代的艺术巅峰不可相论优劣，过多地借鉴并不是件科学的事。
>
> 散文涌起了新势头是散文小说化所致。散文融进人物意识、故事意识和更多情绪意识，符合当代读者的口味。小说家散文是散文形式变革的无意之中的功臣，我这样认为。

这寥寥数语，是从散文的形式变革与读者口味的吻合来看散文热的。文章合为时而著，他以为当下散文需要三大意识："人物、故事、情绪"，也是一家之说，最直接的是，他对《荷塘月色》一类古气悠然的文字长期占据教科书不以为然。生猛的海味，是邓刚生活的营养，而在行文、交友等诸多方面，这等做派不失为一种让人记怀的滋味，于写作于人生，也会有所补益。

十五、"技工"陈建功

必胜兄：

　　您好！

　　惠书收悉，蒙兄不弃，有意收编小文入"散文选"，弟至为铭感。现寄呈《从实招来》一册，其中划圈者，为可选作品，兄可拨冗一读，有喜欢的，劳烦复印选入可也。兄所要之"感言"，一并寄上，请收。

　　匆匆颂

　　春安！

建功谨呈
1993年4月8日

陈建功的信是由电脑代笔。他以一种既定格式，打完了内容，再手写名字，以示庄重。当电脑刚兴，我收到这类信件时，新鲜之余不免有疑问，为何不全用电脑打得了，还要弄个名字手写的干吗？后来猜想可能为了庄重礼貌起见，或者以免假冒吧！不过，现如今，如若信件往来，不知还有何人这样打字署名的，不知建功兄他们这些先行者，是否还会这等坚持？

我以为，建功兄也许还会这样子的。有几次看他在会议上，即使是坐主席台主持会，也是电脑办会，发言稿从电脑调出，颇为潇洒。大概是2002年秋，时在广东中山市古镇，我们参观了当地的一个新大建筑，同行的有邵燕祥、缪俊杰、周明等，看到那些电光影高科技炫彩之后，大家说到电脑说到手机电子之类，有人玩得利索，有人却颇为不屑，也有顽固的抵触者。对此，建功兄用了一个很古典也很暧昧的词："奇巧淫技"，还很痛快地一笑说，当年慈禧就这样子的冬烘顽固。作为一个技术的迷恋者，建功在作家中是最早驾驶汽车的，依他那时的年龄，有这样的心态技术，玩技巧，是很酷的。据说当年他曾做过矿工下过井，我猜想，他不会是干纯粹的力气活，搬弄个技术，修理什么，他会在行的。

再看他这信，如印刷品一样规正，抬头和过行都规范地印在一张单位的便笺上。我奇怪的是，他把字打印在这么小的信笺，如此格式规范，行距间距整齐，没两下子是不能的。

我曾想，依建功的性子和能力，是属于会玩爱玩一类，别看他平时斯文谦和，其实，隐藏有暴发的力量，是学什么会什么，干什么就能什么的。比如，吃喝玩乐的，都会有个样的。他是有情趣的人，一个有"奇巧"却不"淫技"的人。

他的信写得随意，不失夫子气，文雅，文气，也是一种风格。当年的文人们谦谦之风，尚有存乎，这是一种心境，一种续承，更要有一定的学养。

他签名"建功"二字，写得稍嫌散淡，看不出他字的味道和师承。他属于在书写方面不太讲究的人。或者电脑高科技之后，他就省于书写，像众多的名家一样，写得流畅自如，保持自己的风格。

建功送我的书名为《从实招来》，是一本小开本的丛书之一本，收入了他的一些散文。我按他所画，挑选了《涮庐闲话》《老饕絮语》两篇。他以幽默的语调，描绘了一个美食家的感受，在北方的涮菜习俗中，在宴席中大快朵颐之后，既有物质的满足，也有精神的快意，享受过程十分美丽。建功用一种自我调侃和文白夹杂的语句，把散文的一种情趣性做足了，也写吃饭点菜的细节，主要是北方的涮锅文化，见情见性。那一时期，他的散文口语化，日常生活景象与时下的现代化生活驳杂万象相交融，令人称道。他曾在《北京晚报》开有专栏，写平凡人物、平民百姓、都市万象、家长里短。几近开创报纸精短散文之先河。他的散文不求宏大，不考究主题，不高头讲章状，也不拿腔作势，却有烟火气，市井味，读来活色生香。所以，他对散文也是用语直率：

> 写散文要比写小说舒坦得多。写小说你得找出张三李四王二麻子，让他们出来替你重新铸造一个世界。写散文你不必劳这份神，提起笔，你就撒了欢儿地写吧。你怎么活的就怎么写，你怎么想的就怎么写。你就是一个世界。

正因为这，写散文也难。

你能保证你的世界就那么招人？于是，不知哪位发明了一种叫风格的说法，熬得散文家个个开始跟他们的文章较劲儿。也是，不较这劲儿，你就平庸，谁甘于平庸，谁？

于是，个个把那千把两千个汉字掂量来掂量去，僧推月下门，僧敲月下门，个个把那谋篇布局琢磨来琢磨去，起承转合此呼彼应删繁就简领异标新。

就不怕较劲较大了，反倒矫情？矫情多了，不做下了毛病？

谁也不说你做下了毛病。谁都说这是你的风格。

你的名气越大，就越不是毛病，而是风格。

于是，风格就成了许多人的"皇帝的新衣"。

为了不闹笑话，我想，我最好还是离这害人精远点儿。好好地，只想着痛痛快快地把自己那一嗓子吼出来就成了。

真的，甭惦记她。她不是该着咱惦记的。

1993年4月6日

建功似乎真是被风格这种虚套的东西弄得有点不快："你怎么活的就怎么写，撒欢了去写……痛痛快快地把自己那一嗓子吼出来就成了。"建功的一番感受，或许是夫子自况，或许小说家言，这个有点激烈的评说，对散文这个人言言殊的文体，自是一种诠释，也是过来人的彻悟。

十六、"变法"的李存葆

必胜兄：

　　近好。遵嘱将稿子寄上，请审。

　　我写画家这两篇东西，文白相杂，专业术语颇多，时常出错，《十月》刊《琐记》时，印错了七、八个字，有时一字之错，很惹人见笑。三校样时，望兄能仔细给把一下关，看一遍，拜托了。

　　匆匆，不赘。

　　即颂

　　编安！

李存葆

1993年5月8日

　　收到存葆兄的大札，当时是何感想，记不得了，如今再读，颇有意外。他真是认真的人。或者，他被那些不细致的事弄得有点紧张、警惕了。为写此文，我重读了收入的李存葆散文，好像也还有错字的，真是不好意思，当时的文稿交去后，也没有再回校，我们也同作者一样看的是成书，大概出版社以为这是一本综合集子，作者们不能一一再校，也许他们过于自信了。这引起的错失，只能是迟到致歉，包括向入选的各位作家朋友。

　　李存葆的文名，起于中篇小说《高山下的花环》，同名电影出来后影响广大，他享受着铺天盖地的美誉。他后来也有多篇散文问世，而收入的两篇，开始了他日后写这类书画家、写艺术人物的创作。大概是六七年前，他出版了散文集《大河遗梦》，我当时写有一篇文章，论述他是"从历史的视角和文化层面，探究人自身发展进程中的重大问题。诸如环境保护与生存发展，爱的迷失与情感危机等"。我说到："李存葆的情感取向是古典浪漫式的，在一些作品中，是他对远逝的古典人文精神的一种缅怀，一种追寻。他的几篇文章的题目，直接用'殇''遗梦''绝唱'等命名，体现了他对逝去的追思和缅怀。"

存葆兄当时也是在济南军区专业创作，后来到北京解放军艺术学院任职。与他交往最头疼的是他一口山东话，因为他的话，我错把山东方言当作全国之最，没有什么方言比这还不好懂的。他这话，如果一点也听不明白，索性也罢了，就像外语，问题是还有那么一些也可猜测的。有时候，真不知他说的是什么，就好奇他讲哪里方言，后来明白了他是山东五莲人，也因他这口方言，我等才知有这个县名。有意思的是，我的一位前同事也是此地人氏，却一口普通话，很流畅，真不知这李老兄，还走南闯北，有部队里的语言熏陶，这等顽冥的如何是了。

虽然与他还算有些接触，他后来又当上作协副主席，见他的时候多看他在台上。但是，同属烟民有嗜共焉，有时候，同好之下有较多轻松的机会——抽烟。他的烟瘾大，但还能克制的，有时难耐之际，叼着烟也过过干瘾，一副小顽皮的模样。这时就看出李大将军的可爱之点。烟卷，他好像对自己的家乡产品如坚守方言式的顽固，早先是"将军牌"的，近年是"八喜牌"的，这可能有口味适宜之故，但何尝不是一种执拗？他大概从九十年代后，就少有小说问世，在八十年代辉煌的小说家群体中，他可能是少数没有新作的。可是，他执着于长篇散文，一时称之为文化类散文，也有骄人的实绩。我有时惊异于他，这种长而大的散文有些式微了，可他却逆势而上，并不为时风所左右，是如今为数不多的写这类文字的大员。当然，他的长篇散文，虽也关乎宏大题旨，关乎历史人文，有事件有背景，但往往广收活化史料，注重史迹的寻考，读来不枯燥，不冗赘。我在那篇文章中说："他更多的是从自己的亲历考索中，运用一些田野考察笔记来求证他的发现，他的论题。他对一些历史的兴趣，无异于史学家和考古专业的缜密和严整。只不过，他让故事和史实活起来，这就有别于其他类的文化大散文，读来更为亲切，更体现出特有的人文特色来。"像《祖槐》数万余字考完了华夏文化祖始自山西一脉衍生绵延的历史；像《沂蒙匪事》这样的题材、这样的采访等，见出其选题的重大。当然，其史实和文献的意义不可忽视。

从虚构的小说到纪实的散文，史料文献的收集活化，存葆兄在担当一项艰难的事。二十世纪八十年代后期，报告文学热潮兴起，他曾写过《沂蒙九章》，开始了他在散文纪实方面的尝试，日后重点是散文，所谓前说的大散文。当然，写这类散文，文化味、史实性，以及文献性，还有书卷气，都是一个艰难的挑战，而他，却在我们可能的疑虑和期待中，完成得有效也合格。或者说，他的这类考据、辨析、质证、综合，有创意也用心良苦，这些对作家的知识储备和观察力等，是一个有风险的考验，而行伍出身、写小说出道的他，却给了我们较多的惊喜。有时，觉得他散文的笔力强劲，尤其是对中国传统人文精神的承继上，他表现了相当的自觉。有些语言的表现力，是他过去小说的一种新变。所以，有人说李存葆的散文，展示了一个勤奋者所能达到的高度，也改变了他的叙述语言平面单向的不足。

对散文，李存葆以"散文的随意与法度"为题说：

感谢充满灵性的祖宗创造了散文这种文体，让代代骚人墨客有了一方任思绪恣意飞驰的空间。但是，不要认为喜了怒了恨了惆怅了都可以在散文中宣泄而不用担心被散文拒之门外。我从未感到散文是在灯下放一支轻曲，煮一杯咖啡之后，就可随意去做的事。
……
散文的随意不是信笔涂鸦，大匠运斤，大巧若拙的随意，只有那些天赋很高、艺术功力很厚的散文大家才能获得，这种随意无技巧之技巧，是一种朴素到极处也美到了极处的境界。
散文姓散是指它题材的广阔性和表现手法的多样性。愈是散，愈有奥妙无穷的法度。有了法度才会有艺术个性的自由……
散文是含情量很高、易写难工的文体，因此，许多大家在熬白了双鬓后又去专做散文了。

不能随意而为之，不是在灯下的一支轻曲，散中有法度，如此这般，是在千帆看尽、曾经沧海后的一种彻悟，这样，才有存葆对文化艺术的大家们的书写，才有他对历史的探究和考察，才有那洋洋大端的文字。

十七、性情梁晓声

必胜兄：

　　遵嘱寄上散文三则，请任选一篇，或皆录之也请便。

　　另，我和李国文共荐中国海洋石油总公司副总经理陈秉骞同志一二篇，也请考虑一下。陈是五十年代大学生，近在各报刊发散文颇多，我读过，还评过，实在是挺好的……

　　另，身任副部级干部，工作之余仍能习文，且文章华好，可谓不易矣。应予推崇之也……

晓声匆匆
4月6日忙草

必胜兄：

　　遵嘱寄上散文断想。

　　我在忙着改电视剧，不多叙。

　　祝好。

晓声
4月14日

　　梁晓声先后两封信，信中顺便推荐了他和国文老共同的朋友的散文，看出他的热心，也看出他没有搞清我们约稿信的内容。这也难怪，他是个忙人，或许他沉浸在朋友文字的美好阅读中。在我收到的信中，少有他这样子不管不顾的。

　　我后来去信，一定又报告了我们编书的范围，他会理解的。他随和、细腻且有情份，是处事简单没多客套的人。

　　那是在1996年5月上海之行吧，时间我之所以肯定，是因为我们在机场见面时，他仅穿着一件衬衫，拎着个纸袋子，晃来晃去的，一看那里面没有什么内容，简单的不能再简单了。我们住上海西藏路附近的宾馆，参加海军作者的一个电影脚本讨论会，与他住一屋，那时这样的安排也多见，也自然。我吃惊他这点行头就能出差，就算是夏天衣着简单，不是还有两天，还是到大上海啊？一个印有单位字样的纸袋，装书还是采买也罢，他却当作行李袋子，这样简陋而随便，恐难在文化人圈里另有他人，何况他还是一位走红的作家。晚上睡觉时，他拿出一个套圈套在脖子上，说是颈椎不好，无可救药，如此这般，可能缓解。那一夜，在有点闷热的气候下，梁兄也是这样子的一头套圈，直面于枕，看他那样真有毅力。其实，我也多年因腰椎而颈椎，弄得脚麻手麻的，也有病友介绍这法那方，都嫌麻烦，可能也没有他那样严重，就没有这大手笔式的举动。早餐上还是在会上，他老兄也是戴着的，真佩服他的认真和淡然。想想这样子一个脖套子，我等之人也总有点不习惯，也不雅吧，而名人梁晓声则不然，他回归本原回到本真，是率性为之。多年过去，不知他这个顽疾如何了。但那个纸袋子行头，那个颈椎套圈中的梁兄，可爱的印象实在难忘。

　　那些时，有机会与他相见，有几次是由李国文老师牵线，有外地的作家来京聚会，还有几次是一个什么小会，总见到他，还有叶楠，感觉到他们三人常在一起出现。记得，叶楠老说到有什么事，爱说去问晓声，一口鼻音很重的河南普通话，慢条斯理的却是坚决的，叫起晓声来，很亲切，在他的心中，梁晓声什么都知道的，都会想办法的。

不知晓声是否如叶楠老说的那样什么都有办法，但是在文学创作上他是多面手。他的小说自八十年代初、新时期开始，以众多知青小说而文名远播，他在电影、电视以及纪实文学创作中，也是多面出击，他的散文虽写过往生活，有亲情的如父爱母爱，以现实性和思想性见长。他的随笔杂感，直面现实触及时弊，有时对体制上的弊端，人文精神的缺失，都给以坚决针砭，而且，也为一些民生问题呐喊，为底层人的状态鼓呼。他对文人的虚假，沉湎自我自恋，有严厉而坚执地批评。为此，他的直率，也让有些人不快。他在《人生真相》《中国社会各阶层分析》和《梁晓声语录》等中，论及思想、爱情、友谊，对生活中假恶丑，以及人性的偏失，进行发言。有时不顾情面，好像一个文学愤青的激昂，而自己大快胸臆，活脱出一个坦率不做作的梁晓声。我想，他从《今夜有暴风雪》《那是一片神奇的土地》，到《泯灭》再到散文、随笔，他的文学轨迹由青春的祭奠，到现实的呼唤，再对于民生的关注，时有呼啸奋进。他是一个激情的理想主义者，一个激昂不失赤诚、本真的人。

不知是否因为他多在沉思和思考之故，晓声是一个不太爱说笑的人，有时，不苟言笑，矜持得有点木讷，这或可为保持着对社会人世一种有利的观察方式吧。

让我惊异的是，他两三年前还不用手机，也不用电脑。在现代化技术汹汹之势下，他有老僧入定的淡然，保有原始状态的写作和交往，在文人中，特别是中青年小说家中不多见。可是，他却开了博客，我不知他是如何把文字传上博客的。即使我等用电脑多年，也不习惯这博客方式。以这样一个现代信息的平台，与社会交往，这不是作家们都能做到的，无疑，可看到他的另一面。

他的手书，是较为规范的那种。新时期以来出道的小说家们，虽也有书写较为劲道有样的，但不客气地说，多半是没有太多手书练习而急速成名后，在写字方面先天不足，尤其是年轻一点的。当然，时间也许会助他们成功。梁晓声不是这样，他的字是有格有体的，硬朗而流丽也练达，自成体格，一张那个时期商店常见的信纸上，他写来是好看有样的。十多年前，文人们雅集，还不太时兴会前会后写字画画，可是，那么多的作家朋友，书法上也算精进有为，像梁兄这样子的，直接可以在书法上独当一面的，我想，经过这多少年的研习，其书艺会更为可观。

关于散文，梁晓声认为：

> 文如其人——于小说未必，于散文定然。散文是最近性情的一种文体。散文最是一面镜子，最能映出为文者的形状……于狭义言之，散文常能代表文学的一种"质"；于广义而言，散文常能代表文化的一种"魂"——一个时期刊发着怎样的散文，印证一个时代的糜朴之痕……

> 我个人喜魂清质朴的散文……可惜这样的散文如今不多……散文尤其需要为文者有文人的性情、心智和灵魂——目前，中国之文人普遍缺的是这个。结果我们在散文的海中却难觅散文了……

性情、心智和灵魂，这是个高标格的要求，梁兄言简意
赅，直点穴位。

十八，"三刘"再说

"三刘"，是三位刘姓小说家，即刘恒、刘震云、刘庆邦
是也。

"三刘"之说，是十六年前我在一篇文章《"三刘"小
说》（发表于《作家》1993年）中，对当时正走红的他们以此
名之。"小说"者，稍稍说说之谓，或理解为说三人的小说。
他们三位同在北京，在写实一路，小说风格有些相近，其出道
时间也大致相同，我就此打包捆绑，好像还得到了认可。

其实，散文方面，"三刘"好像不着意经营，或者说不太
突出。"三刘"的散文，一如他们的小说，在文气文风上，各
不相同。刘恒的锐利，震云的俏皮，庆邦的温润。收入本书中
的分别是，刘恒的《立誓做个严父》《火炕》；刘震云的《轮
船》《童年读书》；刘庆邦的《儿子是什么》。

他们散文有相同的题旨，描写的是亲情和家事，也有过往
的经历和记忆。这是散文的传统路子。不同的是，刘恒的语言
实沉而锐利，有板有眼的，不乏小幽默；刘震云的简洁叙述，
刘庆邦的温婉表达。他们不约而同地展示了亲情，尤其是儿子
的描述。有意思的是，刘恒的散文《火炕》开篇，说到约他作
文的就是刘震云，他在任职的《农民日报》开了专栏，约请各
个名家写稿。

　　我在当年的《"三刘"小说》中，已谈及了与他们的交往。几乎也是差不多的时间，也是在他们即将走红的当儿，与三人渐渐熟识起来。遗憾的是，当年"三刘"为编散文选给我的信，仅存刘震云的一封。

　　为了统一，我从刘恒和刘庆邦其他的信件中，找出两信，展示三位小说家的字迹书法，也说及到他们的文学或文学的往事。

　　刘恒的信是在1991年2月写的，早于这批作家的书信，这是一封控诉而愤怒的文字，起因是副刊转载某报一篇文章，不点名批判他的电影《菊豆》获得国际提名奖，说"那里面有通奸，有谋害，有少年儿童的精神分裂，有中国形形色色的愚昧与落后，有放在任何年代都可以存在的时空……床上动作，谋夫通奸，把诸如女人小脚之类视为家珍，奉献到国际上任人玩味与品评，是对中华民族的丑化与污蔑"……虽未指明，也可看出是说刘恒由小说《伏羲》改编、张艺谋导演的《菊豆》。大帽子，上纲上线，这架势，刘恒兄如何承当得了。他当时就住在报社大院宿舍，常到我那儿，不由分说，刘兄激愤难平，写有三大张纸，连同剪报，趁我不在，留我办公室："请向有关人士口头表达《伏》作者之不满，并同时表达他作为一个顺民的无奈。"刘恒说。当然，毕竟那是文艺高压期，阴云如磐，毕竟我也无能为力。"我也不想与该作者论短长，因我有更有意义的事需要做"，他也自嘲，"你我就当此事是个玩笑吧"，还在信尾"摘录影片俗语"———一句外国电影尽人知晓的口号，说是"与君同乐"，气愤之余也相当无奈。

　　具有讽刺意味的是，那些"狗血淋头"（刘恒信中的语句）的批判，已成为荒唐的过往。而如今的他，成为好多主流电影，如《张思德》《云水谣》《集结号》《铁人》等，还有话剧歌剧的原创者，好评如潮，在主流评奖中屡有斩获。如果说，那个批判风波对于他有什么影响的话，只是激励了他，也有如司马大师的隐忍韧性，十年生聚，终有所获，是他自谓的"更有意义的事"的成就。

后来，我们见面也偶有提及，但却没有影响他的创作。两年后，他应我之约自荐了两文，于5月29日专写有千五百余字的《难见辣笔》一文，感叹散文的境遇，也是对文学现状的思考，这里摘录如下，可窥其刘氏风味之一斑：

......

不出老例，一样东西万一时髦，便勾得众人纷纷凑过去。几年来的文坛，先是虚构的文字发虚，让看客们读着倍感虚妄，索性弃之不顾。随后是纪实的文字不实，无论甜言蜜语，更无论慷慨陈词，都散发着可疑的铜臭气……曾经浩浩荡荡的文坛，遭了时代和大众的白眼，几乎溃不成军，横竖是打不起精神来了，文学的冬天除了冷，还是冷，却独独热了散文……

米饭上来先不吃，先要数米粒，研究它是怎么来的，哪儿来的，不弄的大家饿着肚子吵起来，决不罢休！所谓散文，是摆定了的东西，因而也是熟透了的东西，吃就是了。一个坐下来写散文且自我感觉不错的人，没有读过散文，我不信。既然知道自己在干什么，喋喋不休地说些"形散神不散"之类的话，有什么用！真能救命的，只有笔，只有笔力，还有便是天数了——这是一切文章和一切文人永难逃脱的宿命。

散文热起来，是因为真切，能测出一星半点深藏腹底的念头，昏话和淡话听多了也说多了，谁都乏味……此外，这文体适合锻炼文字，使文人们易于彼此较量……

散文少见辣笔，常想是为什么？想不出。有人恨不见屈原，恨不见鲁迅，以此归咎于当代文人无骨。殊不知，他们并非无骨，他们只是太好面子……

有意思的是，五六年前吧，他的《张思德》影片走红，我们单位的政工部门力邀主创人员来大院为职工放映，开映前请他上台讲了话，陪他去会场的我，看他那镇定的目光，却不免心里琢磨：回到了这个熟悉的地方，他不会不记起那十多年的一件刻骨铭心的往事，听他讲话看他电影的人中，有几人会知道眼前的这位作家曾经被当作"罪人"遭到讨伐？世事如棋，今是昨非。我欣然，也惑然。

再看他的书写。刘恒是我见过的作家中以最原始的工具写作的，一是他当年用的是人们不太用的蘸水笔，写一下，再点一下墨，这恐怕已绝迹的东西，是他当年的最爱；二是在一个普通的大32开的日记本上，简陋的书写工具，他驰骋纵横，笔走龙蛇，成为一代小说或影视的高手。多年后，他还是不用电脑。用这类墨水笔，他的字粗大圆实，多是没有笔锋断尾的笔，这不经意间也形成了风格。

现存的刘震云来信，是1993年5月4日的，他写道：

必胜兄：

　　遵嘱将三篇散文和一篇谈散文的文字寄上，不知合您的要求否，如不符，请扔掉就是。即祝安好。

震云
5月4日

　　与刘恒不同，刘震云的字写得较大众化，当然还算是流畅俊逸的。他早就以电脑写作，电脑用得十分熟练，算是"唯新派"。他是较早有车的作家，汽车档次与时俱进，先吉普又轿车。那时，他好像还是开富康车，我们同去开一个会还是有个什么活动，他说顺路来接我，自愿当回司机。在我附近一个商店对面，他以惯用的客气来迎接你，真像是一个司机似的让你不知自己是何身份。这就是刘震云，会调动气氛，让谦恭变成客气，你反而觉得就这样子也好。他也是个"复古派"，爱好看起来像是唐装又不像是唐装的衣服，在我少见的几次见面中，他这身打扮也有点俏皮的。最近一次是2006年，全国作家代表大会在人民大会堂开幕，快开始前，大厅里见到铁凝和他先后走来，我抓拍了几张他们的合影，与刚当主席的铁凝优雅而鲜亮的衣着不同，他的一身黑衣，而且是老年对襟式的，活像一个五四青年装束，配上一头长发，稍土点却也很酷。这是我们最近的一次会面。想起来，他已经少有散文随笔的文字问世，在影视方面，他不时地会调动影视迷们的情绪，而文学的事，好像倒成了他的副业。所以，他多年前的这篇关于散文的感言《我对散文有点发怵》，就很珍贵的了。他说：

　　我不会写散文。我对散文有些发怵。因为相对其他文字来讲，散文与人最直接，人与散文最坦白，最真诚，要心甘情愿地给它献上一束红玫瑰。而这对于东方人，恰恰是最困难的。我也见过许多束玫瑰，这些玫瑰的枝叶大部分枯萎变形、养分不足，且下边一般不带泥土和滋养它的粪便。玫瑰与捧着玫瑰的人，都像影子，而不是实实在在可以触摸的东西。别人是这样，我想当我面对粪便和玫瑰时，我肯定不会比别人好到哪里去。所以，我对它敬而远之。

"三刘"中的刘庆邦，年岁稍长些，而字迹却秀气、清丽，年轻人的笔体。倒也是因了字如其人之说。他的温和派的书写，有如他的为人，不急火，不张狂。与他交往，包括读他小说的感受，我在那篇《三刘小说》一文中写有。这多年，与他还时有见面，一个深刻的印象是，刘庆邦温和中有坚毅，委婉中有执拗、坚持。每见他，无论是什么会上，即便是庄重如北京的大会堂里，还是出差到外地，到发达的南方东莞或老工业地带的沈阳，他从来就是一个军用挎包走天下，随身跟，在大会上有人可能是电脑一摆，而他却多是绿军包上肩，很见个性的。大概从我认识二十多年始，这习惯依然，真不知他老兄这个坚持，是什么理由。有时我想，真是难为他啊。且不说，这个包现在还从哪里能找到，也不说这也装不了多少东西，还有长年如此，洗涤什么，多不容易。即是有好多条理由说它好用好带什么，但按常理常情，似乎不可思议。如此的不弃不离，像对待恋人，也就是他刘庆邦。有时看他这一细节，真想约他写一篇文章，那将是很有意思的。

他的性格是柔软的坚硬，比如，玩扑克，有两次会议后他召集大家，我不太爱这些，天性愚钝，被拉上架，可后来愚钝竟能小赢，他却很当真，虽不是输不起，也不是要面子，是他的执着，和对一件事的认真。这样子的性格，是没有什么可以让他改变自己的。

有了这韧性，他的创作日益精进成熟，九十年代以来，成为短篇小说的高手，似有共识。当年，我们约他的散文时，他说没有像样的，出于友情，出于他对文学的态度，专门赶写了两篇。这在书的后记中我有提及。对散文，他认为，是作者交出的心灵，所以，他说《逃不过的散文》：

> 作者写小说，可以写得云山雾罩，扑朔迷离。人们看完一篇小说，可能连作者的影子也抓不到。散文就不同了，作者交出一篇散文，同时把作者心灵的缰绳也交了出去。人们看罢一篇散文，等于顺便把作者也牵出来遛了一遭。换个比方，作者是一只兔子，各种文体是一道道网，兔子逃过了小说，逃过了报告文学，逃过了……可一到散文这道网前，就逃不脱了。
> ……
> 我不大写散文，是因为对散文这种文体太看重。不得不写一篇，也写得诚惶诚恐，生怕对这种重大的文体有半点不恭。

十九、周到的铁凝

写下这小题，有点拿不准，现在，已任职近四年的中国作协主席铁凝，我这样定义她的信函，合适吗？如不妥也算聊备一说吧！

周到，是周全而到位。从铁凝给我的信中，看出她的这种礼数。她在收到我的约稿信后，也算较早，大约半个多月就回信了，一笔流利而见棱见角的字，排列的齐整，尤其是她的签名，有点艺术讲究的。她写道：

王必胜同志：

春天好！几封来信均收到。前些时赵立山从北京回来，他转达了你的问候和约稿之事。

遵嘱，寄上两篇散文，"我的散文观"我选用了散文集的一篇自序，因为这自序实际谈的也就是我的散文观。三篇东西一并寄你，请收。

欢迎有机会来石家庄做客。

祝愉快！

铁凝

1993年3月26日

其实，我的这篇记忆文字，以时间为序，按当年来信早晚排列。而铁凝是个例外，我这里拿铁主席殿后，纯粹是一个写作技巧。

说她的周到，从信的抬头就可以看出，称我全名并同志，这称谓在这批写信的年轻人中，再无他人。像何士光先生也是不太熟没交往过的，他也以常见的先生之称。而铁凝有一两次的见面，为礼数起见，以此称谓，表示了必要的客气和尊重，甚至有点严肃的。在文坛圈内，作家们即使是贤士淑女，也多性情中人，这样客气和讲究，多是在不太熟悉的朋友间。而铁凝的注重礼数周全严谨，约略可见。

她在信中，提到的赵立山也是小说家，当时在《河北文学》当编辑，他们同事也较熟，常来北京公干。立山是个热情张扬的人，每到北京，抽空就来我这里，为了这本书，我请他几次带口信给铁凝，约稿问候。

铁凝自荐了散文《你在大雾里得意忘形》《沉淀的艺术和我的沉淀》。前一篇散文中，她描绘了一个人置身于大雾的感受。触景生情，灵感突发，放松心情，展示本我："只有在大雾之中你才能够在看不见一切的同时，清晰无比地看见你的本身。"雾里人生感受，自是一番滋味，最为难得。这是文章的支点，也见出构思的奇妙，她的语言委婉清丽，一如她小说的文风。

铁凝的散文最早结集的是《草戒指》和《女人的白夜》。她以温婉的笔触，写世事人生，尤以女人的人生片段，最见光彩。代表作有《河之女》，一个关于河中的石头的故事，写得曲尽其妙，也以出人意表的感悟，诗化了大自然中的情怀。河水、石头、人物、风习民俗交织相映，景象物象与情思相得益彰。所以，她在散文的感言中，以"心灵的牧场"来表述：

……

世上的各种文体，同植物和动物之间、陆生动物和水生动物之间一样，都存在着交叉状态，但这种交叉的状态并不意味着彼此可以相互替代。比如小说和诗，是可以使人的心灵不安的，是可以使人的精神亢奋的，是可以使人大哭大笑或啼笑皆非的，是可以使人要死或者要活的。散文则不然，散文实在是对人类情感的一种安然的滋润。

散文是心灵的一片牧场，心灵就是这牧场上的牛羊。当牛羊走上牧场的时候，才可能出现因辽阔、丰沃和芳香而生的自在。

散文需要自在……

安然自在，心灵牧场，散文的精神性为其主要，这是文学的归宿。以此为旨归的文学，是具有滋润人心的力量的。

我说她的周到，还因为另一件事，在她一年后给我的信中，她写道：

王必胜：

你好！

寄来的《新闻出版报》收到，多谢你对《无雨之城》的褒奖。

遵嘱，给长江文艺出版社写了几个字，不知会用否，请转交。有事随时联系。

祝

夏天好。

铁凝

1994年7月4日

信中所说的《新闻出版报》的文章，是我评论她的长篇小说《无雨之城》的小文。我是从通俗化和严肃性的角度来论及的。那段时间，受《大连日报》的读书版之邀，为他们开有"京华书影"的专栏，每半月荐一书。我写了这部小说的评介，后也给《新闻出版报》的朋友发表了，这就是她信中说的对《无雨之城》的褒奖的事。我以严肃与通俗的话题说到小说有通俗文学的故事框架，严肃文学的内涵。"它是在二重人格的精神层面上，描绘当代人的政治仕途与情感隐私的尴尬和两难之状，直逼人生最为隐秘的情感之角，也在反思在物欲、媚俗的时弊中，健全的人格之于现代人的重要。"这部小说在铁凝的作品中有着不同的意义，让我们看到一个纯情的严肃作家通俗化的路子，或者加入了那一时期小说寻找新质文化的反思中。以后她写的另一部长篇《大浴女》，也可视为同一路数。

信中，她说的写字一事，是为武汉长江文艺出版社的题字。当年，我的学长秦文仲是一个编辑室的头儿，他多次托我，说社里好像是个什么纪念日，要请铁凝写个祝词或者随便一句话。我曾建议他们在北京找个书法家倒也省事，可铁凝在外地，怕不太方便，私心想还不如书法家写个字得了。可是他们坚持，非要铁凝的不可，至今，我也没有弄明白是何因。记得还很少有找作家，尤其是青年作家题词什么的，可见他们对铁凝的重视。我已忘记了是当面还是信件请托铁凝了。不料，她很快就写了，让我十分感动。抱歉的是已忘记了她所写的内容，也忘了收到后如何转交长江社的，有否给她回音？事过多年，这题词什么的也不知何在？真有点不敢想象，也没有多大的奢望。因为具体办事的秦兄是个好人，他在单位里还有很多的关口，出版社的几经变化，书后来再版也没有与我们打个招呼，可见一斑。再说，十多年过去，物是人非，世事茫茫，觉得对不起写字的主人。但，铁凝的周全，让我在出版社那边有了交待，在当时是很愉快的。

与铁凝的熟悉，是她的另一部长篇小说《玫瑰门》研讨会。那是在1989年2月，那次会议我写了一个较长的报道，以评述的方式说会议谈作品。当是较早的关于这部小说的新闻述评文字，后来又约发了有关的评论文章。记得铁凝为此还来过电话说及，想是她办事很周到。

后来，间或是在北京还是石家庄的会上，偶有见面，几年前她的新作《棉花垛》出版后也在北京开过研讨会。那是她上任主席前的最后研讨。位置更高了，时间更紧张了，只有更为勤勉而严谨了。听到较多的是，艺术上她勤奋精进，摇曳多彩，变法创新，而为人上她是通达周到的。这也是一个作家而主席的必要修炼吧。

二十、结语

写了这些，遗憾二字油然而生。是的，我没把收入书中的55位作家悉数写到，不是因为篇幅，是现存的信件中不少作家阙如，有几位老人，像冰心、巴金、孙犁老们，年事高不便直接打扰，还有的信件是寄往我的合作者潘凯雄那儿，也还有因保管不善没有找到，种种原因，就只留下一个遗憾了。那些没有写到的作家，如王蒙、王安忆、王中才、李国文、从维熙、史铁生、叶兆言、冯骥才、刘心武、贾平凹、莫言、苏童、余华、陆文夫、张贤亮、张承志、张炜、张抗抗、高晓声、格非、迟子建、陈世旭、苗长水、金河、赵玫、阿成等，或许以后有了机会再续下去。

　　之所以把他们关于散文的文字基本抄录，是觉得这些文字有相当的份量，也给研究者们留下一些资料。这长不过六百，短仅二三百的文字，就是一篇篇精短小文，集中了小说家们对散文的领悟。谈文体，说语言，论意境，等等，或零星感受，或细微梳理，各不相同，甚或矛盾，却出自内心发于肺腑。随意为之，皆成文章。洋洋数十家，倾情于一种文体，甘苦寸心，见性见情，纵观文坛，历览散文花园，实为难得，恐也绝无仅有。

　　因而，读他们，兴味盎然；写他们，言不尽意。

　　"此情可待成追忆"，惟感佩而感谢。感谢散文，感谢小说家们的书信。

2010年4月完稿

病后日记

四年半前，因病住院月余。近日，翻看当时的零星日记，念念那些给我无私帮助和关爱的朋友。于是，作这"病后"日记，水报泉恩。

1999年11月20日　星期六

发病

人生一世，草木一春。好端端的生命，有时脆弱如蚁蝼，渺小如草芥，瞬息倏忽间，就烟消云散了。人的命，有时就是一种流动的物体，抓它很困难。于是珍惜生命，关爱自己就变得更为有理了。

没有想到有些事摊到自己头上，躲也躲不及。

今天是在中国作家协会大楼开一天的会。由作协、人文社、浙江省作协共同召开的会议，讨论两部长篇小说，上午是《茶人》三部曲，下午是《北大校长蔡元培》。利用双休日，上下午各研讨一部作品，这种"连会"不太多，外地同志来京讲效率，也是为了请人方便，偶尔为之。研讨会在时下虽遭诟病也还不少，去多了也耽误事，可有些是熟人好友，也是工作，各方面关系所需，身不由己。

双休日真好，路上不堵，离九点开会还有十多分钟我就坐进会场了。遂看到通常有的场景，人们围成一大圈，除了主席台外，大家随意找地方坐。会议没开之前，又有多少个小圈，好久不见或者是许久不见，都是老熟人，严肃地寒暄着，随意地调侃着。会议的规模较大，体现了组织者的能量，想来少说也有五六十人，有浙江方面，有北京方面，有文学界和新闻界的，其阵势为此类会议中较大的。

上午会议仍是"老三样"：介绍，官员讲话，然后发言研讨，这样的会，程序有定式，气氛也雷同，各路诸侯高谈阔论，人人既是听者又是说者。因会场上人多，自由主义好产生，说者谆谆，听者藐藐，然后，说了的也有没说的，都伺机到外面一间休息室里聊天，放风，过烟瘾。我中间接了黄育海兄的一个电话，他从杭州打来，原来在浙江文艺出版社当副总任上，他抓了这次讨论会上的一部作品，还为推作品促作者奔波于京杭两地，同两位被讨论的作者也熟悉，他打电话时，也算关心吧，只不过，他已去了另外单位，恐怕也是出于我们这些老朋友们还到场，想起了往事，一点感怀而已。另外，有哥们潘凯雄和林建法兄自上海一大早坐飞机赶来，我们也好久没见了，特别是建法在沈阳有时来去匆匆不常见，这个会上，他们结伴自上海直奔会场，机会难得。那时候，我的烟瘾还挺大，听得乏味了又经不住外面烟香的诱惑，不由得加入其中，于是，这样的反反复复，一上午就过去了。

中午，会议在楼内单位食堂聚餐，餐毕休会两小时，因为都是熟人，我即随李炳银、林为进到了他们在六楼的办公室，各自找沙发躺下。同去的还有朱晖、贺绍俊。坐下后，说了几句，看人气很旺，林兄来劲了，说这不是"三缺一"吗，平时里，有机会聚会就来几下"三缺一"。林为进的招数不少，他找来扑克，教我和贺如何玩算输赢。没想到这兄弟去年冬天因淋巴癌晚期，四十多岁就离开了我们。大家都以为他年轻，身体好，一个生龙活虎的小林，发病没两个月，惨遭病魔击溃。那天在八宝山送他，想起了以往他常常叼着烟卷，用大多数人听不懂的广西腔说话，急公好义的情形，送他的众兄弟不胜唏嘘。

当时，几番来去约有半小时，后轮到我出牌，在我对面观战的朱晖，看了他近旁林和贺的牌，又径看我有些犹豫地琢磨着，想来我有一手好牌，不轻易地抛出，而正在他向我诡秘一笑时，我忽然觉得大脑一片空白，两眼发黑，没了感觉。事后听朱兄说，他看我的眼神恍惚，摇晃着把手中的牌扔在地下，人往沙发上一窝。他发现不对头，赶快地问，怎么样，怎么回事。也就在他们急得忙乱之时，我也说了一句，我怎么了，清醒的疑问和糊涂的反问，让几位觉得，我真是不行了。

几位弟兄还算有点经验，尤其是朱兄，早先曾见过如此急发的病人，他说不动，千万不要动，平躺着，这才让众人有点眉目，他还土法上马按我人中，绍俊揿着我的双腿的穴位。大概是听到这边有点动静，还是有人去找了当时也是当天会议的主持者、作家协会的书记陈建功兄，立马过来，也说不能动的。

就在一阵惊乱之中，我这时完全清醒了，说：我的头有点发晕。还说，我有半天不知咋的。朱兄说，看你忽然就不行了。我问，多大一会儿。朱说，五分钟吧。贺还有李、林几位都说，是呵，你都不知道吧。我说，真不知道，这是怎么回事。

这边说着刚才的危急情景，按着我躺着，那边咚咚地有些声响，在安静的中午更显得清晰，原来，有老兄已经叫来了急救车，穿上白大褂的大夫们跑着过来，真是神速，我还不清楚，看这架势，我要被送医院了。事后才知，炳银也有经验，他曾有一次脑缺血的经历，他意识到这种突发的病的危险，急着打了120，大夫来后，说可能是脑子里的问题，证实了他的判断。他们几位，早年或插队当知青，在矿区生活过，或在部队当兵多年，见多识广。众弟兄们及时把我送去求医，赢得了时间，让我活下去了，才有了现在怀想往事的可能。

医生急急地催促把我抬出，当时，头痛难忍，精神有些恍惚，但大脑还清楚。大夫说担架上不了电梯，只好让人抬着，当时在场的朱晖、绍俊、炳银、为进（我都没看清还有谁了）几位在建功的指挥下，跟着医生，把我坐的沙发当担架，几位平时也不太干力气活的书生们把连皮带毛的一百又五十斤的家伙，硬是从六楼抬下来了。我这时已十分清醒，可是心中闷着而胃里难受极了，憋不住呕吐了，就在电梯口，弄得走道里很不是个事。从楼梯口几位是一路小跑的，在救护车的警笛声中，我生平第一次成了抢救对象。

日后的数次场合，同建功、朱晖、绍俊他们见面，忆起这次的抢救历险，恍若昨昔。只是感叹上苍的恩典，还有几位兄弟们的辛劳。

入院

好像是建功吧，问我合同医院在哪儿，我想了想，就去朝阳医院吧，虽然，协和医院也是合同单位，那里的名气大，可是离单位和家都远。我当时也不知自己什么症状什么病，只考虑着进出方便，家人好照看，而且从发病处去那也快些，十几分钟就可到。在车上，我迷迷糊糊的，但清楚记得车子拐进二环又出二环，响着汽笛，飞快开着。我觉得身体发汗，头痛得厉害，也直想呕吐，大概是朱晖兄用手抻着一个塑料袋接着我，放了几口，慢慢的我的头昏昏沉沉地感觉不知到了何方。等我有点清醒后，才知已躺在朝阳医院的急症室。

医院方面很有经验，护士大夫都很沉稳，这类病经常有，急症室里多是一些抢救者，有外伤的，有命悬一线的，人来人往，在拥挤、杂乱的过道里，我被大夫们指挥着拨弄着，查验后，要拍CT，化验，才确为脑血管瘤病例的蛛网膜下腔出血，俗称的中风。送我来的建功、朱晖、绍俊三位，忙得跑前跑后，交费取药，与医生联系，还有我从会场上带的一些资料，我进入病房后要换的衣服，绍俊心细，腿脚麻利，动作又快，上楼下楼送化验，交费；朱晖镇定自如，却不忘细节，连接尿端屎的夜壶也跑出去采购了；建功是总指挥，他先让我给家去电话，那天正巧是周末中午，家里习惯休息时拔掉电话，没人接，后来打到邻居张文那儿，让她敲门告我家人，怕老婆儿子听后着急，只是说我因为中午吃得有些不好，得了急性肠炎什么的，让即去医院。也是建功，不忘给我们的总编辑许中田去电话，他因在会上曾与老许有过接触，不知他怎么找到老许电话号码的。自己得病，我本不想惊动他人，可当时大家以为我那样子，恐疑为有个三长两短的，就把此事通报了主要头儿，而老许又告诉了部门的蒋元明兄，大概当时的情形是让这些闻讯者都有不安的感觉，所以老许觉得部门的负责人元明也有必要来看一下，而这下子由元明而转告，我的病就传开了。

小光和儿子匆匆起来，送来些洗漱用品。看我那样子，儿子也没有特别的惊讶，也好，已是高考前的冲刺，不要影响了他。儿子平时就是见事不惊、见惯不怪的主，也许他头一次经历这事，想老爹也不至于就会怎么样吧。如今的青年人，说是不明白，说是不懂事，说什么都不过分也不会错怪。后来，也尽量不让他来医院，让他能够安心学习。

下午四时左右，先是元明来，后来老许也来了，他和建功他们说着话，问了些情况，看着我的样子，老许安慰我。建功他们三位本来下午还有会议的，可都耽误了。看我还算稳定些，在医生的劝说下，几位先后离开。而朱晖兄觉得他应当留下，这位仁兄，从我发病起，一直到我出院，近一个月成了我的治疗顾问和高级保姆，有时候，早上像上班一样出现在医院，有时比下班时间还晚才回家，还有几天是整夜值班看护。

不久，凯雄、建法也来了。他们是从下午的会场上来的，本来他们中午在一个地方休息，以消一早自上海飞来的疲劳，可到下午开会时，听说了我的不幸。据他俩说，会上有不少人都知道了这事。以致后来有人笑言我是倒在"沙场"，不知是指我当天是在会议上遭此一击，还是说我当时同几位兄弟们在玩牌。反正，让不少人都知道了我病得危险，成了一大新闻。半年后我在懿翎家里一次聚会，见到南京来的傅晓红，她问及我病时的情况，她说可听别人说我已死了，当时她说这话，一点儿不像是开玩笑。

朱晖、建法、凯雄他们在建功、绍俊走后，为早点让我住进病房，跑上跑下，像接力赛似的同医院联系。大概六点左右，医院给安排到神经外科，住进了308号一个大病房。我也记不清了，是到了病房还是刚送到急症室的时候，我就交由了主治大夫孙永权先生，结识孙大夫，我成了他的病人，他成了我的朋友。

进了六个病床的大屋，大夫也很快地把我全副武装上，手里插上吊针，吸着输氧管，胸口有心跳和血压的测量仪，从里到外的监视器，因防随时可能的不测，这些"行头"，让来探视的朋友，想象着我在生死鬼门关上挣扎，见面后不忍多看。自发病后，我头痛迷糊，时好时坏，痛时难耐，就昏昏沉沉的，也睡不着，没了思维，稍好一些，又很清醒，谁跟我说点什么，谁谁来了，都很明白。晚上，李辉、应红听说了，急急过来，带来饮料食品，应红心细，说我当多喝鲜果汁，她当即到附近的商店去买西瓜汁，好像没有现成的，她又到一个大宾馆买了，正好我嘴里不是滋味，很解渴，喝了个痛快。后来，李辉、凯雄家里的水果大多都成了我的口福。潘夫人曾莉还专门买来一个榨汁机。

到了晚上，约是七八点左右，安排停当，几位弟兄们被劝走了。可建法说他也没有什么事，要在这里守夜，可我爱人齐小光不同意，我不知她如何说服建法的。他明天回沈阳，要在这里帮忙一下。被说服后，第二天一早，他又来了。在我住院的近一月内，他三次来北京，令我感动。

送走了他们，吃了药，想迷糊一下，可邻床的有几人是车祸外伤，要不因呼吸机发出山响，要不因疼痛难受大呼小叫的，还有，六个病人加上陪护的，十多人一屋，空气浑浊不堪，又因是冬夜，不能开窗透气，只好痛苦地忍受，稍好一些，就思考自己的这莫名其妙的病状。我怎么得这个病的，可没有一点征兆呵！

是的，之前可没有什么感觉呀。细想也就是稍早前，头上总觉得有些痒，还以为是头皮脏，要洗头；或者偶在下午有点头胀，再就是自己的血压十五年前略有点高，这些年，也没有发展，就没在意，也并不能构成这突发暴病的原因。而大夫说，这类病因现在也不详，也许早就有了病灶，没有发作，目前还说不清，可能与身体条件有关。是不是一个富贵病呢，也不像。但对于我这样的，平时不太注意自己身体的人，也敲了一次警钟。孙大夫说，这样的病很普遍了，他一年也接治过十数人，已趋于低龄化，就在我之前，孙大夫接治过一名十七岁的男孩，那孩子没有能治好。这些话是当时孙大夫对我的几位弟兄们说的，是齐小光后来转述给我听的。我自发病一番折腾到现在，自己还是懵懵懂懂的。要说，对这个飞来的横祸，有些后怕，但却没有那么多的顾及，总以为，自己的命运之绳早在阎王老子那里，人不可违抗。我这样的唯物论者，大事不糊涂，对自己放宽一点，搞点唯心迷信也罢，所以，对这次得病，也就随天意顺其自然了。

听着邻床大喘气的呼吸声，我有时也烦躁，头痛仍一阵阵的厉害。晚上，小光也多次给我喝水，喂药，从血压和脉搏上观察我的动静。稍稍好些，就看她伏在椅子上，并没有睡也不好睡，想来一个人病就得有多少人的侍候，人得病就那么的突然，一个人救治了，可也有人为之要辛苦付出。人活着是容易还是艰难，人有了病活着是好是坏，不好说。人有时是最为脆弱的，早上还是活蹦乱跳的，而下午就成了医院里的囚徒。人之身，生之命，不可测。

然而，想得最多的是，我这样子，惊动了众人，麻烦了众兄弟们，吓坏了亲友。有人说，在本命年时容易有个小灾小病，可是算来，我刚过了生日，与本命年少说还有一年，就这样的不可理喻。看到身上那副装束，冰冷的器械，长长的管子，闪着蓝光的监视器，听那夜半沉寂中一声声凄厉的喊声，我的头剧烈的疼痛，心有所紧张，倒不是有死亡的恐惧，人早已在这大半天的折磨中没了精神，也不知命运何往。自进了这病房里，喝了点果汁，算是进食，见了这些平时里最为熟悉亲近的哥们朋友，还有何可挂记的。当然，也不就以为从此就运交华盖，命犯不幸了。

在一些胡思乱想中，夜更深了，头有些隐隐地痛，实在忍受不住就大声地喊，哼哼，觉得医生的药是不是还不够劲的，睡不了，就胡乱思想，可能用脑过度，也做起梦来，好像有一条虫子进了我的脑子，它兴风作浪，让我不得安身。

医院第一夜就在折磨中艰难地过去。听小光说，我折腾的时候，老喊头痛。

11月21日　星期日

"神仙会"

难熬的长夜过去，与我为伴的除了小光陪护，就是那些在抢救的病友们时大时小的呻吟、叫喊和各种各样的梦。一夜的折腾，大脑火辣辣的，但药物有了作用，头痛时有缓和，减轻。人生也怪，有时坚强的可以征服一切，睥睨万物，似乎无所不能，但人终究是肉身，除了精神能够存留之外，生命其实不堪一击。听说，昨夜二床的那位就没有抢救过来。这恐怕是命数已定吧。作这些想，多有不敬，是为自己找个理由：什么样的事，什么样的可能，都不足为怪……

　　天大亮后，这里车水马龙的，稍稍安静，觉得这地方又陌生起来。猛然，我觉得昨日的那番折腾，离我有如隔世了。再看看床头的那些冰冷的器械，我只好又闭上双眼听上苍的安排。

　　早上之后，才正式与主治大夫面对面，每天的例行查房，是他们据病人情况实施治疗的一道工序，当时，除了孙大夫外，几位穿白大褂的中有后来为我治疗的李同大夫等。大夫们的神情多半是职业性的，我虽有些迷糊，精神不好，但从他们的表情中，看出对我的病的担心。

　　这时候，因了药物的疗效，几项指标都有些恢复，血压心率还好，头痛也是时不时来一下，但总的趋势是缓和。这时，我不便同人多说话，只是看小光与建法同大夫商量什么。中午，朱晖、凯雄先后来，他们是我病后的主要护理，其实刚住进，一阵忙乱之后，稍有正规，这里也没有多少事可做，能做，偶尔来我床前，随时观察我的脉息，生怕我重复发病时的状态，他们好像也紧绷着神情，虽然安慰我，安慰着家里人，找医生，但他们心都很沉重，我看得出来。

　　我只能作长叹。本来，正值大礼拜天，平时里几位哥们在家享受晚起的休闲，可现在如同上班，早早往医院赶。朱晖也是快半百之年的人，骑着摩托，顶着寒风，从大老远北三环过来，少说也有十一二公里。凯雄那时虽住在团结湖，离医院不远，可头几天是每天下班后都过来，有时送点鲜榨果汁，有时送来曾莉做的鱼汤什么的。还有李辉、应红，晚上不时地过来，看有什么需要运输的，李辉的座驾一时成为我送东西的主要工具了。

　　因为这个病房里的嘈杂，和一些危重而外伤严重的病人在一起，进住后医院曾答应有了房子就给换的，凯雄他们提出找个好点的地方，至少也是两人的病房，不知后来谁的主意，找到了报社，大概也是因为看到老许也亲临医院，就觉得这事靠组织好解决一些，于是，他们就活动着找关系，找单位，一来二去，从这天开始，就把找病房作为重点。

恰巧，中午十二时左右，老许打来电话，问病情，有人把这个情况给他说了。周二上班，老许让社办公室主任吴奇带来公函，并与医院联系，安排一个单间。

下午，黄育海兄专程从杭州赶来，让我感动，他昨天还和我通话，说到他参与的一部小说的讨论，我还说他是前人栽树功不可没。没想到，得知我病后，一天之内就来到病房。他的眼睛高度的近视，平时过杂乱的街头、走远道还要人扶助，从一千多公里之外赶来，难得他那份心意。

午后可以探视了，我一睁眼看到同事小罗手捧鲜花在门口，有些诧异，他小声地说让我别动。小罗是细心人，也真有你的，买什么花，还专门跑来一趟。我问他怎么知道的，小罗笑笑，他问要帮干点什么，朱晖他们劝说暂时不用，他说以后我来帮个忙。

小罗来和他送的花，让我顿生感悟，因有病，成了一个麻烦大家的人，医生、朋友、同事，就连这些花也受牵连，后来，朋友和同事们送来二十多个花篮，大家的心意托付在这五彩缤纷的美好祝愿中，也让我老婆说，你欠了那么多的人情。

三点过后，当时育海兄在看护我。只听有人像在劝说，又像在问询，原来是育海把中国作家协会的两位领导，书记处书记张锲和高洪波先生挡在外面，不让他们进来。黄育海虽走南闯北，对文坛熟人熟事，但却没有同张、高两位熟识，所以，他把两位先生挡驾了。事后，洪波兄提起这事，说我住院时一些兄弟们看护严实。当时，凯雄是我的病情总管，好些人都从他那里得知情况，他一一谢绝探视。因病房拥挤杂乱，张锲、洪波两位仅远远站着，同朱晖还是谁说了几句，我是躺着目送他们的。两位走后，好一段时间，洪波手捧鲜花，两位高大的背影和严肃的神情，在我心中久久难忘。

下午，主治大夫孙永权与小光和朱晖他们谈我的治疗。他建议在两三天内做脑血管造影检查，他又说，前期做造影风险较大，但可以早了解病情，得到控制。孙大夫戴一副眼镜，是年轻的硕士，说话细心细语，态度也很和蔼，是一位对病人很体贴的大夫。对此类病他是见得多了，也做过不少手术，出于职业的原因，也出于不熟悉，他对诸位兄弟的疑虑没有表示直接的态度。后来，我的"治疗小组"并没有采纳大夫的意见，孙大夫也没有说什么。

晚上，为寻找最佳方案，小光他们在医院旁边的小餐馆聚集，究竟什么时候做手术，是采取保守还是赶紧做，如何同大夫沟通，他们煞有介事地讨论着。

意见有分歧，分为两派。黄兄从杭州来，之前，他就咨询过其父——杭州一家医院的老院长，据说治疗此类病分为南派北派，南派多主张以保守为主，于是，黄兄来后，力主先不要也不能做手术，那是原则问题，他是诸位中唯一与医生有些亲属关系的，他的话也有权威。可是，主治医生曾对家人说过，应当抓紧，拖一天就会失去机会。小光对此也拿不定主意，所以，在晚上，朱、黄、李、应、潘和齐，几位聚集，为此讨论出暂时的结论：先不做，保守一下，观察一下再说。对我，这是一次"救命的神仙会"，十多天后，我做完手术，小光才敢告诉我。我听了，说不出什么，任何感激的话都是多余。

这个决定，后来事实证明十分不妥，险些误事。可，大家的考虑也有一定的合理性。朱兄也是保守派，曾为此三思，在这之前，一位据说是半仙的高人告诉他，近日里，要多加小心，可能要碰到点麻烦，或者有朋友不测。朱认为事关严重，他隐隐觉得，"高人"的话不能违抗，宁信其有，所以，无论从朋友角度还是哥们的立场，他是想拖拖，为的是能多看几眼。因了这种种原因，几位我的治疗高参们竟把医生的方案搁置了。

齐小光也没了主意，她曾问及当医生的嫂子，也问了一些明白人，都说这样的病风险大。好像作家朋友周大新也跟她说，他问过301医院的专家，也是这个看法。

当然，也好，有更多的时间来证实弟兄们的那份情意。我好生有福。

同事建武夫妇来访。他大概听张锲先生说的，他们住一楼。

很晚了，丁临一兄悄然来探视，他现在去了武警一单位，我的消息大概是找凯雄问到的，不过，老兄心细，又身在武警，情报是没有问题的。平时里，我们虽军民两界，但常有聚会，记得见我那种受刑状态，他还幽了一默：好了以后我们跟你玩。

11月22日　星期一

"高级护工"

智囊团的主意已定，主治大夫也没有什么意见，只是按部就班的治疗，以观察保守为主。

换病房的事，还在等待。报社《大地》杂志的王德颖来了，他同医院里的人认识，想推促一下。不知道这种做法效果多大，病人情况不佳，众人着急，从组织到个人，都在用自己的一切方便使劲，只是这样的合情合理的方式，能有多大的作用，近乎私下的行为，让人想起来有点酸楚。

无论如何，为了治疗方便，找个安静的地方，原来医院也曾答应过，大家都为此在出力，没想到，病和病之外的事，同等重要。

这天是周一，上班的第一天部门是例会日，会上我的病成了新闻，元明把情况通报主任老丁，然后同大家商量，青壮劳力们排了一个值班表，为我护理。部门说是有二十多人，但壮年男士仅占一半，且又有老弱病者。中午后，李辉来送单位支票，以备住院之用。他以后成了我与单位、医院、部门以及诸朋好友间的联络员，占用了他不少时间，也辛苦了这个平素高产的作家。

部门里派来值班的，好像小罗为第一个。以后，袁晞、陈原、建武、守仁、少波、月海、向兵，另外我的研究生大波和老丁的研究生辟长，都来看护，特受感动的是年届六旬的刘虔，几次单独来护理，让小光都说，看真把你当个人。护理如同上班，早早就来，到下午三四点钟，上下午各安排一位，后来，顺当后请了护工，才把同事们解脱。看着这十多天里，十多人次，诸位有着副高正高研究生作家名头的同事朋友，抛公舍私，挤时间为我值护，帮吃喝拉撒的事，精神安抚，真不知说什么是好，有次，我想说，等你们谁再有个好歹，我也这样来还情，不对，这不吉利的话，怎能随便说的。起初，我不想麻烦同事，可大家也许是看我这危在旦夕，也许去日不多，作了安排，我也就作罢。一次，陈原兄为我按摩脚，我戏言，你这是干最脏最臭的活。那时候，躺得时间长了全身零部件松弛，时不时要做按摩，让几位大员们屈尊降贵，也见识了一个重病者的无理。

刚离开工作半天，我就觉得有好多事要做，不是因为自己还把自己当个人，也不因为少了我就怎么了，多年习惯成了一种生活规律，觉得这周一应当是最为忙碌的，所以，下午部里人来后，我就想到了最近的这个版面。因为报纸开办了一个《大地》文化周刊，其中虽有各类不同的版面，但主要的是周刊的头版，重点文章是门面，有些先前的计划，放心不下。同看护我的同事们问及，大家随便应答多为一笑，后发现自己也是多余，此后也就是对来的同事们不谈工作，而在心里总想到还有点事，还有那档子事，那些堆放在案头的朋友们的文稿。有一天忍不住对陈原还是刘琼说及到版面，他们都不接腔，一旁的朱晖还是谁，都一笑了之，那意思是说，什么时候了，你还那样子呢。

下午两点，天坛医院的杨院长来，是科里请来会诊的，他建议早点做血管造影检查。小光说，是否先做个核磁共振扫描一下，她大概也咨询了行家，孙大夫在帮忙联系，说明天可以先做一下核磁。

晚上，头痛仍顽固。我扫了眼那些输液瓶，写有莫尼通、甘露醇、头孢曲格钠等一些没听说过的药。心想，这劳什子的病，这哪门子的药。

11月23日　星期二

人与机

朱晖、李辉、袁晞他们帮助把我送推进核磁共振机房。

也可能是头痛之后的麻木，仅在这个半封闭式的圆洞里，我平躺进去，头伸出去，机器发出的重金属的声响，转化为一种射线，对我进行一次全方位的扫描，就像是进行了一次音乐洗礼。我屏住呼吸，为获取最佳效果，纹丝不动。二十多分钟的时间，我的大脑相当的配合，检查也很容易地完成了。岂料，后来出院一年，我再去做这样的检查，同样是在这家医院，同样听的音乐"共振"，而彼一时此一时也。那个痛苦，才明白什么是地狱般的煎熬。也是二十多分钟，躺着，不能出气，不得动弹，有七八种不同的声响和节奏，在大夫的操纵下，铺天盖地，嚣张恣意地，像从金属缝隙里钻出来，像魔鬼一样的缠着你，用那些噪音加高分贝的东西，撞击你的耳膜，震荡你，压迫你，让你想到什么叫受刑，什么叫绝望。这种检查，人不知要死多少个细胞，损伤多少根神经。我是怎么样熬过的，真不敢相信。我想，如果神经脆弱的人，做这样检查只会增加病情。可当时，第一次做，因为头痛得麻木了，核物理的作用对我已不那么敏感，二十多分钟，我没有特别的感觉。

事后，我也想，难道这个叫核磁共振的家伙，就这样子摧残病人，让被检者非像入地狱而不可，虽然大脑的"共振"检查应当这样，可这脑病患者，都是些脆弱的神经，被你这个大家伙这样的一折腾，还不没病变有病的了。看来，以人为本，高科技的东西，也要人性化。而大夫们在操作时，可不可以改变一下方式，比如让人先有点思想准备，让那里面的受检者，不至于惊恐吧？

下班后，凯雄径直到了医院，他说，有一些同志听说后很关心，深切地慰问，告诉他们说，医院不让探视。还说了都是谁谁。问我，行不？

无所谓，谁来看，都由你去发指示了。倒是觉得，我这样子的让那些兄弟加革命同志们为之担忧，虽刚得病，五官、形体还没有多大的变化，还没有销魂蚀骨，人还清醒，但是，这插着管子，打着吊瓶，乱糟糟的环境，不宜于人来人往的。其实，他也是同我开着玩笑，他知道我那几下子。然而，这些弟兄们在以后的日子里，看我稍好些后，就开着玩笑，编排故事，打发时间，也寻着开心。

先是说我病了后，呼机手机抱着不放，当被推出检查，甚至上手术台时，我还吩咐别忘了我的呼机，"比命都重要"。出院后，朱兄以此为话把，说是某些人病床上还抱着两只"鸡"，其实，他们也知道，当着大家的面，当着家人的面，那个被可能怀疑有情况的手机、呼机，能有什么，不都是由你们看护控制吗？来电显示什么，不也是由你们去接听的吗？

我理解弟兄们的意思，在那枯燥的病房里，在那管子、药水充斥中，如何打发时光，也有策略和计谋。

终于可以转到综合科的病房了。这也是三楼，带卫生间，还有电视。去的时候，护士们来迎接，几位陪同也脸泛光彩。在小光的日记里写道，病人的心情很好，开始想吃东西了。当然，这天后，我可以吃点流质，是曾莉为我做了鸡汤面。进医院三四天没有沾油腥，也不觉得饿，有输液保命，今天的面汤，实在是一个新的开始。

朱晖风尘仆仆过来守夜，这已是他连续三个晚上。

11月24日　星期三

"朱瓦辛格"

来护理的同事，较多的有袁晞、月海、少波等几位，或少壮派，或细致的人，真是难为他们。其实，可以找小工，医院里有专门的护理工，请一位也不难，可是，智囊团认为，头几天还是自己人尽心一些。晚上主要是小光和朱晖，白天，部里同事来。主要是看看用药和监护器，再偶尔处理点拉撒问题，我尽量地把这些脏活难活控制在晚上。

一大早，也就在六点，是小光在场时我完成了这个大的活计。据说，中风病者，最怕的是在拉撒问题上，一时用力不慎，血管发紧，再次发作，所以，大夫特别的交待要注意小节。还好，住院后的第一次也是五天之后，顺利地完成"大事"，虽然借助了药物，算是有幸。

由于稍稍稳定，大家都很期待着这保守的治疗有进展。有了食欲，面条、鲜果汁也消耗得频繁了。曾莉每天下班后就多了一件事，晚上凯雄再送过来，而朱晖也准时来值守。这些似乎成了个规律，后来，我戏言于朱，你就干脆在附近找个宾馆住下吧，他说，要宾馆干吗，就与你同居不得了。可以，他又说，那你不就没有机会了。

这时候，朱兄看我情态稍好，就开起了玩笑，他可是文坛早已闻名的伶牙俐齿，俗称"朱铁嘴"，与女士小姐们逗嘴他有这个本事。

综合科与神经外科不属一个楼，但我的治疗还是由孙大夫们管，因是以保守治疗为主，大夫们一天例行的来两三次，药物就由这边的护士们发送了。据说，这里是干部病房，多住些老领导，护士们都很有素质，护理得也较那边项目多。所以，朱兄来后，就凭他那一张嘴，把护士小姐们逗得开心。记得早晨专门有个扫床的清洁工护士小姐，是个乐天派，而朱兄几句话，让那位小姐每次到我这里就多待一会儿，情绪明显好些。朱一袭紧身皮衣裤，如若刚从外面进来，被风吹得头发飘逸，有很酷的派头，要不齐小光送他为"朱瓦辛格"之美誉。这硬汉子形象，同我那瘫在床头相比，相差十万八千里。有了朱，这些成天同严肃的老者、领导们打交道的护士，多了轻松活跃的气氛，干活也不累。我的头痛也仿佛在这精神的理疗中有些见效。

安静的综合楼里，除了每个房间的声响之外，实在是个疗养的好地方。朱晖来时，看我的情态还算安稳，我也找着话题与他聊，有时，他直瞪瞪地看我，生怕我再是个假象，因为他是保守治疗的最大支持者。不过，几天下来由头痛稍缓，到能进食，再到可以参与闲逗，我的进步是明显的。

这样的状态，建法放心回沈阳，黄育海因公务在身，回杭州了。

11月25日　星期四

腰穿

孙大夫早上查房时提出做腰穿，以减轻颅压，说是从背脊处进针，抽脑脊液。黄澄澄的伴有粉红色的液体，从导管里流出来，让人心里好生难过。治疗大脑的病却从脊背上下刀，真新鲜，而出来的是这种可怕的粘液状的，难道是这些东西作怪吗，难道，这精血就随便地被释放了，可惜。

我是下午开始做的，也算是个小手术，局部麻醉，十多分钟，抽流出70多毫升。刚下刀时，不太怎么有感觉，过后得有六七个小时不能动，就有点让人活受罪了。好在，我自进了医院后，一切准备都有，更何况这点小小的刀口和小小的疼痛。

按说，那么锋利的针从背脊的骨头缝中插入，再把那些祸害的液体东西放出，这个过程让人害怕，可是，比起从脑子里动刀，还是好些。何况这个小手术是在病房里做的。

夜里，感觉有些反复，头并没有因腰穿见好。进得医院已有五天了，睡眠一直不好。是夜，仍为朱晖值守。约在后半夜三时左右，我有些烦躁，头又不是自己的了，就翻来覆去的，可能孙大夫已预感到，我的病灶未除，保守的方法，只能有些缓和，所以，让我做了脊背穿刺。

这以后的一周内，我先后做过七次的腰穿术，从体内流出了大约有一斤左右的脑脊液。从入院吃药，到打针、照片，再到腰穿，想到的方法都试了。保守疗法，也即是如此，大家只是等待有奇迹出现。

这几天值班，朱晖看我语言表达还正常，我也熬不住同他说些家长里短，于是，认识十五六年，少有这样的机会谈得那么多，那么的无所拘束。当然，是两个男人之间的聊天，也是一个打发时光的闲聊。

12月1日　星期三

残脑与臭脚

已经在病床度过了十天，保守治疗的效果明显吗，我自己的感觉时好时坏的，我是把自己交给大夫，交给送我来治疗而精心服侍我的人了。可是，从时间算，从大夫们的表情看，好像是有点什么。不敢作什么想，不必有担忧，既然是为了保险起见，选择了这种方式，只好听天由命了。我曾有过一次梦境，觉得有人老是在后面追赶，可我总是跑不快，后来面临很深的悬崖，我没有办法，梦也结束了。现在的情况是不是如同梦境一样，面临一个危险的绝境，而最后无法可想了？不去想，走着瞧。人，有时被动的只是一个实验品，如同一个物件。说实验品有些过分，但你的病因你的病情不能够完全有把握，不就是走一着是一着吗？

我相信几位挽留我生命的好友兄弟们，我相信大夫们的诚意和医术，也相信老天的善良厚道。

十天来，我在医院里跨过了两个月份，进入冬天了。所以，这房间的温度调节是个难题，室外的气温一天天的低，可室内暖气干燥得令人呼吸不畅，我对暖气平时就不习惯，半夜里常被热得不透气，但门也不能大开，冷和热的较量，难坏了护理的诸位。买来一个加湿器，也不太管用，他们想，还是脑子里的那只"虫子"作怪。

连续几天腰穿，抽脊髓总得紧张几下，皮肉之痛事小，而每次都得躺上四五个小时不能动，已在床上睡了十天，腿脚已渐为麻木。那个在被子里已十天没下地活动的腿脚，已渐渐削细无力，还不时有麻木感，只好请看护我的诸位按摩。因朋友们都烂熟，我也无所顾忌。凯雄一次按摩时，说狗日的臭脚，我说，得了，给你们学习的机会，以后可以无师自通地开个诊所了。他说，得了，还是脑子有毛病的人开好，从头到脚，都有了。凯雄是受这个苦最多的人，他人内向，表面上的一脸实诚相，戴副眼镜，给人以大智若愚的印象，话虽不多，但关键时候来几下，让你觉得这家伙特蔫有主意。所以，我住院的一些有关外事，他都能帮忙。他那时还在《经济日报》文艺部，下班了就往我这里赶，也是很麻烦的。

每次按摩，虽时间有长，但要付出力气，还要忍受气味，唉，我这恼人的病，让这些弟兄们……

看着从脊背里抽出来的或猩红而变为浅黄的脑脊液，好生难过，守护我的弟兄们也觉得伤了身子，大伤元气。这些浑浊的液体，如今怎么了。在我那身体里，怎么有这些东西。

想来，此生有几次得病，记忆犹新。上小学时曾摔过一跤，右手还是左手臂不好，找医生看不灵，奶奶迷信，到十多里外找闻名乡里的巫婆神汉，印象是在身体上画了不少的符号，有的图案如人头马面似的东西，还去一个小庙里烧纸，磕头，最后也没有结果，也没有什么大碍；二十年前因为肾结石，疼得浑身不适，要了命一样，被同事急急送到空军总医院救治，也有一月多时间，但如同疗养一样的，吃中药，活动跑跳剧烈运动，没有生命之虞，也没有结果；再就是这次了，这样子的抢救，虽缓和了下来，可总还是没有见到效果。大家的担心还是像石头一样压在我的心中，虽然，我自己倒还显得无事一般。

也许平生就没有对自己的身体有多大的在意，也许病魔就是你软它软，你硬它硬，同你较劲上了。还也许，你就是一个多病的身子，那个部位那个部件，都是劣质货。

晚上，依然与朱晖他们说笑，只要脑子还配合，就潇洒一把。

12月4—5日　双休日

大夫发火

周末的双休日，来的人多些。近几日，凯雄放松了探视的禁令，来的朋友稍多。但有几位都是在门外看看，就被劝走了，也有的不忍打扰的，看看我的状态后，就离开了。我感激这些在我危重之时来探视的诸位，也记住那些给我不同的帮助的友人。小光有心都把他们来的时间记录了下来。

我们都有这样的经历，熟人朋友危重住院，不明病情，不明病状，听说后觉得，人之将至，能见一面，不会遗憾。人之常情，如此举动，如烧高香，如做善事。我真是十分的感激。

可是，医院有些不快。先是护士们建议，少放花篮在病房，说是对治疗不利；再是大夫们有点不快，看到有不少人坐在我的病房说笑，一次查房的李大夫脾气火爆地说，你们想让病人快点死呀，你们就多来好了。一时弄得一帮人愕然，好在，我也不忌讳这个难听的死字，事后，大家想也是大夫的好意。

晚上，丁临一来，这次看我稍缓些，话较前次多了。

王强来了，这老兄在宣传领导部门，也知道了。他曾有过脑外伤，昏迷半月，后做了手术，十分成功，现在事过一年多，没有任何不适。他是要告诉我，脑病并没有什么可怕，现在的技术完全能看好，他是我等众乡人中有才有位的小兄弟，他现身说法，他的话我信。后来，在我做了手术后，王强又过来看，那次，我笑他，没有你的安慰我说不准就倒在手术台上了。

晚上，我的梦多了起来，说些语焉不详的呓语。都说，日有所思，夜有所梦。可我的梦多是因这体虚力弱所致。朱兄曾在一次守夜中，想与我梦话对谈，不知是我的大脑电力不够，还是因为接不上线，或者有些防备，没能与其就有关话题深入下去，没有找到日后说笑的谈资。他爱来点恶作剧，可我是早有防范还是他没有找到时机，不得而知。据小光的日记载，"病人梦话特多，全是工作上的事，如版面稿件等"。想不到，我在病中还以一个模范工作者的面貌出现，特别是在朋友和家人面前，有意思。

当然，更多的是一些莫名其妙的幻觉。

我记得最清的是，像孩提时一样的梦，有大山，大海，有悬崖；梦见病房的天花板上，有好多好多不规则的图形，还有老鼠蹿；梦见有人在后面追赶，动物凶猛，狼狈地逃跑，等等，这些毫不相关的片段印象，让我的大脑在高度地运转中，有些透支。说给大家听，都说，还挺文学的，真是病久了人也病傻了。梦，影响了睡眠。

大夫提醒得对，来人多了，与大家说话，听大家说事，都影响着血压和脑子休息。凯雄又有些严格了。只是单位的同事和小光的同事，来后就在外面的接待室里坐坐。

12月7日　星期四

好口福

治疗的效果还是明显的。几天来头痛有所减轻，主要是腰穿的作用，看CT片子，病灶上的出血点也有些缓和，大夫说今天后就可不做腰穿了。

因为情况好转，就请了医院的护工。晚上，可以由护工全陪看护，但小光不放心，晚上，她还是要亲自在场。

脑子好点，肚子也跟着沾光。食欲增加了，早上竟然恢复了常人的饭量，一大碗牛肉面，还有香蕉，还有蜂蜜水。入院后清苦了多日，肚子和胃都跟着受罪，这几天，也渐渐过上了好日子。看我的食欲见长，几位"后厨"也乐得服务，曾莉每隔一天就做点面，或馄饨、米粥什么，应红还烧了苦瓜排骨汤，好像她还研究了病人的食谱。朱晖中午来，说门口的生鱼汤不错，他去连汤带瓶子的买过来，我喝了还真不错。朱兄平时很少吃这些腥味的，他知道我的"鱼情结"。我怀疑为了试吃，他可能忍受着也要弄个第一手资料，难为他了。

品尝这些汤汤水水的，除了口腹之福外，其实品位这份友情，这份真诚，实在是难得的了。有些东西在平常的时候，在不经意间，容易忽略的，而在这种危急之时，在这天灾病灾面前，更见出情分的重要了。是的，我的危急症状，我的濒危和急救是他们或她们施以援手的理由，但是，那份无私，对于我的真诚关爱，是能以世俗之见解释的吗？

即使，就这些菜饭来说，也是让人大开胃口的。我想，病床上的饭菜最让人难忘。有诗说，江南好，风景旧曾谙。也可套用，饭菜好，病中格外香。

朱兄把单位的事打发后，又安排好了在我这里的时间。哪天，他能来，哪天，他来干点什么，像电视报上的广告节目安排一样，定点定时。看到他一次次地从老远跑来侍候，陪伴，我懂得，什么叫哥们。

以至，一次新来的护士看他这么勤便地往医院里跑，颇有疑惑：那个人是司机还是秘书？在她们眼里，朱几乎天天都在这儿，除了领导干部身边的人，还有这样实在的护工吗？

当然，看他那副施瓦辛格的派头，又不像一个勤杂工。

12月9日　星期四

再出血

也许这些天稍见好转就大意了。上午九时左右，有些不对头，上了厕所，卸了包袱，轻松许多，可是，麻烦来了。先是头剧烈地疼痛，再就是血压也高。不好的症兆！

后来，大夫闻讯而来，根据症状看，是第二次出血。大夫说，二次出血十分危险，一般生存的可能很小。这不是危言，这种命悬一线的病，稍有不慎就会一气过去，脑血管病的状态哪位大夫都像抱着定时炸弹，十分警惕。这下子问题可大了，孙大夫很着急，说，要早点做造影。

我觉得没有什么大了不得，只是，在大夫和大家的提醒下，小心地吃着喝着，也拉着，可是，不知今天是怎么搞的，用了点劲，撒不得当，也没有太多的在意，就出现了这可怕的令人担心的事。小光第一时间通知了几位朋友，把凯雄找来，他很紧张，赶快给李辉还是应红打电话，又与朱晖在电话里商量，把我给骂了一顿，说这家伙不想活，也不看看我们费了多大的劲。

还有远在东北长春的仁发、沈阳的建法，远在杭州的育海，平时里少不了电话问凯雄，这一次更让他们着急了，特别是育海，他的南派力主保守的治疗方法，如果因为这二次的出血，其罪莫大焉。

我当然理解兄弟们的好意，我当然不会找任何人的责任。可我自己又负得了什么责任呢？是的，诸位为我所作的努力，不就是为了能平安过去，而我有什么资格随便地掉以轻心，我负得了什么责呢。大家让我活着，在某种意义上，某种程度上，我自己的命也是大家的了。

也好，事物的突发性，加快了事物的转化，病的治疗就进程由保守变为积极。这话是后来几位兄弟们总结的。祸兮福所倚，福兮祸所伏。命有所定，说不好，为什么。

对此，我只好听之任之，像做错事的小孩一样，我沉默复沉重。

　　只是，最焦急的是齐小光，她在当天的记录中写道："大夫很直白地讲，好坏就看今天晚上，只要挺过了这一夜，不能让他昏迷就还有救。大夫还说，从现在起要从头开始。晚上我非常担心，并几度害怕，就让朱晖夜里陪着，心想，如果有个什么，有人帮一把。整整一夜，我非常担心，还好，没出大事，只是病人头痛加重，老是在哼哼的。又恢复了一天三次的甘露醇。"

　　她当我的面好像没事一般，小光其实是一个对什么事都不太在乎的人，即使我住院，当天，她闻讯急急赶到医院，她着急，但并非那样的紧张，也许是众朋友们的撑腰，有大家的帮助，也许是她的性格，她遇事比较坦然。晚上，她很辛苦地几乎守了十多个通宵，朱晖兄都说，真是没见过像小光这样能熬夜的。她只是在我第二次出血后才意识到严重性，在所记录的片段中看得出，她也不期望让更多的人为此担忧，她甚至没有告诉她的父母和哥哥、姐姐和我家的父母，以及上高中的儿子，知道她自己能够顶着。但是，这次她还是有些不安，后来，她曾说，我当时真不知事情还会发生什么样。她可能是在赌。

12月13日　星期一

造影

　　多次提到的造影手术终于要做了。

"狼来了"，像童话中对魔鬼的恐惧而麻木，这个可怕的检查搞得大家唯恐避之不及，不知深浅，不敢试试。其实，这个检查我早尝试过，当年，在十五年前，肾结石住院检查，就先后做过两次造影，只不过那不是危险地带的手术，那局部麻醉、导入管线检索、激光照射等步骤都是一样的。等待着，早晚有一回，没什么可怕的。

早在三天前就有护士小姐来，说要"备皮"，我不明白其意，后来大夫稍做解释，才明白为了手术方便，把体毛剔掉，朱兄相视而笑，说看你的了，其意好像是把我那点隐私完全交出来似的。

护士的手是麻利而职业性的，小会儿就完成了我一生都很无奈而尴尬也记忆尤深的事。半个月的病床生活，冬日的天气里让一床大被捂着僵硬的身躯，找不到任何的感觉，这个时候，任何治疗都成为一种麻木而求生的过程，稍有放松和疲沓的情绪，就那样子吧，反正都要经历的，我还是作如是想。

俩妹妹从武汉来，她们得知消息很晚，我没有想告诉，让父母担心。后来她们奇怪多长时间了没有个消息，才被追问到的。作为家里的代表，她们来也是精神安慰。

建法又从上海飞过来，他在沈阳主编《当代作家评论》，是一家品位高而赔钱，十分难办的刊物，他找好稿，化缘求助，四处出击，还三番两次的来北京守护。他是个想别人比想自己多的人，人说如今的人多半是利己不损人，而建法好像例外，是不损人又不太利己的。这大概不是我一人的看法。

早上八时就被推到了手术室门口。天有些冷，我裹着棉被等着，大夫因为别的事稍晚一步。朱晖、李辉和凯雄三人陪我等待。一会儿说有人加塞，把我的时间往后延了。李辉是个急性子，他觉得这样的事也太那个了，好歹我们也是从高干病房安排来的，好歹我们也认识个大夫的。说这些，他自己也觉得是个气话而已。他是我部门唯一的联络员似的人物，后来，总编老许还同我说，你住院时部门的人都很关心，派李辉联系，其实，说得不太对，李辉的帮助，纯系个人行为，如说有关系，我说，他是我们湖北老乡，出门靠老乡嘛。说这话是玩笑，而老许已过世一年半了。

折回病房后，到十点半，才上了手术台。孙大夫和几位助手在一台电脑前开始操作，用了四十分钟时间做完了。当时，我是局麻，躺在无影灯下，由大夫指挥着翻着身，头脑还清醒，不时回答大夫的问话，也是手术的必要程序。感觉明显的是一根管子从股动脉里进入，横冲直撞，稍有些不适，也就那么一点的异样感觉。及至后来手术结束，我也没有明显的感觉。大夫说，下次的正式手术大约也是这样子的。

手术后，十二小时内不能动。说实话，回到病房有些后怕，才知这之前，曾有家属签字的程序，是怕有个三长两短的，责任分清。我好生的糊涂，一直在病床上躺着，都没有对这命的归宿有一点思想准备，是属于大大咧咧的人。比如，当你上了这个难过的手术台，面临危险甚至是死神考验时，你就没有想到还有另一种可能，想到点后事，向家人交代一下，有哪些必须处理的事。这些相对于一条生命而言无足挂齿，可是，毕竟是有这样的风险，旦夕祸福，也不为鲜见。我也是在赌。

我应该向夫人表示歉疚，近二十年的生活，任性和粗疏致使有许多无理甚至是伤害，生活琐细，少不了这样的磕磕碰碰，但总自以为是，也许到了夕阳老境才会有所知晓和明白。应当向儿子也交代几句：已近弱冠之年，也要慢慢地支撑这家的大厦，不能老是长不大的那副模样，凡事放在心上想想，不光是只有自己，对家对长辈对朋友都要有爱意多关心，生活路很长，但正派正直对一生都有好处。正值高考前，不能分心，全力投入……这些，在那侥幸的心态下，没有机会也没有想到表达。

下午，造影结果出来，孙大夫认为可以作栓塞术，显示为"前交通动脉瘤，创面稍大"，主要是因为二次出血所致。大夫说要请他的导师、天坛医院的吴中学教授再看看，手术可以在这两天内进行。孙大夫马上去联系。

从早上开始下了一场大雪，为岁末平添了一景，多时阴闷的天气也变得明净，大家的心情也好些。片子的效果明确，方案也明确，病房的气氛也较前活跃。护士盛小姐当班，她很细心，护理得很有条理。是夜，建法和我妹妹小军值班。盛小姐不时来看看，建法同她开玩笑，告诉他下次来了后等病好了请她吃饭。建法难得开玩笑，雪里放晴，空气温润，定下了手术日期，大家的情绪也不一样。

12月16日　星期四

手术

"决定命运的时刻来了！"这是某电视节目的一个广告

词，用来说我手术恰如其分。虽然经历了造影的热身，但危险仍然没有解除。

手术是一大早八时进行的。

之前，在昨晚九时，孙大夫详细地向小光说了手术的安排，介绍了这个手术目前的情况。他说介入术近两年发展很快，这次准备用最先进的导线栓塞，这种技术在1998年已是第三代产品，经临床实验最安全，不过，孙大夫也说，手术都会有风险，家属要签字，要有思想准备。

因为有了前次造影，小光也没有什么紧张的，只是几位朋友打电话来安慰。

几位兄弟把我推到手术室，又回到三天前做造影的地方。老远看到部主任丁振海来了，自住院后老丁来过，这次亲临现场，弄得我不好意思。他摆摆手说没事的，不知是说我的手术，还是说他来督阵，都让我不必介意，不要有负担。其实，朱晖、李辉、凯雄、小光，还有我俩妹妹，这架势，已让我觉得问题严重，老丁当然是好意，这种场合出现，多少增加了我的紧张。老丁有说有笑同大家谈着，我被护士推进了手术室。

仍重复着前次的造影的过程，但新的项目也悄悄地增添了。我虽然在麻药的作用下，除了身体的灼痛和火辣的感觉外，没有什么大的刺激。一会儿，好像又来了一名大夫，大概就是主治大夫的老师、天坛医院的吴中学教授了，由他来主刀。只听吴先生还同我说了话，问我的感觉，然后，有什么东西一直在我的头上脑部一带活动，后来才知是那些据说细如头发十分之一的金属游丝在我的脑中前行，听着大夫的指令，把我那些已溃口而崩塌的血管用这些金属丝给修补上。手术是从我右颈下动脉处下刀，大夫指挥着，这根有着智能的金属线伸张到脑中，最后在犹如沟壑网状的大脑中，连接修补填实，经过1小时45分左右，我的手术完成。

外面有一台电脑显示屏，几位送我去的弟兄通过电脑也看到现代高科技的手术操作，也如他们后来戏说的，可是全看了我脑子里的那点货。等待了二十多天的手术，终于在一个多小时就完成了。等待，苦熬，期待，这块石头落地了，吴大夫说，没问题了，可以下床，孙大夫也断言，一周内可以出院。

回到病房，大夫说，我脑子里埋上了两根金属导线，朱晖他们戏言，这下子不是一般的人脑子了！

真不错，不知是谁说了这句：真命大！也不知是谁说了这句：真受罪了！这是我自己加的，当时几位参与我治疗全过程的诸位好友兄弟们，都有同感。

12月24日　星期五

出院

果然，手术后的第二天，一些指标趋于平缓，血压、体温、排泄以及食欲都恢复了正常。自入院后近一月，我脚就没有沾地，一直就是死死地在病床上躺了这么久，想想，怎么熬过来的呀。现在，手术当天的下午，就可以坐在床上，而到了晚上，终于可以下地站着，可以起来活动两下了。

这是一个不大不小的跨越。下地，站一站，多么简单的

事，可是，于我，一个重病号，又是多么艰难的事。在得知我
能下地了，电话那头，是朱晖还是凯雄还是谁，就说：你应当
举行一个"下地仪式"嘛。是的，这个来得太不容易，为这个
简单的站起来，能同正常人一样，诸友们付出多大，而期待了
多久啊！

　　说来也是，从手术后头几天，慢慢地在病房里练站，练
走，然后到门外的走廊里，围着护士服务台走，然后可以坐电
梯下楼，然后可以上楼再练习走，我是重新经历着人生的"从
头学起，从走路开始"的第一步。大脑出事，让生活"重新"
开始，让你历练世事，见识友情亲情，或者比这更为值得珍视
的东西。

　　病后让你的收获不仅是身体上的，所谓祸也有福，病也是
学校。

　　调养了一周，朋友们陆续来探视，花篮仍然为护士们大
夫们所不容。护士们看我的状态好转明显，也减少了对我的禁
令，来的人可以多说一会儿，可以成批的可以不分时间段。印
象中，社长邵华泽曾在我入院不久即派办公厅副主任许宇勇来
探望，后来他从国外出访回来后，也由许宇勇陪同专程来探
视；小光她的院长孙明和一些同事，第一时间也闻讯赶来。济
南的孙桂文多次来探视。

　　印象中，最多的是同事和圈内的朋友，再就是老同学。
经济日报的冯并兄上研究生时，同我一个房间，他来自宁夏，
我们戏谑他把衣服非放到夫人从外地来探亲时才洗，平时六人
处一室，常有说笑打闹，如今，已二十年过去，从青年到了中
年，我们回首当年，不禁感叹时光迅疾，现在他虽当了总编

辑，同学往事并不避讳；作家周大新已是十多年交情了，他在我生病后多次问凯雄，他是个细致的人，给我讲有关治疗保健的信息，让我别断了药；老凌是严谨的军人，曾为文艺社社长，常在文学会上见面，他远在黄寺住，年近七十，在晚上来看我，令我不安。还有曾凡华、陈先义，军报的文化部的头头，穿军服来访，颇有风度，让护士们也觉新鲜；张懿翎女士，有同事的亲属也住院，她每次顺便来访，在门口就知道是她来了，声音大心很细，一大把百合花往床头一放，香味数日不绝；还有当年的小冯、小黄而成了现在的老冯和老黄的我的两位大学女同学，几次电话都被谢绝，可她们嗅觉灵敏，还是找到了房间来探视。还有原来的老同事、老领导缪俊杰、石英、李德润、冯林山、徐鹏飞、张大农、兴耕、黄萍、梦岚、老宋、解波、老陈、荣来、王肇英、黄勇、周莉、张志忠（他从军艺老远来）等还是夫妇同来。从入院到出院，这么多的友朋同事，献上爱献上关心，特别是岳父母家人和我的年轻同事们，他们的付出，恕不一一举出，但那份情谊、亲情，永远铭记。

按孙大夫的计划，终于可以出院了。下午，把入院时的行头找回来，还是那双暇步士的皮鞋，那身剑龙牌的裤子，那件鳄鱼牌的外套，一如来时的装束，不知是小光有意，还是本来就都放在病房里，等我好了，一定要回到原来的生活状态中。

三点钟，简单的行李，收拾在一个包里。与几位在班的护士们告别，与大夫们告别。小光没有忘记买来几包糖果，这不知是从哪里学来的名堂，在她分发时，护士们推托了半天。趁着喜庆和欣悦的气氛，我稍有迟疑的离开了。迈出病房，我的心一激灵，近一个月，这里的一切都熟了。我回头望了我住了一月的病房，看了看那门上的号码："314"。

走出住院大楼，后院的几株槐柏灰突突的，但也有些许的绿意。天上，有风筝和鸽群飞过。朗日晴空，空气真好。

走出朝阳医院东门，看到街边小店里，卖一些花花绿绿的杂品，有树、雪花和小人偶，呵，想起了今天是12月24日，平安夜！

真巧，我与这个洋节，不期而遇！

追记完稿于2004年4月14日

霍金的分量

  史蒂芬·霍金，这个有点残疾的英国老头儿，在遥远的东方，成为耀眼的明星，一如那些舞台上的歌手，在聚光灯下，他的英姿，他的智者风度，他的那个不苟言笑，却令人着迷的神态，让黄皮肤的学人智者、青年老年们一饱眼福，犹如进行了一次圣洁的学术洗礼。近日，他又三度来华。有人说，这个闷热的夏天，有了世界杯，也有霍金，就不一般。

  霍金，一个平淡的老者，一个身体残疾的洋佬，他对时间和宇宙的解构，让我们从一个全新的角度来认识这个陌生而熟悉的世界，以及生物自然形成的历史。前些年，湖南科技出版社的一本《时间简史》风靡一时，人们争说霍金，不仅因为这位英国教授把人们自爱因斯坦以来对时间的认知，开启了全新的视野，对这个有着物理学意义的命题，关涉到人人都知晓却又不明就里的命题，有了霍金式的理解，还在于他是一个残疾人，坐在轮椅上，行动不便，却对这个深奥的理论问题，进行了开拓性的探究和论述，尤其是他把深奥的哲学命题，作了形象生动的描绘，让科学走近普通人的生活，让科学充满诗意。无怪乎，这个霍金先生，让全球的出版者十分地看好，据说，他的《时间简史》，全球销量达

2500万册，创造了当今科学类图书的奇迹。他的另一本新书
《果壳中的宇宙》也有中文版。他被黄头发黑眼睛的人们拥
戴。难得的是，他漂洋过海，不远万里而来，同读者见面，
答问。前年，又一场大病，他还再度来华。虽然不乏主办者
的商业行为，但他是为科学而来，为文化而来，也为我们在
浮躁的世界仍保持着虔诚阅读的可爱的读者而来。

　　一个已有十多年的瘫痪史，一个在轮椅上过生活的人，
一个年届六十的人，完成了被称之为20世纪的经典性的科
学著作。这些对我们来说，不可思议，他却做到了。我们对
他的任何评价都不过分——科学家的霍金，劳动模范式的霍
金，志向和毅力都胜过我们的霍金。

　　霍金的生平非常富有传奇性。他曾就读于剑桥和牛津，
现在是剑桥大学的教授。这个职务曾为牛顿获取。他因卢伽
雷病被禁锢在轮椅上达20年之久。病魔的折磨，并没有使
他退却，而他向着科学的尖端发起了冲锋。他的中国学生、
《时间简史》的中译者描述他第一次见到霍金时的情景，令
我们难忘："门打开后，忽然脑后响起一种非常微弱的电器
的声音，回头一看，只见一个骨瘦如柴的人斜躺在电动轮椅
上，他自己驱动着开关。我尽量保持礼貌不显出过分吃惊，
但是他对首次见到他的人对其残疾程度的吃惊早已习惯。他
要用很大努力才能举起头来。在失声之前，只能用非常微弱
的变形语言交谈，这种语言只有在陪他工作、生活几个月后
才能通晓。他不能写字，看书必须依赖于一种能翻书页的机
器，读文献时必须让人将每两页摊平在一张大办公桌上，然
后，他驱动轮椅如蚕吃桑叶般地逐页阅读。"就是这个失声

而翻看书页都很困难的人，却用他那个残弱之体向科学的圣殿迈进。他所能做的是脱开了人类的极限，以一种超常的意志和精神，完成了人类对自身的超越。

我是在电视上看到鲜花簇拥下那张安详的脸，侧向一边而不露声色，对于东方人表现出的热情和盛情，霍金已习惯。他是一个物理学的天才，一个智者中的精怪，一个学界的大腕。因为残疾所致，对人们给予的崇拜，他也许习以为常，也许一贯低调。所以，我们看到的是那双平淡的眼神，那张不苟言笑的脸。对于礼仪为先的国人也许不太习惯，鲜花和掌声，不是大师所热衷的，不是科学家的本意。对于霍金这样的科学大师级人物，我们还能要求他什么？他在助手和护理的扶助下，在舞台上聚光灯强光灯和镁光灯作用下，矜持地接受人们的欢呼和致意，但他那个总是侧向右面的头颅，近乎蜷缩在轮椅里的身子，让人透过热闹和浮华有一丝怜悯。

其实，我在翻看霍老先生的译著时，也看了一些专家和文艺界同行写的文字，老实说，除了对有些图表和一些人文化的论述感兴趣外，大多如看天书。也许是太愚顽，我也没有能坚持看完，也就不甚了了。

但这并不影响对他的崇敬，并不说明霍金的曲高和寡，更不能说明霍氏理论的缺失。霍金并不是在做科普，霍金价值不是在于普及性，但却又是通过这极大的普及性而赢得了声誉。他在我们普通人眼中，是一个残疾人在做大学问，是可以超过人类自身的极限去完成匪夷所思的事业。这就是霍金。

　　我曾想，大家对他的尊敬、崇拜，关注他的生活起居，了解他的病情，但是，那颗智慧的大脑，那是一个什么样的头颅，有没有人去做过研究，哪怕是计量和测算呢？据说，人的大脑有个恒定的重量标准，但也有例外，物理的重量能够说明一切吗？

　　是的，他那羸弱的残疾的身躯如何支撑了那颗硕大而沉实的头颅，是精神，是智慧，是一种超常的智力和上帝的恩赐，抑或是我们所没有发现的东西？

　　就体的重量而言，霍金是轻量级的，那瘦弱残缺的身子，那病残的躯体；然而，他的大脑、头颅的重量，却不好用平常的方法计算，因此，我们才有了这个伟大的理论物理学家。

2006年8月

作客美国教授家

深秋的一个周末，俄亥俄州立大学东亚语言系的王建琦教授开车，从哥伦布市33号公路往东南行五十多公里，来到全美东亚语言资源中心主任吴伟克教授家，参加一个家庭的"派对"。

来美二十多天，很少接触到美国式的私人住所。也曾走过一些城市，看过一些有特色的民宅，但还没有在地道的美国人家参观。那天，吴教授邀我参加周末师生在他家的聚会，我很高兴。美国人请客的方式很郑重，即使同事和朋友，也要发个电子邮件。当时，吴教授让助手建琦先生正式向我发出邀请。

及至问该校研究生、学妹小武，要不要准备什么，说美国人不太兴这个，以为你能应邀，很是高兴的。虽然，吴教授熟悉中式的交往，也不太在意你带什么了。那就入乡随俗好了。

一路上，中部平原的秋景在车窗外引人兴趣。各种色彩斑斓的树，令我好奇。建琦先生来哥伦布已十多年，问他这红黄杂陈、绚丽多彩的树和花是什么名字，他也不太知道。同行的小武和王夫人也不清楚。他们少说也是五六年的美国生活，见惯不奇，对这美丽的秋景，也熟视无睹。他们说，吴教授家的风景还要好。果然，约半小时后，汽车拐入一个山凹里，树红草绿映衬着新修的黑油油山路，不时有独特的民房从车前闪过，满眼的风景，美不胜收。

这是一个叫小石城的地方，路，不时被高大的树丛遮蔽。在一片寂静中，只听见狗吠，还有黄叶红叶铺满了小道；屋前木围栏圈起的一片绿茵茵的草地上，有一堆柴火；头顶上，数十米高大的黄栌和红枫，还有美国松等等说不上名字的树，形成了一个天然的树顶篷，从中也透见了几许蓝天和阳光。我们在这红、黄、绿缤纷的色彩光影的包围中，在满眼的树丛和纷纷的黄叶带引下，经过一个铁艺侧门，到了主人的家。

我们进去的时候，已有数位先到者。进门就有人递上中国式的"功夫茶"，然后把一张写上自己名字的纸条粘在外衣上。这样做，据说是美国聚会时的习惯，是为了让客人好熟悉，也是表示对主人的尊重。入乡随俗，在我自己写名字粘的时候，看到主人也往自己衣服上贴自己的名字。

吴家派对其实是一次同事聚会，男主人是俄亥俄州立大学语言中心的教授，夫人是新任东亚系主任，夫妻单位同属一个系统，因此，今天到的两拨客人大都认识。操着日语、朝语和中国话的客人们，一副副东方人的笑脸，更像是一次国际性会晤。客人中也有中国留学生，一位王小姐大学毕业曾在我们单位实习过，更是有他乡见故人的喜悦。有几位是夫妻同来，还有带着孩子的，一对美国的夫妇带着刚一岁的小孩参加，更显出浓浓的家庭气氛。

吴教授有一个"国际性家庭"。夫人某教授是日裔，五年前，他们夫妇通过有关部门在中国湖南抱养了一个女孩。我们进去时，"小老乡"像一只欢快的小宠物，人前人后作怪相，对家乡客人格外热情。吴教授从事了二十多年的汉语教学研究，在俄州大学是一个执着的中国语言研究者。对东方文化的好感，不仅体现在他有个国际性的家庭组合，他还潜心于研究"体验式的汉语教学法"，在山东大学和武汉大学都有合作项目，为此，曾受到中国有关部门授予"中国语言文化友谊奖"，去年应邀在北京接受了国务委员陈至立的颁奖。他说，这是对他热爱中国文化的最好回报。三十多年前上大学时，吴伟克就对中国文化很有兴趣，他爱研读老庄哲学，也爱读陶潜的《归去来兮辞》。十多年前就在这远离都市的山中选了一块地，五年前修建了这个两层木质房屋，向往这"结庐在人境，而无车马喧"的境地。

这间房子，是主人亲自设计的，不少地方按"中国味"和日本式的风格装修。客厅地板是中国产的竹地板，吊灯和吊扇也是中国货，墙壁上挂的有日本剪纸，也有中国画。从外观上看，这是一间别墅式的木质房屋，地上两层一是客厅，一是卧室，地下半层是主人的书房和客房。在主人的书房里，我看到上千册的中国书。令我好奇的是老子的不同版本，以及《论语》、先秦两汉的旧版书，也有中国的线装书。墙上一幅中国画，一幅三十年代就以散文著名的台静农先生手书杜甫"昭君吟"诗作的书法，增添了浓浓的中国情味。我们闲聊的时候，客厅电视正放着中国中央电视台第四套节目，这是主人为女儿特意安排的。

主人带我们去参观树林，真是别有天地。周围方圆有半平方公里，我们用半个多小时走了一圈，看到有一方清澈的水塘，倒影中见秋叶扶疏，光影斑斑，还经过一个小水沟，看到不少的树因年龄大了倒下渐渐腐烂。据说这林中最老的树已有五十多年，品种多达十四种，最多的是枫树、橡树、云杉和七叶树。主人休假时就在这树林中砍柴，打草，享受着清静恬静的安闲。

我们去的时候，正赶上美国人准备过万圣节。黄昏来临，吴教授家里也点上了一个南瓜灯，不过为了气氛更好，美国人多是自己动手雕刻艺术面具。吴教授抱来几个南瓜，让我们随意雕刻。在这个远离车水马龙的一隅山间，十多位国际性的客人们，迎着飒飒山风，享受着友情。虽然，我不太知此节为何物，但此时此刻，在一个十分典型的东方式的，准确地说相当中国式的家庭里，度过周末，让人难忘。

2005年10月

走近林清玄

那天，冬日的一个黄昏，冷风并不太让人讨厌。计划中，到京城东四的一溜小书摊上随便翻翻，久违了的逛书店乐趣，眼前花花绿绿的书，让我们好一阵流连。寻书，访书，俗称淘书，一个"淘"字写尽寻书者心急、读书人找寻之苦。

可不是吗，满眼的粉红淡绿，满摊的靓女美人照，真不知从何翻起。书摊上，才子们恃才傲物，才女们浓情蜜意，写家们天马行空，还有纯为稻粱谋者的胡编乱造令人目不暇接，也好生厌烦。找一本像模像样的书变得十分困难了，你说。我们不甘心，走了一家又一家，终不免悻悻然徒手而返。不知怎的，聊起了我们喜欢的作家，说起了正在流行的随笔和散文，你推荐了一本"高人"写的散文。你说，读他谈禅说佛的美文真是一种享受。于是我们有了林清玄话题。

海峡那边我的同胞同龄人林清玄，大凡散文爱好者并不陌生，早在三年前作家出版社就出版了他的"菩提散文系列"，煌煌几大本，很是畅销。读这些书的名字就能感悟到作家的意趣所在：《紫色菩提》《如意菩提》《清凉菩提》《星月菩提》《拈花菩提》。最近，浙江文艺出版社出版了《林清玄散文》。在这些作品中，作家抒写童年、故乡，写友人、亲情，写自然、社会和人生，尤其是以独特的感受描绘了禅宗佛学与当代人生的关联。他的作品中现实世俗的此岸性与艺术追求的彼岸性和谐地交融一体，给当前散文创作带来一股雅致高妙之气。你说，这些作品表现了生活中流动的美妙禅意，是作家以尊贵的觉悟和上品的智慧，写人生的感受，有华美高端之气，有烟火尘世之味，获得这种感受是其他的阅读所不多见的，也是要用心思的，细细品味，也触发了我的阅读兴趣。

这是不长的文字，是精致的小品文和美文。读着这些"菩提"系列的作品，我们不经意地进入一个禅与艺术的世界里，这是一个心灵与性情碰撞、世情与人心交织、理想与梦境相生相依的世界，这是一个燃烧着情感烈火与绽开着精神花朵的生命高地，是作家从世俗生活中获取的形而上的思索，是对生命的深切体悟和精神的崇高皈依的艺术提升。

菩提是佛教的梵语，意为断绝世俗烦恼、获得解脱的智慧和觉悟。林清玄把菩提意象引入为作品的主题，他是在世俗化的人生中表现灵性的优雅和精神的觉悟，他用智慧的灵性光耀书写，他阐释人生的困惑和世俗的平庸以及精神的高贵等等，直逼当下人生的心灵状态。尤其是在现代大都市的工业文明中，物质的张扬，文化的昌明，现代化的浮躁与困顿，滋生了不可言说的文明病。林清玄正是从这个文明时代的文化精神落差里，看到了精神情感形而上提炼的重要。读"菩提"们，我觉得心灵这个缥缈的东西有了一个切实的依附。我们习以为常的被叫作精神和境界的某种形而上的感受，有了一种具象的体味。进入现代文明，人们面对后工业化社会的物欲膨胀与信仰的缺失，面对客观世俗的流弊和主观超验的短视，人类如何发展自己，守望精神，心理平和与洁净，从作家的这些系列作品，或许得到一些启迪。

读林清玄，对我们的阅读是一个挑战，大量粗鄙流俗的东西充斥出版物，人们目迷五色的时候，没有神定气清，没有心闲安适，难以走进林氏的艺术创造。他的《黄昏菩提》中，如何以幽雅的情绪来迎接生命的喧哗而宁静；他的《吾心似秋月》中，如何以禅心的圣洁来看取人间的一切喜乐，承接苦难，洞明世事几达化境；在他的《清欢》中讲求心灵的品位，体味生命之程中的崇高；他的《清净之莲》中，柔软高洁而阔如海天的心灵与智慧，有如莲之珍品，又为觉悟世事、感知生命和善待人生的行为圭臬；还有，如《心无片瓦》《家家有明月清风》《有情十二札》《温一壶月光下酒》《四随》等（当然林氏还有不少写得十分精美的记人思故的散文和对艺术的评论），对我们凡夫俗子，这些渗透着禅的精神元素的智者之思，我们的粗疏和愚钝能够体味吗？你说，读林清玄也是一种精神的检验，他对生活的执着、对信念的韧性，对生命情怀的热诚和智者的自信，是对阅读者智力的考测。斯言诚哉。当然，我们没有林氏那份投入的禅心，没有作家那份关爱生活和人世的艺术智慧，我们只能说，他那颗博爱的美好的禅意佛心，如惠风和畅，顿开我们芸芸众生的愚顽之心，也可医治那浮躁流俗的心，使我们一步步地走近了人生的本真。

你要我把这写出来，这是向我们所喜欢的作家行最认真虔诚的敬意。这匆匆急就的短章，对于曾经荣获台湾九十年代十大畅销作家第二名的林清玄，并没有多少意义，无非是想表示一个或者一些林清玄的崇拜者们的善心而已。忘不了，多年来，林清玄那闪烁智慧之光、哲思之光，佛道禅意的精神元素的文本，是文坛上的奇葩异花；也忘不了，我们那份苦苦寻觅后的一腔情怀和满心的收获。

1995年1月

"三刘"小说

——关于刘恒、刘震云、刘庆邦

京城文坛"三刘"之说始于何时，出之何典，无可考索。约莫在1988年前后，"写实"小说一脉为文坛热闹话题，这"三刘"诸公，创作实力和风格接近，共被看好，有论者引出了这一趣谈。

"三刘"者，刘恒、刘震云、刘庆邦是也。

《作家》主编宗仁发兄拟将"三刘"新作共收一组，嘱笔者写写"三刘"。东鳞西爪，谈些印象，权作小说村言，而已。

一

北京时下流行一句新词"大腕"，意指艺术界（主要是影视歌星）中走红的角儿。如果写小说的也有"大腕"之说，刘恒该当仁不让。刘恒这几年写得不多，稿约文债却多如牛毛，笔者就曾多次代人转述此意。刘恒写得少，更显其作品的抢手。然刘恒只要应允了都能兑现，就是时间上得宽容些。他那谦和的态度，温雅的性子，令约稿者火不起来也急不下去。

大约是五年前的一天，工人出版社召开一次座谈会，先到者围坐圆桌一圈，会议进行中，一位挎帆布背包的瘦个青年入席。似乎没有来得及介绍，独自在后排找一空位坐定。会议结束，主人才介绍此乃作家新秀刘恒（那时他还没有"走红"，也没有"发福"），会后照例地吃饭，随便熟悉了，又各奔东西。没想到分手时，刘恒说与我同行，才知他住在我们单位不远，再一问，就住我们单位的小区，越发近乎起来。因了这邻居之便，于是随意串门走走，也有造访不遇的时候。记得他初次光临寒舍，正好我晚上有活动，回家看到一纸便笺，虽寥寥几字，我印象却极深，想这老兄是心细之人。因遇我外出时，朋友来访多是留个话，办事的或顺访寒暄的，仅告家人就是。刘恒不惮其烦，也许是第一次踏访，或许是他素来办事就周全得体，他给人印象是极认真的。那也是第一次看到刘恒"书法"。我有一习癖，论文识人，知人衡文，总是爱从其字体（书法）来推想其人的性格、学识，这当然符合"文如其人"之说，但也不免有些先入为主的偏失。记得从刘恒留给我的墨迹片笺中就看出这仁兄性格的某些方面：柔中有刚，细致而认真。后来，与他交往多了，证明我当时并非先入为主，又一次觉得"文如其人"之说的灵验。

刘恒在文坛叫响是1988年。那年他的短篇《狗日的粮食》获新时期全国第八届优秀小说奖，中篇小说《伏羲伏羲》《白涡》双星辉映，风传一时。他被《文汇报》评为当年度小说优秀作家。尔后，他将长篇小说《黑雪》改编为电影《本命年》，颇获好评，又掀起了"刘恒热"。他似乎把这些看得很平淡，还是认真地写他的小说。这以后两年内，他创作势头更猛，长篇《虚证》、中短篇《连环套》《力气》《东西南北风》《教育诗》等有影响的小说连篇推出。

因了《本命年》，刘恒名气更大了。然而在八十年代后期，新时期小说风光已渐为平淡，公众对小说的热情大为减退，刘恒的出名顶多限于圈内，虽然他作为电影编剧同样在观众面前显影，但那稍纵即逝的字幕并不被公众留意，他仍只在文艺圈里"著名"，何况他没有影视明星和政治明星以及歌星舞星们频频曝光于荧屏的待遇。他的电影《本命年》未正式发行时，某一天我们单位联系先行观摩（记不起是厂家送片，还是放映公司"送礼"观摩），惯例地请来演职人员登台亮相，看的被看的热闹非凡，共欢共荣。然而，刘恒不知是没有通知到，还是他根本就没有兴趣，一次极好的亮相机会他没有把握住。要知道他就住在我们这儿，而且他的岳丈曾供职于我们单位。后来他几乎隔两天就到我办公室打一次电话（那时他家还没装电话），碰到的人渐渐熟了，问及电影《本命年》的事，问小说《白涡》《伏羲伏羲》，这知识圈内相当喜欢的作品，他笑笑，问多了，就极淡然地说一句："忒臭吧？"复又寒暄其他。

那段时间，刘恒在文坛渐渐走红，找他的人多，电话常是他夫人转达，每每积攒多了，他就"零存整取"，一次打上数个甚至十数个电话。一日，我因外出，他悄然来访不遇，看到隔壁空房电话闲着，就径直抱着打，室主人归来，看一着和尚领衫圆口布鞋者，貌似乡人蹲屈于凳，想是来访或送稿者，出于礼貌未敢造次，及至这仁兄没完没了，主人下班在即，才恭请罢休。再次刘恒来访走后，这位同事指他问我，告之，方引出以上的印象。他当时怎么也没有想到这位就是正走红的青年作家。后来，他们熟悉了，这位年青同事不无幽默地说，刘恒的"电话语言"是极富特色的。

两年前，刘恒单位分房，他搬家离我们远了。他家装了电话，我们有事没事聊聊，领教了我那同事所谓的"电话语言"。与刘恒你可以引为哥们真诚地神侃。他不是与你打官腔，故意套你说些他想要听又不直接提示的话，他可以与你讨论些时事，说些你单位他单位大家关心的事，说些文坛近闻趣事以及轶事，说些他的烦闷，他的欢欣。末了他还要你别忘代问家人，代问同事小张、小向、小袁等或者哪位有点不顺的什么人。他的电话内容广泛，神态不急不火，性情温温乎乎，让人觉得他似乎又在看些禅书，学些修炼之术和易经道学。有时晚间闲着，想拨个电话同他谈谈，又怕他创作之事繁忙，闲人打扰了忙者，于心不忍。他的一部部叫响的电影问世后更是寸光如金。他的时间宝贵我是知道的，写《逍遥颂》时躲在老家吃方便面啃面包，20多万字，仅一个月就写成。今夏写长篇新作《苍河白日梦》（待发表）时远离闹市租一斗室，日夜玩命。想想我也不便造次，只好把那挂怀的"电话语言"暂存心中。

人出了名，容易被说道，关注你的人多了，你的弱点被放大，而你的成功也被某些人嫉妒，还会引来无数的批评。刘恒近几年一方面走红，及至眼下他的《菊豆》《秋菊打官司》的电影作为1992年度影坛热点，另一方面以他为代表的"新写实"

小说却几遭波折，由小说《伏羲伏羲》改编的《菊豆》，因前些年在国外得奖而被一些人视为异端。他在小说中抨击封建主义对女性生命的摧残，描写封建幽灵不散，写了性与不伦而遭到一些人的挞伐。影片还未公映，批评文字就行之于世。他虽然没有被公开点名，但在有些人心中他被视为大逆不道之辈。他愤激过，也背地里骂混账逻辑之类，然而，激愤之后他也淡然置之，写他的小说。他说，自己有许多事要做，跟他们计较不值得。长篇小说《逍遥颂》就是这段时间写成的。他与张艺谋再度合作，应邀把陈源斌的小说《万家诉讼》改编成《秋菊打官司》。他成功了。那些以批评（批判）为业的人，随着政治的清明也难有市场了。《菊豆》在国内公映，国家为《秋菊打官司》一片召开授奖会，他并没有欣欣然。他认为作家所创造的艺术原本是为大众的，不是为某些人，艺术的上帝是公众。

刘恒1989年以后"触电"，出手不凡，他尝到了甜头。电影不同于小说，它更凝练地展示作家对生活的感受，更形象地接近审美对象的通俗化要求，更能表达语言文字所不能表述的东西。他近日内又接受了新的任务，去香港访问，但他说，仅是客串，而主要的战场是小说。

二

与刘震云相识也是一次会上，大约是1988年初，不过，那是他的一次作品讨论会。他在《青年文学》杂志上发表的《新兵连》，引起了反响，编辑部召开座谈会，于是主角的他和捧场的大伙就熟悉了。记得那时候一些会议开得简朴认真，他的第一次讨论会大家兴致很高，对当时日益兴盛的文学实绩也由衷的欣慰，真诚地说东道西，甚为投入，颇有不侮了文学饭碗的执着。当坐的清一色是年轻人（最大的不过四十多岁），彼此说笑随意，不乏有尖锐的批评。震云因是解剖的对象，他显得似乎很虔诚很谦和，记没记笔记，装没装样，记不准了。但那双笑眯眯的眼睛，给人的感觉在大多的生人面前还是谦虚贤明的。

要说震云给人的第一印象，是他出生北地而一副南人的相貌。往好里说，他的气质颇有江浙沪一带人的机警灵敏。他出生在河南北部的延津县，曾入过军营，求学于京城，后留在北京办报，记者走南闯北，三教九流都接触，学什么都有条件，加上他聪颖敏锐，虽说他写小说起点不算高，却稳扎稳打，步步层楼，不断制造点高潮，成为时下新锐小说的一员骁将。

1988年初，他的《新兵连》问世，人们惊异于他在旧老题材中翻出了新意。小说描绘了六十年代中期某新兵连队的生活，无非是入伍进步、操练上岗、想家思乡之类，但是震云在小说的故事内蕴里嵌入了对政治化的人生情感和精神道德的思考，在形而下的具象生活中蕴含着对当代政治文化的形而上思索。小说的叙述调子是写实的逼真化效果，而审美意向上则给人以陌生化的艺术享受，于是作品引起了不小的轰动。这以后，人们议论所谓新时期"新写实"小说发轫之作时，没有忽略这篇有内涵的作品，也有奖为开创之作。

《新兵连》的成功掩饰了刘震云早期小说的光点。其实在《新兵连》之前他已经发表了十数篇中短篇小说。早期的作品基本上是两个生活面，一是农村题材，以当代农民艰难窘迫的人生轨迹，描绘乡亲们在现代化进程中躁动不宁的灵魂和窘迫的生命情态，描绘现代文明与农耕文化之间思想价值和行为观念的巨大碰撞；另一类是都市职员的生活场景，或者是在农村与城市的结合部中，"文化移民"们面对物质世界和精神世界的变化，引发的惶惑、漂泊、寻求的寻梦者心态。刘震云在这两类小说中有着清新流利的故乡情结，但更多的是以文化人的视角审视农耕文化沉重的历史负担和因袭的精神包袱，之于现代人的束缚和困扰。他以沉静的目光反省中国传统文化中的伪饰、虚荣、愚蛮。他后来的《官场》《单位》《冰凉的包子》《一地鸡毛》《官人》等有影响的中短篇小说，多以都市小职员生活为艺术的生发点，集中反映小职员在现代文明生活中的困惑，庸常之辈们的生存状态。这些人物可以称之为都市寻梦者，移居城市的文化人，面临的巨大生存压力，在身入了"一流都市"之后却不能潇洒地实现人生的理想，自我价值的实践在沉重的人生面前，多半只是个清高而矜持的梦。诚然，这类小说，有写"单位"家庭的琐细单调，写"官场"权势的昏恶无聊，写小职员生活的鸡毛蒜皮，写物质文明与精神追求的落差，其写实的风格达到了逼真入神的效果。称之为"新写实"，是因为它们少了浪漫而虚拟的艺术场景，少了夸饰和假定，呈现世俗生活中活泼泼的人情世态。有如论者们所说："他写生存状态的严峻，叙述方式冷静自在。"

不过，刘震云这一类小说，如果拨开"新写实"的形式外壳，就会发现他是继续早先小说艺术的精神内蕴的，即他作为乡村小镇中奋斗出来的文化人，与大都市主流文化的一种本能的疏离感，一种对传统文化古典精神的不经意的认同。他写"官场""官人""单位"，对人与人之间的隔膜、冷漠、自私等刻画得入木三分。他挖掘文明的发展中人生的精神负累，展示人本性的孱弱，描绘人的惶惑困顿，无所归依，在思想和艺术指向上同现代哲学精神反观人自身是相一致的，但他笔下都市文化人（小职员）的梦，更多地体现了与城市文化的不和谐感。为摆脱现实的困顿，追求物质条件的改善，他们融入城市文明，却又被隔离于城市文化的主流之外。在官场、单位的社会角色中，只是碌碌无为之辈。鸡毛蒜皮的生活内容，难以打发他们孤高的灵魂。他们梦寻自身生活条件的改善、精神世界的丰富，但强大的现实壁垒，使许多理想只是梦幻而已。小说与其说是对这类人物的怜悯友善，不如说是表现了对小职员文化同主流文化（官场文化）等等的排拒。

刘震云在《单位》《一地鸡毛》中描绘了这类小职员的代表"小林"。作家是否有小林的经历，不好妄说。可以猜想，他是把"小林"作为他的一个思想替身，一个此类人物的"共名"。当然，"小林"的行状是迂腐而庸常的，但是震云呢，却似乎活得潇洒自在。

说刘震云北人南相，不仅指其身材高挑清瘦。在穿着打扮上，他也属都市青年时髦者一族（虽然并非领潮流者）。新式夹克，牛仔服，旅游鞋，新款挎包，还有不大修饰的头发胡子，是那一时期我所见到的新锐作家的最特色的行头了，给人感觉既随便又有点"潮"，全没有"小林"为生活琐事奔劳、为社会角色负累的烦困拘束。他会生活，据说单位的舞会常去，虽说看的时候比练的时候多。有人曾逗他，不跳（舞）出（水平）来，浪费了一身"资源"，他大概受到激将，有段时间挺热衷的，不过，他常带上娇妻爱女，全家上阵，想是把生活安排得更为潇洒。

作家容易引人注意，公众场合常是主角，可是刘震云不大爱出风头，即便他近年来"著名"之后。记得去年，我们一同被邀参加一个农民作者的讨论会，知名的不知名的围坐在一起，他拣了个清静的角落坐下。主人介绍来宾时只提及有头衔的人物和有来头的人士，论他的作品影响是决不在提及的有些人之下的，但他被忽略了，他似乎并不在意。会议进行中，一位同样以写农村题材出名的小说家大谈游离于主题之外的"反倾向"什么什么的时候，众多的听者窃窃私语，表现出不以为然的无奈，而震云却还是那样专注、镇定，只能理解他的风度，佩服他的修炼。

刘震云的写作是业余。他两年前创作长篇小说《故乡天下黄花》时，是一名副刊记者，时间多有自由安排。后来，他当了副刊编辑的头儿，杂务缠身。最近的长篇新作《故乡相处流传》是在晚上躲到办公室里拼出来的。他也是个敬业型的编辑。他在副刊上设置了"名家与农村"专栏，像莫言、叶兆言等当代小说名家都在该栏集中亮过相。王蒙的《我爱喝稀粥》一文曾引起不小的反响。一张部属行业报纸的副刊，在如今报纸如林的竞争中，实在不容易。作为同行，我体会尤深。

刘震云是个机智型的作家，他的小说不光是以生活的浓度和思想哲理的穿透力取胜，还主要表现在对生活的展现上，凝聚着作家叙述艺术游刃有余的功力。"新写实"之类的小说在展示生活面上并不显出其独特，其优长在于它们的叙事艺术。他为《作家》杂志新创作的《温故一九四二》是一力作，作品将事件的纪实性与艺术的虚拟性恰到好处地熔为一炉，体现了他近期风格的变化。由过去《新兵连》开创的写实风格，发展到《单位》，进而有《故乡天下黄花》和《温故一九四二》，"史"的写实意味增加，成为震云小说卓然独立的特色，也使得题旨沉重阔大了。小说由研究人与人的关系到描绘人与史的联系，震云的艺术追求显露出新景致。

三

轮到说说刘庆邦了。事也巧合，与"三刘"相识竟"如出一辙"。

几乎与刘恒、震云相识的同时，知道了刘庆邦的名字。他发表于《北京文学》1989年第5期的短篇小说《家属房》，广被报刊转载和评论，众说纷纭，自然引起人们关注。刘庆邦为何方人士？原来他也谋职京城，也是一家报纸的副刊编辑。再一了解，他的创作时间差不多也同另"二刘"齐步。1986年，他的长篇小说《断层》出版，三年后获得首届煤矿文学"乌金奖"，渐为人知晓。

我们就是在这次颁奖会上认识的。那天有事，我晚了一步到会，没有听到评奖名单和对与会者的介绍。入场后找一空位坐下，没想到恰与刘庆邦相邻，后经罗强烈介绍就认识了，也没想到写出那"煤黑子"们生生死死、恩恩怨怨、十分粗犷的硬汉子文学的庆邦，原来清瘦得不免有些柔弱，这副身材是如何吐纳出那般火爆浓烈的艺术情感的？不过，再看看他那内秀沉静的性情，那脸庞上刻镂风霜的印痕，你会觉得他是条历经磨难和沧桑的汉子，那一脸的斯文是历练人生苦辛之后的沉静。

刘庆邦生在河南周口农家，过早地尝到了人生的辛酸。他九岁丧父，母亲带着他们兄妹艰难度日。父亲当过国民党的一个下级军官，在"以阶级斗争为纲"的年月，这成了横在他们孤儿寡母面前的精神绳索。他曾说，社会因此给了我们不少的"优待"，使我们在人前抬不起头来。19岁时，他到河南新密煤矿支架厂当工人，开始了写作。他的处女作是诗，不是"杭育杭育"派歌颂劳动，感时发愤之作，而是一首寂寞无聊之后萌生出爱意的"关关雎鸠"式的小诗。以诗为媒，他试笔的第一读者后来成了他的妻子。他打发了苦涩寂寞的时光，又获得了爱情。当矿工九年，他在"暗无天日"的地底层饱尝了人生滋味，这得力于他的文学之梦的支撑，当然他也企盼以文学创作来实现自己绚丽的人生梦。1972年，他调到矿务局搞报道。粉碎"四人帮"后，他开始发表了小说，调到北京开始了他"文学的新时期"。从1978年至今，发表了近百万字的小说。

经历了人生炼狱之后，他小说的艺术世界集中表现了他所熟悉的煤矿生活和农村生活，他写普通人的生命情态和生存状态，着意表现他们为了人的尊严，进行的强悍坚韧的灵魂搏斗。他笔下的矿工形象多是雄性刚烈的男儿，"常年在沉闷、阴暗的坑道里劳作"，他们更需要得到尊重，珍惜自己的生命情感。他们又是散漫粗野之人，不懂法律，敢于冒险，一腔热忱，嫉恶如仇，强悍的生命和充沛的情感，热血男儿的勇猛鲁直又极容易与社会规范发生冲撞，短篇小说《走窑汉》和《窑哥儿》集中刻画了这类人物。另一类人物是女性。小说中的女性形象的命运是凄苦而阴冷的，但也有倔强的灵魂。女性的特殊手段使她们敢于同男性也同社会进行对抗，保护自己。《玉字》《找死》《煎心》等短篇中，描绘了刚烈不屈和机敏又有些狠毒的女性，性别差异使她们在社会中比男人有更多的桎梏，承受更多的苦累，另一方面，性别又成为她们同恶势力进行抗争的优势。他也有写清纯明丽的情感生活的小说。他把美和善作为解脱人生苦难的一种寄托，描绘那些清柔之美，作为他理解男性世界中不完善的一种情感补偿。刘庆邦小说的艺术基调是严峻沉实，他的人物思想行为是消解崇高的。他以悲壮严酷的生活画面，人物的惨烈行为，以罪与罚、法与情、复仇与人性等两极展现沉重和平实的人生。小说的故事既顺序有致又简洁精练，情节安排注重偶然性，尤为突出的是小说叙述的纪实性效果。他几乎不变换叙述者角度，以当事人的视点"全知全能"地展示，也几乎不带心理和情绪的描绘，写景写情和主观性笔墨极少，审美效果上追求逼真化。

刘庆邦执着地写"走窑汉""窑哥儿"，九年的矿工生涯积蓄了太多的生命感受，足够他受用。他的小说大部分都是写煤矿（或者与矿工有关）的生活，他是当今这类题材小说的主帅，在这口"深井"中他将义无反顾地挖下去。不过，庆邦的煤矿题材的小说对他的窑哥弟兄们的描绘，不是直接意义上进行价值判断，比如有褒扬和讴歌，而更多的是挖掘他们作为个体生命的人生负面价值，与其说是他对这些普通劳动者生活的艰辛和生存状态的关注，不如说是把他们当作个案进行解剖，从生命意义上、从精神价值上认识这些普通的灵魂。因而，庆邦这类小说就超越了题材的意义。但是，他似乎又太珍视这段生活的馈赠，他的小说艺术焦点基本上围绕着这些矿工和农民生活的范围，缺少题材的新变化（近期他的《大平原》《胡辣汤》等稍稍有变），即使如前所说，某些方面超出了题材意义，但也有一定局限。比起其他"二刘"来，庆邦的小说在题材选择上是较单一执拗的，然而，也有着更大的提升空间。

话题说到刘庆邦曾提及的"老实"一说。他在《走窑汉》集子的《代序》中自诩为，"老老实实地写"。当然应看到他的自谦是潜心写作，心无旁骛，一切以你的作品为本。但"老实"的态度之外还要有"不老实"的眼光和追求。他的小说给人感觉写得太沉实了，情感道德太滞实了。面对现代文化的背景，变动不居的生活，在艺术构架和思维模式上缺少灵动，审美情致上缺少恢弘之气，即便有过叫响之作，却很难再引起读者的新感觉。说这些又犯了评论的恶习，庆邦是明白人，或许他就是如此执着地打阵地战，"从一而终"。

忽一日，庆邦来电话说找机会聚聚，喝它顿痛快。庆邦的酒量我不知深浅，见他几次宴席中都主动出击，或许是为了客气，我佩服。就他经历了"别一层生活"的历练来说，他有海量也不是妄测。十多年前，笔者下过京西门头沟地下400多米的矿井，七天里接受"工人再教育"，印象最深的是"窑哥们"的喝酒水平。"有酒方能意识流"（王蒙语），对文人来说酒是文学的激素，写小说中人，也有不少豪饮者，庆邦那一篇篇动人心魄的硬汉子作品，猜想也有酒的一臂之功。庆邦近日里要乔迁新居，这下有了个喝的由头。何时安置停当，把杯共盏，"重与细论文"，庆邦兄。

1992年12月初

给小紫清的日记

孙女紫清（小名可心，昵称小龙女）2012年5月19日龙年生，自百天始，为她做日记，到四岁，或长或短得三大本。四岁生日，送她一长诗（顺口溜，百十行）以作结。现抄数则，留下纪念。

一、可心每天的"表现"

2014年5月7日

马上两岁了，这一段，她每天的基本表现为：

——照镜子，穿了新衣就照下镜子，或者，不自觉地到镜子前美一下。再是哭，有缘由无理由地哭几下，好像是每天必修课。爷爷说，每天哭比笑多。找玩具，找东西，一会儿烦了，找不到不高兴。

——爬地下，发会儿赖。稍一摔倒，就趴在地下，不起来。

——哭腔大无眼泪。奶奶说是假哭。哼哼几下，就会好。

——表现好时不多。自己玩，自己编歌，随意唱，并手舞足蹈。

——每次自外回家，先跳一下天鹅舞。提腿甩手，冲着阳台上的玻璃当镜子，自我欣赏。手高举，再踢腿。然后才换衣服。奶奶说，土芭蕾。爷爷说，可心芭蕾。

二、七天没有见她了

2015年8月14日

上周五，大雨天后可心去姥姥家，今天正好一周。

昨晚看电视时还与奶奶说到，她这次住有七八天，想她啦。

她还太小，不会主动说想爷爷奶奶，上几次回家问她，你在姥姥家，想不想爷爷奶奶，可心说，想。很懂事的样子。

爷爷早上外出，运动兼采买，回家见她醒了，去她小床边，"古得冒灵，王可心！王紫清！"或者说，哈罗，王可心！你说爷爷去干什么了？回答，跑步。在她眼里，爷爷早上走路、运动，就是跑步。

爷爷又说，还有呢？回答，买菜。给谁买？可心买。

爷爷再说，你做了梦没有？说，没有。爷爷，我可做了个梦，你猜一下，梦谁？可心会说，李白爷爷。对的，爷爷又问，李白老爷爷说了什么？

可心就说，窗前明月……这时，提示她背过的一些诗句。

中午了，爷爷在电脑上"办公"（可心的话，写字就是办公），她过来，在爷爷床上，上下跳，当蹦床。或者，拿起彩笔在墙上随意画画，写数字，一面挂有中国地图的墙头，红绿蓝黑，花成了大涂鸦，没有空白了。

或者对爷爷说，我们演个节目吧。你当老爷爷，我演乌鸦。她是说成语"乌鸦喝水"的故事。用爷爷捶背的抓子当拐杖，头扎毛巾，指挥爷爷当老人。再自己两手展开，作小鸟飞状。演一会儿，换个节目"锄禾日当午"，像老爷爷干活、流汗、锄地、喝水等等。爷爷有时提议，你当爷爷，换个演吧，可心不干，不愿意与老者为伍。

或者，爷爷指着地图问，这地图里有什么，你找找。自由女神！在哪里呢？她指着世界地图说，在这儿。问，这儿是哪？是美国！因为一本漫画书上，有自由女神的头像，悲伤于地球被污染，流泪哭泣，她记住了，常翻看。

或者，爷爷又指中国地图，哪里热的煮熟鸡蛋？答：吐鲁番……也是一次在新闻中听来的。

又问，哪里是草原……哪里长江、武汉，哪里是北京……

此刻，她在姥姥家。可心，你想没想到，爷爷用这些文字，跟你说话呢。

三、看你一天哭几回

2015年7月8日

每天早上八点多，爷爷活动回来，一开门，她起床了，对爷爷说，早上好，爷爷！爷爷问，你猜我去干嘛了？可心说，跑步，买菜。

可今天爷爷进屋，听见你在哭，奶奶说，不理她，让她哭。

原来，起床时，可心发懒，奶奶让她穿衣，她不愿意就哭了。

爷爷悄悄过去，见爷爷来，仍不高兴：走……爷爷走，你走。

爷爷说，可心，看你一天能哭泣几次。爷爷笑笑，说我计数了。可心仍然在汪、汪、汪，呜、呜、呜的，爷爷逗她，我倒数，十下不。回答，不。那二十下不，不作声。

爸爸说，我昨晚做梦了，你猜猜，梦见谁了？可心这下不哭了，说，李白爷爷。

嗯，是李白爷爷，他在说，怎么那个叫可心的小孩老是爱哭啊，要不，我们不给她背唐诗了，不跟她玩了。

可心听了，哭声小了，还抽泣。

爷爷说，看，李白爷爷都不喜欢，不让你背他的诗。这一说，才不哭了。爷爷用手顶了一下她的小脑门，说，可心不哭，你真棒。

中午起床后，奶奶不在，爷爷听见她那儿有动静，听她说要尿尿，就过去看，裤衩上有点湿印子，爷爷说，没有事的，还夸她，裤子湿了点，可心这次没有哭。

下午，爷爷去外面，问她要不要一起下楼，可心说不要。奶奶也说，天太热了不出去。爷爷刚到外面不一会儿，奶奶就打电话来，可心要找爷爷，要出去。电话中她在哭。

晚上，洗澡时，又听见哭了。问奶奶，说给她用洗澡液，她不要，说杀得好疼，哭了。

爷爷这就要统计了，从早到晚，可心哭了多少次，长的三回，短的二回。可是，还是表扬说，可心乖，就哭了五回，不算多，有进步啊。她笑了，听起来也像是在哭啊。

四、我和奶奶都有问题

2015年6月17日

咚，咚……可心急急地从厅里跑到爷爷房里说，你怎么没有过去啊。这之前，有了状况，奶奶让爷爷不要过去，让她那边哭，你理她了反而不好，更厉害。

爷爷知道，可心刚才是说她哭的时候，没有去安慰她，"救场"。她就冲着爷爷说了这么一句。爷爷好笑，你还在意爷爷没有去哄你呀。

爷爷故意问，你怎么啦，哭什么，是谁的事啊。

答：奶奶。

爷爷握拳伸出小指头，奶奶这个。糟糕！可心说，我和奶奶都有问题。

什么，你是什么问题？爷爷问。

我是"哭"。那奶奶呢？奶奶是"叫"。

什么是"叫"？爷爷好奇。

奶奶是说我的声音大，可心又补上一句，只有爷爷没问题。她把大拇指伸出来，夸爷爷。

爷爷听了大笑。你的问题是哭，奶奶的问题是"叫声大"。你真会说。

奶奶正好过来，把这句话给她说了，奶奶补充，刚才给她收拾积木，让她过来，不过来，自己不小心摔了，就哭了。奶奶不理，让她自己起来。

爷爷说，可心要学会不哭才好，要勇敢点。

可心说，奶奶刚才不"安慰我"。她还怪奶奶，已经注意到奶奶有意不理她。

"安慰"一词，她脱口而出，爷爷赶紧重复，奶奶不安慰你，为什么，你知道安慰是什么意思吗？

可心说不上来。

爷爷说，安慰，是拍一下你的屁股，擦下你的眼泪，是哄你，让你好好的，乖一点啊。

说完，拿来日记本，要记录。爷爷说，以后长大了，你会知道什么是安慰，也会学会安慰人的。

五、爷爷，你办什么公啊？

2016年7月17日

爷爷下午要出差去襄阳，拿旅行箱收拾，可心看到就问，爷爷干吗？爷爷说，我出差。觉得可心听不懂，就说，我下午要去办公，因可心知道的办公就是有事，干事去。

可心反问，你办什么公？说，爸爸去办公，爷爷办什么公啊！

爷爷问，我为什么不能办公？

可心说，因为爸爸要办公，妈妈办公，爷爷不能办公。

为什么啊？因为爸爸是外人（外面的人）。爷爷说，那爷爷是家人，家里坐的人，是吧？

可心：是家里，奶奶也是家里人。又说，爸爸妈妈挣东西，我以后也挣钱。爷爷奶奶老了，我就给爷爷奶奶挣钱。还冲着爷爷笑了。

爷爷又说，你真懂事。那你现在就得好好的，听话，学习，当好学生才行。

可心：我长大要挣钱。奶奶说，你真好，知道要给老人挣钱了。

爷爷再问，那爷爷不办公，为什么啊？

因为，她想了想，因为爷爷老了，在家跟我玩，还有奶奶。

爷爷说，你等等，我去拿笔，写下你刚才说的，等你长大以后，自己看，你说了什么啊，好吧。可心说，好。

六、三岁生日，妈妈的微信

2015年5月20日

三岁过生日，晚上在外面吃饭，可心的礼物是爸妈的"创意蛋糕"，一个小可心头像，上面是英文字：生日祝福。

晚上，妈妈用微信把可心生日的感受和晚宴场景发在朋友圈，内容不多，母女深情，历历可见。妈妈是学音乐的，文字功夫也可了得。我直录如下：

你温柔着我的岁月，让它忘却了沧桑，我温暖着你的时光，让它不染世故；就这样，亲昵着，撒娇着，拉扯着，PK着……你是我今生最得意的作品，是生命中最美妙的赐予……

就这样，一直一直地，美下去，温温柔柔地，融入彼此的生命，没有比这更曼妙的人生——送给亲爱的女儿。

爷爷想，这份优美的母女情怀，可心，三岁的你现在不懂，长大后你或许知道，或许不太知道，但是，当你能读到的时候，无论什么年龄、什么时间，那份喜悦和自豪是会让你铭记一生的。今天，这三岁的日子，你不太明白，爷爷留意，帮你记录，以后你自己细细品味吧。

爷爷想说，美好时时伴着你，有这样一位用心的好妈妈，你幸运、幸福。

七、奶奶，你们像结婚时那样啊

2015年12月14日

中午，太阳几天来才露脸，没有雾霾了。可心嗓子发炎，气管炎，没上幼儿园。午休后，爷爷看天气好，阳光强，就在床上给她照相。

爷爷说，好久没有用相机照你在床上的照片。她还算配合，照了几张，就要爷爷的相机，说我给你们照吧。

又把奶奶叫过来，说，你们把手抱着，爷爷听从，又指挥奶奶，要抱着手，笑一下。爷爷笑，你的要求还不少。回答说，奶奶，你像爷爷那样抱着，奶奶大笑。

忽然又说，像你们结婚时那样。爷爷惊讶，啊，你知道结婚是什么样子……

奶奶笑得要掉眼泪了。

爷爷说，你这个小人儿，还懂得那么多，哪里学的……

故事中讲的，她说。

爷爷想，你才三岁啊。

紫清也笑了，把相机对着爷爷奶奶，说，开始，照了一张。

不错，爷爷回看了照片。你还会用相机。"真棒"，伸出大拇指。

八、第一次去书店

2016年12月23日

下午天气好，可心没有去幼儿园，爷爷说，我们去书店买"孙悟空"吧。

四点钟，来到附近的新华书店。正好，这几天，听爷爷说"西游记"，可心自己也总说孙悟空、唐僧、老猪。爷爷曾拿出大部头的《西游记》，读了几章，她听来有些长，就想买一本小儿连环画，图文都有，要带她去书店看看。

几天没出门，躲雾霾，天气好了，她走走玩玩，见高台也蹦，见石子树叶也踢。

到了书店，自己找了几本，翻看。奶奶帮她找了一本有拼音的故事书。爷爷说，那就买一本吧。找到了《西游记》的连环画，正好是一套上下册的。

后来她到各个柜台看了看，拿着一本大人书，是服装、饮食的，有漂亮的美女人头，翻了起来。爷爷用手机拍照录像，说，你从小喜欢看美女阿姨啊。可心不语。

回来路上，拿着书，跳跳蹦蹦。问她，书店好玩吧？说，好玩，以后还要来！

九、四岁的王紫清

2016年5月18日

明天，5月19日，是小龙女四岁，早几天爷爷奶奶告诉她了。今天又说，四年前，你来我们家，睁眼到了世界上，她嗯嗯。可是，早上起床时，还要懒一会儿，醒一会儿。爷爷伸出四个手指说，你这么大了，四个，四岁，一个指头一个指头数着，提醒她。

四岁，她似懂亦非懂，长成大孩子，会知道一些简单的事理，爱穿漂亮的衣服，不时到镜子前面照照，爱打扮，各种玩具的手链、眼镜，装扮得很酷。

学会了一些道理，每天上幼儿园，或者学舞蹈，上英语班……尽管不大想去幼儿园，还是听话。有时候，一天天计算着，再过几天，要去姥姥家。长高了，测身高已有一米多，称体重，有三十多斤了。

她还有些任性，用奶奶的话，是任性的小淘气。她还不会自己玩，老缠着大人。

她慢慢地也懂事了，学会了有礼貌，知道这个家和家以外的事件，有她需要的爱和爱好的东西。

她有女孩子的天性，爱美，善良，胆小，爸妈买了好多的玩具，少说达几百个，整理成几大箱，床上四周由这些布绒玩具呵护着。醒来，就要找她最喜欢的玩具。一些活的金鱼、乌龟也要爷爷买来养着。善良的天性与小动物们一起天天开心。

可心，自四年前，你来到我们家，来到世上，带给家里欢乐，大人辛苦也值当。奶声稚气的，像个小精灵、一只快乐的小鸟，也把家里当作动物园，你的动物玩具，占据了家里的好大空间。

你，一天天变化。奶奶说，好玩，是家里的快乐重心，快乐点心。四年时间，不长不短不容易，看你一天天长大，家有宝贝初长成，时间好快啊。

在爷爷奶奶眼里，你一下子长成了小女孩，漂亮有样，爷爷用你的照片做微信头像，获得好多点赞。聚会中，有几位奶奶级朋友，索要看你照片，一次你与院子里小哥哥们健身玩器械的对话，作家高叶梅奶奶看见了，特别喜欢，让爷爷发给她。可惜手机故障没有发成，她遗憾地说了多次。

这些时，你上幼儿园，在家时间少了。今天，你四岁，以后爷爷不再专门写日记，就在心里写吧，你知道的，爷爷奶奶多么的爱你。

附：紫清歌——为孙女四岁作

小花已度四岁春，紫香清新好可人。

乳名"可心"声声唤，爸妈拳拳一片心。

大名三番五次议，最后全家定紫清。

芳名有水伴花木，寓意蕴涵音与形。

当年五月十九日，呱呱坠地自"安贞"（安贞
医院）。

夜深家人勤陪护，迟迟不与母体分。

子夜亥时露小脸，大眼双皮小机灵。

老汉出差广西去，凌晨手机闻喜讯。

三天返京医院探，红脸紧眉嫩粉粉。

住院四日首进家，乐享三代天伦情。

妈妈十月怀胎苦，奶奶姥姥多尽心。

不请月嫂自己带，洗涮忙活心如蜜。

襁褓之中多贪睡，三天五日样貌新。

姥姥家去挪胎窝，回来胖圆怯生生。

百日庆生呀呀语，半岁哭笑多表情。

周岁抓得算盘笔，最爱动物小精灵。

一屋玩具多走兽，公主洋娃色彩新。

床头满贴美画片，宝娃动物笑眼迎。

钟爱毛绒动物狗，枕下搂抱天天亲。

最喜蓝色近紫色，恰如大名始有因。

半岁参加"金宝贝"，启蒙先行父母心。

一岁半后多训练，学诗识字懵懂听。

"上下来去"字字念，"床前明月"呀呀吟。

笑说古人爷爷诗，李白杜甫记认真。

"蓝兔"电玩开口教，"巧虎"故事天天听。

稚气童腔跟学唱，儿歌数篇哼不停。

中外地图对墙挂，北京美国记地名。

妈妈教编故事剧，表演"电话"笑倒人。

一岁七月东西游，二岁省亲武汉行。

香港泰国迪斯尼，猫人海狮鹦鹉亲。

还有巴厘岛上走，日本马来和狮城。

每每大院小园跑，小伴玩闹滑板奔。

公园馒头喂金鱼，木马转轮玩不休。

或到沟渠捡石块，蜗牛蚂蚁草中寻。

家中玩具当好友，积木圆球微钢琴。

材质各异木布铁，数量超多遍客厅。

三岁半入幼儿园，小哭几日方安身。

早起七时叫醒难，放学欢笑又精神。

幼教精心多计划，演戏春游师生心。

一日家唱《小海军》，旁听大班自己学。

笑说班里新奇事，男生女生事事清。

更将同学排先后，谁亲谁疏小大人。

某晚见爸与爷争，插嘴一句笑煞人：

你是儿子你得听，一语噎得老爸晕。

此类言语不在少，"但是""或者"出口分。

还说"嘲笑"如此语，随口一句恰其分。

连词副词时也用，爷奶好奇又惊喜。

爸妈未雨先绸缪，舞蹈英语起步行。

周五"瑞思"学外语，周六舞蹈练身形。

坚持有日好习惯，学中有乐怡性情。

紫清小花渐次艳，活泼善良好品性。

小有毛病爱哭闹，急躁生气或任性。

四岁忽忽成长路，长辈呵护多苦辛。
感慨写下百句诗，寄语宝贝记认真：
祝愿健康身体好，善良聪慧学有成。
再愿脾气不任性，礼貌懂事小达人。
耐心学做自己事，生活也当小能人。
最是学习求进步，书本为友学终身。
祝愿天天好上进，快乐幸福伴一生。

2016年5月27日

第三辑 · 风物识萃

最后的王羲之

一、归隐之路

浙江嵊州，史称剡城，为古代越国重镇，有诗为证：东南山水越为最，越地风光剡领先。逶迤清澈的剡溪水把千年古越的神韵延绵下来，更有一代书圣王羲之晚年归隐于此，那闻名于世的金庭、华堂，诉说着人文历史的风华，也记录了人文高士的情怀。

历史会记住这一天，东晋永和十一年三月九日，阳春丽日，王羲之带着家人，布衣竹杖来到这里，从此，六年多的时光，剡水越乡，华堂金庭，成为他最后的归宿。

王羲之，中国书法的圣人，他的一篇《兰亭集序》惊世独立，成为行书艺术的圭臬，也是美文的翘楚。永和九年，暮春之初，当时还是会稽（绍兴）内史的王羲之，相约好友三四十人，在兰亭集会，诗书唱和，曲水流觞，众人情致高昂，友情、人生、艺术，大雅新曲，一唱三叹，最后王羲之提笔为众人的作品写序，留下了千古一书《兰亭集序》。全文仅324个字，用语博雅，包容深广，字字气韵生动，句句掷地有声，仅"之"字十多个均不重笔法，令在场的谢安、孙绰等诸公叹为观止，史称"天下第一行书"。其感悟人生况味，抒发命运之叹，也是史上最佳美文。

兰亭集会后两年，王羲之称病辞去官职，从绍兴南行百十余里，到了嵊州，这方山水为他所心仪，在这里留下了数部作品，而嵊州也因此有了一位书圣的众多遗迹。

当年，曾经的绍兴内史（又称刺史），虽出身名门，其堂伯王导、王敦为东晋初年的重要官吏，执掌军政大权，然而，王羲之是一个有责任心的官吏，在兰亭诗会后，浙中一带三月旱，五月大疫，他提出放仓赈灾，会稽王却北伐征战，加重赋役，另有时见不合的人借机谗言，加上不满于当政的王述等人的做派，也有个人的原因，王羲之多次以病为辞，希望脱开俗务，过上悠然自得的林隐生活。这期间，他多次的请辞："鄙疾进退，尤之甚深。使之表求解职，时已许。"（《全晋文》卷24，1596页）最后下定决心，远离会稽，到了嵊州的金庭。

或许是这方山水的文脉和风物吸引了他，这里山水环绕，剡溪清静如练，瀑布山青翠似黛，越地的历史风华让诸多文人墨客们流连，还因为那里有王羲之的启蒙老师卫夫人，他选择了剡城东边的金庭山。这里，周朝时曾是道家七十二洞天，留有先祖琅琊王氏神仙王子乔的遗迹。或许因了这层认宗溯祖的关系，加上魏晋时期的道家广为世人尊奉，王羲之到这里寻仙问道，炼丹素服，以"荡涤尘垢，研遣滞虑"（《全晋文》卷25，1600页）。他十分迷恋自然，置地开园，弄书习文，含饴弄孙，躬耕阡陌中，颇得身心的愉悦和舒畅。

剡城，金庭，在古嵊州也多为方士文人所迷恋。剡水悠悠，越地物华灵秀，历代诗人多有称颂。唐代诗人裴通赞美有加：越中山水奇丽，剡为最；剡中山水奇丽，金庭洞天为最。李白的"湖月照我影，送我到剡溪"，更令人遐想无限。

初到金庭，王羲之陶醉于自然中。这里是一个山间小盆地，十里平溪穿流其间，田熟水肥，果蔬丰富，民风古朴，也曾为兵患和战乱的避难之地。魏晋时期，儒道释各种教派都在嵊州有所出现，一时间，观、寺、庵等，隐约可见。王羲之曾给友人许玄度的信札中说到归隐金庭后的心情："此既避，又气节佳，是以欣卿来也。"一别喧嚣尘世，找到清净的山水自然，他如愿以偿，有了欢欣的精气神。

一个性格直率的辞官者，一个潜心于山水、沉迷于清静自在的文士，一个欣欣然于家庭生活、回归田园的年长者，王羲之归隐金庭，既是为了摆脱多年劳役，也是为了身心愉悦，精神的自足。徜徉于山水之间，悠游于书艺文字之中，他走向清静，纵浪大化，这种归隐给了他很好的安慰。他在这最后的晚年，习研书艺，完成了《题笔阵图后》等帖文，传承书艺，教习子孙和邻居，这为嵊州的人文历史留下有意义的一笔。千百年来，与会稽（绍兴）的兰亭一样，金庭岁月是这位历史名人的一份荣光，也是中国书法史上的一个纪念。

现在，嵊州除了修缮他的一些遗迹外，那些口头相传的故事也在当地不胫而走。金庭的王羲之墓园、右军祠，肃立在依山而上的高坡，青翠簇拥中，静穆庄严，常有海内外书法爱好者祭奠。每在三月阳春，兰亭书艺节时，鲜花盛开，在花香与墨香中，络绎不绝的人们来此祭拜，日本天溪会专门开辟了纪念碑园，一代书艺宗师的文名与山水长存。

作为越剧之乡的嵊州，利用当代艺术，发掘和宣传王羲

之，取得了成果。三年前，嵊州越剧团创作了新编越剧《王羲
之》，进京演出成功并获得好评。这出戏以王羲之的书法艺术
成就和特殊的人生经历，演绎了一代书圣的人生情怀和艺术追
求。而那些研究和考证王羲之史实的图书，时有出版。书圣文
化在嵊州发扬光大。

二、金庭寻梦

金庭山曾是一个道家的场地，又是嵊州山水的翘楚，也是
王羲之素来向往之所，在此开拓园地，遂成为他最后的归宿。

金庭山又名瀑布山、桐柏山，南接天台，是浙东四明山
支脉，南北朝的沈约曾说它："高崖万沓，邃涧千回，因高建
坛，凭坛考室。"这里的雪溪道院、崇妙观，历来为高士名僧
和隐者们的休息地，也是文人们踏访的地方。晋代的谢安，唐
朝的杜甫、陆羽、李白，五代的罗隐，以及后来的赵孟頫、张
岱等文士们先后到过这里。

王羲之来到金庭，从官场归隐自然，从绚烂到淡泊，然而，
他与大自然亲近，放松心情，悠游于艺术与自然之间，仍关注天
下事，关心民生。他常和友人谢安在剡水越乡间流连，与戴逵们
寻道访仙，还有炼丹辟谷的经历。也到村里田头寻访百姓，请教
种植。更多时候，他与友人们在山水间寻找艺术的灵感，养灵
鹅，开田园种谷物花草，寻游四方，日子过得十分悠闲和惬意。

从有关记载和他的信件中，可以看出王羲之的生活轨迹。
他尽享田园之欢，天伦之乐。在给一位朋友的信中，他写道：
"率诸子，抱弱孙，与友人并游，并行田视地利，颐养闲暇，

实望投老得尽田里骨肉之欢。王羲之有七个儿子和一个女儿，每每在与儿孙们享受田园亲情之乐时，不忘记邀请友人参加。而这样的欢乐聚会，也有文字记载："欲与亲知时共欢宴，虽不能兴言高咏，衔杯引满，语田里所行。"他把这样的田园聚会与兰亭雅集相比较，认为其亲情比之"其为得意，可胜言耶！"他常与家人去田园里，翻耕修葺，亲手采摘。他的书法手迹就写有《笃喜种果帖》《青李来禽帖》，记下了各类水果的分类特色，并以此为欢快之事，"今在田里，惟以此为事"，田园的欢欣之情溢于言表。

除了田园生活的亲情友情外，王羲之保持着修炼辟谷、炼丹采药的习惯。他曾醉心于五斗米道，家中儿孙像王凝之父子也信奉此道。史载他"雅好服食养性，不乐在京师"。他服食散丹，辟谷静气，这些曾经影响了他的身体。道法与修行，无疑对于一个恪守笃行的人有着精神上的修为和期冀，也是一个诱惑，当然，做到彻底是一个极高的要求，要剔除杂念和臆想，为了精神德行的提升，付出巨大努力。

还有，他广交友朋，以诗文唱和，从官场隐于民间，作为一个卓越的书法文章宗师，他以诗文和书画艺术为人所折服。当时，在这块秀美的山水，有不少雅士墨客们聚集，有的长期生活于此，并担任官职。《晋书·王羲之传》说："会稽有佳山水，名士多居之，谢安未仕时亦居中焉。孙绰、李充、许询、支遁等皆以文义冠世，并筑室东土，与羲之同好。"这些都成了王羲之的文友。孙绰的文名在越地浙东可是了得，李充是他的老师卫夫人的公子，曾主政嵊州，而支遁高僧的学问也是名重一时。他们常是临风把酒，或诗或文，或挥笔施墨，唱和酬酢，一时间写诗作文，在金庭蔚成风气。

王羲之的书法，独成标格，尤甚是行草，开创一代风气。他的书艺吸收了李斯、钟繇等人之长，有称赞他的字：篆、籀、八分、隶书、章草、草书、飞白、行书，此"八体皆入神品"。据考证，他一生留有一百三十余帖。除了《兰亭集序》外，著名的还有《官奴帖》《十七帖》《二谢帖》《圣教序》《平安帖》《姨母哀帖》《快雪时晴帖》《乐毅论》《黄庭经》《诸贤子帖》《贤女帖》等。据说，在金庭六年多，他写了《题笔阵图后》《笔势论》《用笔赋》等。他的儿孙们也多有习书的，像王献之、王凝之都是书法精进的书家。他教育儿孙也教育学习者很多字的结构，并创造了诸多书写的规则。"永字八法""方丈壁鹅"等练字法是当年朋友为王羲之总结出来的，曾传颂一时。

来到金庭不几天，他就去独秀山拜谒卫夫人的墓地，因为启蒙老师与姨母的双重身份，他对这位书法家卫夫人敬爱有加。卫夫人的书法自成一派，是中国早期书法大家，其《笔阵图》开创书论的先河。她晚年在嵊州的独秀山隐居，卒年79岁，葬在山头的平坡，俯视剡江一脉支流，山青水碧。参谒卫夫人墓地，已是七年后的忌日。当年，夫人故去，王羲之时任护军将军，从京都发来唁文，就是著名的《姨母哀帖》。他以"哀痛摧剥，禁不自胜"来痛挽老师并姨母。

天不假年，六年多时光匆匆，王羲之因为身染重病，也与他长久服食丹丸有关，他在与友人的信中曾多次交流了服丹用药石的功效。他沉浸在艺术的氛围中，他教学生的书艺，与孙儿们的欢乐，陶然于自然与亲情中，可是病魔的侵入，他也难免心有戚戚，感叹时不多日。最后的日子，他面对时局的变化也常有所感悟。升平元年，朝政发生变化，举行庆典，曾有旨诏他，他坚辞，在一信中说："遂当发诏催吾，帝王之命是何等事，而辱在草泽，忧叹之怀，当重何言。"（《全晋文》卷22，1585页）。坚持，淡泊，在人生的最后，他仍然如一。

升平五年（361年），王羲之卒于金庭，时年五十九岁，被晋穆帝谥为"紫金光禄大夫"，葬在金庭的瀑布山。其墓地为圆形冢，墓前有一石牌楼，为大明弘治年间所立，上书"晋王右军墓"，左右联文：一管惊天笔，千秋誓墓文。

三、华堂遗风

岁月的风尘洗尽了俗世的铅华，时光在这里停驻，记忆与故事在这里长成。

这就是华堂，一个普通的名字，一个与某位历史老人有关、与文化有关的地方。她承续千年文脉，沉淀为一个瑰丽的文化遗存。

她是王羲之这位中华书圣的后人主要聚居地。毋庸置疑，她与金庭和剡水一样，成为嵊州一个响亮的名片。本来她就是省级重点文化保护单位。

华堂之名的由来，据说是因为华与画其音相谐，当年，王羲之常来这里写字画画，教习书艺。画堂、画室、画坊成了人们习字求学的地方，华堂，就是画堂。后来宋朝时王氏第三十三世孙王迈在此修建祠堂，成为王氏家族集中住地。千百年来，华堂之名渐次播扬。有史记载："其子孙多擅画，将书画悬于厅堂，其宅有画堂之称，后因其屋舍精丽，山水清妙，画堂易名为华堂。"

当年王羲之结庐金庭之后，常有雅集，开办诗会，书写唱和为一时之盛，书法画艺为大众百姓所热衷，因为王氏父子的推助和引领，一时间，学书、习画之风气甚为热烈，华堂的名声不胫而走。经年累月，这里却成为一个建筑与艺术相偕相成的文化村落，也成为人们参观的场所。

走进华堂，要有一颗虔诚的心。且不说占地面积之广，也不说完好而自足的防御系统，也不说盘根错节的明渠暗流、精雕细刻的工艺，只王氏宗祠的脉流和关于书圣文化的传说，就足可以证明这个偏远村落的分量。

门前的一方偌大的水面，如镜如鉴，那是风水的眼，也是一个古老村落的门面。前有平江溪缓缓流过，上有古石桥，穿桥进入，近似徽派建筑的白墙黛瓦，以及巧夺天工的艺术三雕：砖、石、木雕，尽显艺术之华美。华堂已形成了一个整体建筑，沉稳却不乏灵动的艺术大观。

那街巷错落有致，一砖一石，雕画精妙，一檐一斗，鲜活灵动，还有那清流入户、渠水访家的水乡之便，让你置身在江南民居的朴华、灵巧和幽深的韵味之中。

当然，亮点是王氏宗祠。这是一座坐西朝东的建筑。明朝正德七年（公元1512年）王氏宗祠建成，三进的格局依次为牌坊、石桥、孝子殿，开间阔大，牌坊巍峨，上雕有各类动物图案。大院内的主殿供有王羲之坐像。同一些家族的正殿一样，王氏后人牌位以及各类匾额充斥其间，显示了家代的人脉兴旺。

祠堂门前左右分别有一荷花池，引村头平溪水入池。有池必种莲荷，相传当年王羲之爱鹅，多在墨池中养鹅种荷以观其态模仿书写，于是王氏家族的祠堂也依照先人所好，植莲花养灵鹅，微风斜雨中，花开鹅叫，其情其景，可愉悦书写者心情，以助书艺的精进。

在华堂，凡王氏后人的居室都称为堂，比如有善庆堂、荷花堂、一清堂、居所堂、三省堂等，而其他姓氏住地却称为台门，如孙家台门、郑家台门等，这样的称谓，成为一种习惯，也表明了一种文化格局和影响。

古意悠然的街道，引你走向不同的看点。隐掩在街头巷尾处，有戏台、庙宇、更楼、水井、牌楼、庵堂以及碉台等，仿佛是一个完好的城阙，又仿佛是一个艺术的会馆。而这，因为一个伟大的名字，显示出特别的意义。

王氏族谱记载下了书圣之后一代人的过往与延续，华堂的王氏如今有多少人多少户，难有确切的数字，然而，并不重要，这些富有特色的建筑，这些个历史传说和故事，即使是散章断页，也表明了一个姓氏家族的文化积淀和活力。

瓜瓞绵绵，风华绝代。一代书圣的遗泽，启示后人，裨益后人，从每年春天举办的书圣艺术节，从那些众多青少年学子潜心研习书法并有所成果的活动中，还有在右军读书楼里，鹅池墨池旁，学人们的虔诚祭奠，国际友人的纪念，可以感受到书圣遗风如此魅力不绝。

华堂，养在深闺渐为人识。华堂，嵊州的一张名片，有一代书圣的文名照拂，它将会越来越亮丽。

2014年5月

婺源看村

　　人说，这里是中国最美的乡村，最古老的文化生态村，也说，到婺源要看村，此言不虚。婺源的村落是上饶的名片。出县城不远，即见幢幢民居，绿树掩映。村头曲水环绕，水车、老樟树、石桥、洗衣女，一派幽静恬然的田园风光。有诗为证："古树高低屋，斜阳远近山。林梢烟似带，村外水如环。"车窗外的一个个村子，远远望去仿佛是飘游在绿色大海中的一叶叶白帆，也如一幅幅泼墨山水。

　　婺源的村落建筑多属徽派风格。这里原为安徽所辖，1952年划归上饶。徽派建筑的特点是，依山傍水，白粉墙黛青瓦，檐斗高翘状如马头。市委常委、宣传部长熊良华是个婺源通，他说，婺源民居主要看"三件宝"，即"石雕、木雕、砖雕"。他也是个业余摄影家，颇有艺术感觉，带我们去了就近而特别的村子。我们到江湾看民居，进晓起看树，寻访思溪、延村，做客思口，尽赏婺源村庄的不同内涵。

　　江湾有200多户人家，在婺源是一个大村。进得村头，牌楼拱立气势逼人，商铺林立，感觉不像一个村，而是一个镇。可深入民宅，走进青石路的小巷，房屋回环往复，小径通幽，方知老屋旧宅气息森然。看到几家祖上为商人的大户人家，房子高古雅致，二层二进。后屋多有天井，并置一大水缸，据说缸与房屋同寿，水经年不换，寓示家道绵长香火不断。有一家缸沿上绿苔依依，水也清亮，轻轻抚摩，颇觉神奇。江湾村多为访客必到之地。此地多江姓，历史上出了多个名人，有经学家、音韵学家、教育家、佛学家等。小小的村庄，竟建于初唐年代。这里的几个村子都如此年长。晓起村，规模小些，但历史也从唐乾符年间算起。据说这村名有来由，传说当年村上的应考者闻鸡起舞，破晓即起，谓之"晓起"。还有延村，稍晚于江湾、晓起，也是在宋元丰年间，距今930多年。千年沧桑，老而弥坚。晓起全村为古樟树环抱，树木葳蕤，溪水清流，极显人丁强旺。而村后的那棵老樟树，是老者中的树精，有如人瑞，它的周围用竹木拦起了篱笆，有了特护。

老树是村头活历史，而"三雕"是静态的艺术化石。山水灵秀的婺源，植物群落丰茂，木柴、茶叶、山货，连同石雕艺术，成了人们早期经商活动的内容。他们北上西行，加入了徽商队伍。他们赚钱而归，建房盖屋，修路架桥。或者，读书致仕，荣归故里，留下了一件件精美的民间艺术。于是，民宅、官邸都讲究雕梁画栋，稍好者雕砖，再好者刻木，更好者凿石。于是，一件件一桩桩、或粗或细、或文或野的雕刻，在一些相同的名字比如"余庆""聪听""笃经""成义"等民宅中保存下来，成为散落于民间的艺术瑰宝。延村是最大的古建筑群，有56幢民居为明清时所建，有的雕刻，既有古典中式的福禄寿图，又有西洋的材质，以及百叶窗式样，主人曾留学海外，带回了西方文化的别样风格。思溪村也是建于宋庆元五年，村中俞氏房屋宽大，木雕精美多样，最为突出的是，客厅隔扇门上，阳刻了96个不同字体的"寿"字，连同屋内其他处的四寿，组成精美的"百寿图",为木雕艺术的绝佳精品。著名的"百柱祠堂""通济桥"等建筑,也融会了雕刻艺术的精华。

当然,还有人文传统,这是撑起婺源村落文化的灵魂。有俚诗赞曰:山间茅屋书声响,放下扁担考一场。读书传家是这个村上的传统。不用说宋代理学大家朱熹从这里走出去,不用说众多乡村都冠以书乡的称谓,也不用说仅一个理坑村历史上曾出了尚书二人,其著作5种78卷入选《四库全书》,以及老宅处处可见进士第、尚书第、司马第、天官上卿的匾额等等,读书,习文,维系了乡土人脉,也赓续了祖上的文脉,更主要的是,小小的偏乡僻壤成为一个世人瞩目的所在,一个有研究价值的、极富人脉和文气传统的"世上遗存"。

走进村落,婺源的至美仿佛有了更实在的依托。而今,婺源人搞生态游,打文化传统牌,注意了旅游与开发,保持传统与发展文化的关系,可是,在汹涌的时尚文化、纷至沓来的游客面前,古朴和清幽被浮躁和喧哗侵扰之后,传统文化、优美的乡村,如何应对,如何在现代文明面前既持守又发展,是一个新课题、难题。但愿婺源人有更清晰的认识。

原载《人民日报海外版》2005年11月

天台诗魂

天台有山，有寺庙，也有诗与文学绘就的历史。

仲春四月，一个静寂之夜，我们从浙东名胜寒山湖下来到国清寺听方丈说教。年轻的出家人，对文学颇有热情，或出于本能，也有所戒备，一个多小时的喝茶闲聊，说文谈佛，之后，我们收获了一本寺中印制的《寒山子诗集》。

回来数日某一天，拿出这本线装书，顺手在上面写了几句：

癸巳年春，某晚在天台国清寺，与方丈吃茶并得此书，也于当日上午去寒山子隐居处明岩造访，虽有山门式的建筑，多为现代格局之貌，有数个遗迹称之，而其地空留圣迹。却见风光清秀，有巨洞也有独石峙立，直插云天。洞内泉水细涌，蝙蝠翻飞，幽深森然。天气晴美，阳光穿石入洞，青苔绿枝染上生机，有丝线状水滴从上挂下，飘然有禅意。寻觅僧人遗迹未果，却悠悠然游于山中。山门前盈盈一水溪流，或可见游鱼浮芷，杂花繁茂，绿树茵茵，四月天气春和中，人与景尽得优雅。问仙寻道，再读僧人之诗书，更有一番滋味。

是啊，那个史上流传广远的诗僧寒山子曾隐遁于此，创作有百余篇诗，在民间广为传诵。这个从远处看几乎没有什么奇景异象的山中，唐朝一代诗僧隐居多年。这山名龙背山，岩洞名明岩又叫寒岩，山的另一阳面处也有一洞叫阳岩。龙背山在浙东名山中并不知名，不太巍峨的山峰凸现在田畴阡陌处，透迤如龙身，故名之。迹近平常山水的景致，因为诗僧隐身处而吸引来访者众，恰是应了"山不在高，有仙则名"之说。遥想当年唐朝兴盛之时，出身于官宦却遁入空门的寒山子，漂泊乞食，从长安远行到了天台的国清寺，与在此当厨子的另一小僧拾得相识，都是卑微人士，两小无隙，心气相求，成为至交。在修行之余，写有数百诗篇，留下了被称为活在口中的白话诗。也因行为率真不乏怪异，游荡于七十多里远的龙背山寒岩中面壁苦修。后来，因苏州的寒山寺用其名号，而僧名远胜于诗名。也正是寒山子与拾得二僧的诗风相近，其俚语白话，说人间辛苦，道处世真谛。也有哲理深透的时事诗。比如其诗句"国以人为本"，耐人咀嚼。其诗曰："国以人为本，犹如树因地。地厚树扶疏，地薄树憔悴。不得露其根，枝枯叶先坠。决陂以取鱼，是取一期利。"有人曾评价说，寒山诗"讥讽时态，毫不容情""劝善诫恶，富于哲理""俚语俱趣，拙语俱巧，耐人寻味"。当年胡适曾称之为中国"佛教中的白话诗人"。寒山与拾得常在一起切磋诗文，而民间中盛传二人的友谊和对于心性的修为，颇为后世景仰。清朝皇帝雍正甚至把他们封为"和合二圣"，被百姓视为婚姻和合的喜神。

　　或许生不逢时，与他几乎同时代的有大诗人无数，就李白与杜甫而言足以让诗僧的光芒遮掩。也许这个原因，诗僧的作品，除了民间流传外，少为史载。据研究者称，他生前寂寂无名，身后却声名日隆，并绵延千年——白居易、王安石都写过仿拟他诗集的诗篇；苏轼、黄庭坚、陆游等对他的诗褒奖有加。有趣的是，寒山子没有正式进入寺庙剃度，唐时苏州城外的一座寺庙（寒山寺）却以他的号命名。他的诗歌最早传播者是道士，唐人的志怪小说就把他编为成仙的道士下凡。宋时，他却被佛家公认为文殊菩萨再世。元代，他的诗流传到朝鲜和日本。明代，他的诗收入《全唐诗》中，被正统文化认可。近来，法国、日本陆续出版了寒山子诗集。20世纪60年代美国的"嬉皮士运动"人士曾热衷于他的诗作。这样一个传奇人物，却连真实姓名也没留下。

此时，读着寒山子的诗，忍俊不禁，也百感交集。那些嬉笑怒骂皆成文字的诗风，那些看透红尘洞悉世事的明敏，那些与大地草木与自然农事相谐相和、精气饱满的文字，那些不做作不矫饰不欺世也不自欺的诗句，竟是一个浪迹尘世的僧者所作，让我们吟哦再三而感叹莫名。是啊，几百年前，一个淡泊红尘的诗人，一个修行坐禅者，就能把诗心植根于民间，汲取口语俚话、民间营养，写疾苦文字，写人间丑与美，把诗艺更为广泛地传播到了民间大众中。与草木为伍，与大自然同乐，芒鞋竹杖、素衣淡食、坚持经年的修行者，其诗有了一个坚实的依托，那就是现实情感与民间情怀，为此，后人也有以其诗风来创作"寒山体"，承续其诗韵文脉。而纵观泱泱中华诗坛发展于今，与之相匹者又有几何？

天台有名刹国清寺，这个建于隋朝的古寺，成就了一代禅宗的祖庭位置，而寒山子的诗，以及他与拾得"和合"的故事，也让天台文化有了新的内容和境界，这既是文学史的，也是世道人心的。诗，是人生的艺术花朵，诗的灵魂，是一个写作者心志的书写与表达，也是一派风格得以流传的内因。

2014年6月

松阳邂逅大雾记

这是一场美丽的邂逅吗？

一片片，一团团，影影绰绰，密密实实，灵动如飞絮流烟，飘洒如轻罗细纱，闯入你的眼际，沾上你的发根。一会儿是我们追着它的行迹，一会儿是它在撵着我们，肆意地飘进车里，像捉迷藏似的。山路时隐时现，不经意间，我们走入了这云雾迷蒙的古城松阳县了。

时值初冬，浙西南山区的松阳，正是雨水旺季，淅淅沥沥的小雨，夜来昼去，在山中凝结为雾，在进入海拔千米的山上——岱头村途中，巧遇了这铺天盖地的雾。

说来也是小心眼，对这自然界平常物事，自打小就熟悉，因为关乎健康，有着特别的敏感，更不待说，刚刚饱受北方多日雾霾的纠缠，甫到此地，碰见了有点吓人的弥天大雾，本能的敏感：该不是恼人的霾吧？幸有主人释疑，尽管常识告诉我们，眼前大雾是自然水汽蒸发而成；眼前茂密的植被，青山绿水，根本不会有人们担心的PM2.5值和污染源；但是，见多识广的同行们，不无疑惑。这也难怪，举目环境恶化，不是个别地方，人们对自然物象失去了应有的判断，也丧失了一些信任。

这里可不一样啊，主人并不责怪客人的敏感，客人们也被眼下的事实纠偏。眼前，这绿色世界里，迷人双眼，让我们疑虑的，却真真切切的是雾。有人脱口说出：是清雾，天然清洁，没有杂质。原本有点恼人的雾，变得可爱起来。是的，有清雾相伴，我们仿佛置身仙境，近处鲜苔花草，时有时无，对面山廓树影，虚虚实实，泼墨山水，鬼斧神工，雾气升腾，光影明灭，有人搬来"忽闻海上有仙山，山在虚无缥缈间"的名句，又说起"氤氲起洞壑，遥裔匝平畴"的古诗。仿佛理解人们心思，这雾，并不急于散去，在众人的兴奋中，如嬉戏的孩童，不离不弃。

穿行在大雾的世界，享受着遮天蔽日的清凉，有水汽淋漓的畅快，毕竟，这雾气，来之于大自然，因为清洁、清爽，不禁张开大口深呼吸，空气也透出泉水的清新和甘甜。私心想，自然风景，风花雪月，在前人那里都可为文，不知这雾有否专门的文字赞颂过？也套用一句文学俗话，这是绿色生态、大自然的厚爱，聚日月之精华，集天地之灵气。当然，置身这浓郁而近乎严重的雾世界，最能触动你的，或许是儿时的怀念，奔跑在旷野大荒中追赶过云雾的人，记忆中的乡愁，也许就是从这些久违的自然现象中引发。可巧的是，我们一行正是在"记忆中的乡愁"主题感召下，从各地来到松阳，寻找美好的乡村记忆的。

寻找是美丽的，却也艰辛。山路崎岖，坡陡弯急，汽车爬也似的上行。迎面突然来一车，没有过去，双方只好摸索着倒退才通过。上山公路是在悬崖上开凿的，沿山谷前行，两侧一会儿是深壑，一会儿是绝壁，每一次错车都令人心惊，在雾中人们看不清真相，也感觉不到惊险。车行险要处，人们屏气静虑，云雾茫茫，容易联想这雾与山的神话，幻想着有一个送福仙子，用洁白的雾幔当哈达，为造访者送上吉祥的祝福。此情此景，容易让人作这本能的祈愿。不一会儿，雾稍消散，一些景观都在我们脚下展现，乔木挺拔，灌木摇曳，苔痕斑斑。高大的如橡树、樟木、榕树、杉树以及楠竹等，被雾气浸润后，生气淋漓。

在这绿色王国中，水是主角。忽然，前面有如雷声鸣响，一条粗壮的瀑布倾流而下，在密集的树丛中犹如一条白色长龙。众人欢呼，纷纷下车近距离照相抓拍。长达十多米的瀑布，溅起水汽雾花，打湿了手机镜头也全然不顾。据介绍，这个瀑布仅是山中常见的一个，曾经多次来过的当地朋友也叫不出名字，属季节性的景观。是的，山有多高水有多长，山水自然，和谐共生。

到了山顶的岱头村，雾小多了。雾也有灵性，一大半天，相伴相随，在这时才稍有停顿，我们可以看清"村文化讲堂"字样，农户门楣上褪色的对联，以及村头叶氏祠堂的一些旧时痕迹。忽然，雾消停了会儿，又变成了毛毛细雨，再一会儿，雾又重新结集，弥散开去，似乎在考验我们的韧性。

村子不大，转了一圈，还是关于这雾的话题。主人介绍，这个季节，大雾是常客，多在上午，天和地都湿漉漉、水灵灵的。依山坡而建的村庄，古朴得有些破旧，因水汽重，村中石板路上绿苔很厚，斑驳墙缝中开着无名小花，村头修建的一个农具陈列长廊，以及落差很大的流水沟渠，显示着这方土地的生气和杂色。

松阳多雾，得益于水量充沛，植被丰茂，生态保护好。再细细分析，松阳多山地，有"八山一水一分田"之说，森林绿地覆盖率达到了高标，松荫溪和小港溪，一南一北，两水相拥。松古盆地，气候温和，风水和美，这云雾与山雨，成了山区秋冬时节的一大物象，而辅之以森林茶园，古老乡村，美景生态，遂成为独特的自然景观。当然，还有那近百个散落于山凹中的百年老村，田园阡陌，人文胜景，吸引着八方来客。如今，古城松阳渐为外界熟知，每年有不少的游客光临。看古村落是一大景观，雾里看花，这句成语，可以当作介绍松阳风光的一个关键词。

回到北方，小雪节气前后遭遇一场重雾霾侵袭，更是怀念松阳的雾。

2015年12月

酉阳：江水古镇的风华

鄙人孤陋寡闻，之前并不知酉阳的具体方位，不知这是一个苗族土家族的自治县。约略知晓，大西南有一条酉水河，流经鄂渝湘三地，再就是那个晚唐的《酉阳杂俎》，虽与县名不搭界，却是一个特别的书名。

及至到了酉阳，看到这个蕞尔小城的大致轮廓，看到了这个南宋时建县，有着巴蜀文化、土家文化悠久历史，隐掩在大山坳里的县城，越发觉得这个有点神奇甚或神秘的地方，一睹芳容，令人难忘。

飞机先是到成都，再又转机到黔江机场，后又山路穿行两小时，才到目的地。北京到酉阳，辗转奔波近乎一整天。养在深闺的酉阳之名是否与酉水河有关，没有得到证实，而且，这条酉水，发源于湖北宣恩，虽流经酉阳的几个乡镇，却离酉阳城关有点距离。

县城是个四面环山的小城，著名的酉水与她失之交臂，只是那一条小小的无名河沟，从长形的城区穿过，高高的河堤下一汪细流，清早沿着她左右散步，青山环抱中，觉得枉费了这像模像样的河堤。地处武陵山腹地，水系发达的酉阳，城关却没有一条像样的河流，在南方山水县城并不多见。河湖江流，被认为是一个城市的精灵。有道是，城不在大，有水则灵。

　　然而，幸有乌江。著名的乌江画廊，是酉阳的一个亮丽名片。乌江在酉阳的西北，以其为界河，西与贵州的沿江县相隔，共享这乌江美名。我们的记忆中，说起乌江多是说贵州，及至在朋友圈中发有两岸风光的照片，多以为这是黔地景致。是的，她发源于黔西北，1000多公里长，主体部分在贵州，但也有一个误读。乌江的美，最盛名的乌江百里画廊，其华彩部分是在酉阳境内的六十多公里地段，这里龚滩峡、土沱峡、白芨峡、荔枝峡、斧劈峡等"五峡竞美"，有"奇山、怪石、碧水、险滩、古镇、廊桥、纤道、悬棺"，是一个山水与人文相谐相融的地方。

　　初夏时节，坐上"乌江画廊"的游轮逆水而上，碧水清流，映照出两岸的画廊丰姿。时而绿植盘虬，峰峦逶迤，倒映浮动，有如水彩似的旖旎；时而石壁如削，斑驳的色彩附着于不同石壁上，幻化出各类油画样的凝重丰瞻。站在甲板上，看夹江景观，杂树生花，组合形肖生动的画幅，同时也享受着近山水的闲适时光。尽管热情的导游职业性地说着一树一花的故事，在水波和树影中，在江风和丽日下，我们更是愿意沉浸在自己的想象中，品读这山光水色，莫辜负了这大好时光。轻盈、飘逸、灵动、杂色、造化神工、宏大丰富，眼前的一切，可以不吝这类语词赞叹。有记载，乌江古称巴江，又名黔江，发源于黔西北，至渝东南入长江，是长江上游右岸最大支流。重庆一带有着"好耍天堂，乌江画廊"的美誉。清人梅若翁有诗句"蜀中山水奇，应推此第一"，也可佐证。

　　江风吹拂，阳光明丽，游轮在两岸青山排闼中，来到百里画廊的精彩部分。这里是乌江与阿蓬江的汇合处，两江分流，徐缓清澈。山体各种色彩或深褐或赭红，或浅灰或青黛，映衬着绿水青山的生机。久囿于北国雾霾之苦的人们，哪里见到过这等高标号的蓝天丽日，虽正午时光，和煦温暖的日光浴岂能错过。有人手舞足蹈，争相上了船顶。更有李姓美女，索性展开长长的纱裙，作芭蕾状，提腿伸臂亮相，飘逸婀娜，成为众多相机中的主角，蒙古族的郭姓大哥不失时机地表现出豪放殷勤，宣示了对美景美色的钟爱。欢笑声中，调侃之间，人声如沸，这景色倒也成了依附。乌江因下游的水库，在这一带水面有如湖泊，静静地缓缓地，其画廊风情也显得恬静安闲。坐在船头，可以静思默想，游历也是审美，究竟是缘于客体还是来自主观，众说纷纭，争议有日。但是自然之美，是一个自在的客体，只是体验者的我们，赋予了她不同的审美感受，有着不同的意味。亿万斯年，人世代谢，可大自然容貌依旧，年年岁岁，人不同，花相似。所以，江流天地外，山色有无中。我美故美在。山色湖光，优劣媸妍，取决于游历者和欣赏者的主观体验，是审美者自我葆有的一种当下心态、情感联想和心理认同。审美是从大自然中找到对应，情感外化，是一种审美动力。一如今天，我们先是从四十公里外的县城闻美而来，循美而往，山路蜿蜒，气温低冷，而当扑入乌江画廊美的怀抱中，丽日美景一相逢，心情截然不同。或者，有了好的心情，对眼前的美丽，变成了美好，有着特别的心理认同。在新鲜、好奇中，心情也变得阳光和舒放。更不待说，一路同行中的多有故知旧雨，气味相投，共美美共，成了游历之乐之美的关键。"我看青山多妩媚，料青山看我应如是"，良辰美景，赏心乐事，古人们早就有言，那么，我们何以负了这澄碧的江水和青翠的山峦？想象着这些，不知不觉，游轮拐回到了原来的码头。

时近向晚，弃船沿青石板拾级而上，一百多米高的街道在江边耸立，这里是重庆重点文保单位龚滩镇。如果说，夹江风光是乌江画廊容貌的话，千年古镇则是她的精魂。这个展示了土家文化风貌的龚滩古镇，有着1700多年历史，战国时巴国蛮王在这里建址，后兴起于唐宋，清乾隆元年酉阳建直隶州，繁盛一时。千年风霜，几经毁灭，近年得以修复。这当年的"巴蜀第一镇"，三公里长的石板路，一百多堵封火墙，二百多个四合院，构成了古镇文化的经典。而坐落半坡上的层层叠叠的土家民宅，错落有致，形成壮观的气势，有如一个个时光老者，俯视幽幽乌江，见闻这过往迎来的岁月风华。

在这里，最好的是一个人独行，静静地，不乏东张西望，且漫无目标。曲径通幽，叹为观止，又有柳暗花明，就停下脚步。依江而起的土家吊脚楼，虽不是老旧成色，却也是按当年模样和制式复原。二十多年前，下游修建水坝，原来的旧房整体往上搬移，因其规模和样式属现有的土家族村落最完整的，便成为了解土家人建筑的一个模板。龚滩镇的出现，因当年盐运发展，商贸繁忙，从水路走黔川去湘鄂，一时商贾云集，客栈林立，有"钱龚滩"之说。曾经的蜀道难，成就了水道的发达和古镇的繁荣。街中心的一块绿草满缀的石壁上，挂着偌大的草鞋和草帽模型，也有粗壮的纤缆圈成一团记录江水古镇的特别时光。据说这是纤夫休息的原住地，粗砺的缆绳上，依稀有纤夫摩挲的污痕。这些陈年物件，随意放置街巷，还有斑驳青石小道，或许让来访客们便捷而真切地触摸历史脉纹。是的，历史是由细节体现，跨过别致的"桥重桥"，步入宽大的

"西秦会馆"，走进三百年的土司老屋"冉家院子"，凝固的历史，诉说着小镇风华。背面是山，对面有江，江那边也是山，我站在眼前的吊脚楼，身边是店家晾晒的串串鱼杂，以及圆竹器上鲜红的干辣椒和五颜六色的衣物，透过这些楼宇间的接缝处，放眼江面，可见乌江时隐时现的景致，偶尔驶过的驳船划出水波，与对面山村的袅袅炊烟，呼应出历史与现实的日常化联结。

行行重行行。出老建筑，进新商铺，目不暇接。土家的"西兰卡普"织锦，飘着油煎香的小吃，在路中悠然挡道的鸡仔，支起画板写生的艺术学院的学生，以及背着鼓囊囊行头的老外，手举自拍神器的小情侣，依偎在门前观望来客的土家老婆婆，不时叫卖着手工打糕的后生，小小石巷，多味杂色。人们或行色匆匆，或是悠然慢行，不同的各色人等汇聚在小镇上，显示不同的状态。走入一食品店，与女店主简单对话，她说七十多年了，已经不知道哪样的生活是原来的状态，也无所谓哪种生活是最好的，一看就是见多识广的。我们说，慢生活很时兴，就是你们这个样子的多好。她笑说，是的，还是你们客人会说话。是啊，老街的古旧，慢节奏的生活，纯朴的民风，如同一坛陈年老酒，需要慢慢地品味。除了所谓的风光景区，高标的生态环境和自然气候，这里没有喧嚣车鸣市声，现代化的交通工具哪怕是自行车也——存放坡下的江边公路，街道高于公路约六七十米，本能地阻隔了噪声尾气污染的源头。

有意思的是，眼前商铺名号颇可玩味。转角店，老酒馆，不二坊，半边仓，情醉千年，文博楼，流浪者酒吧，不一而足。"半边仓"门脸上的大红对联："楼台近水无边风月半边仓，胜友如云百里画廊千里客"，蕴涵和寓意或可张明了古镇的文化风格。

穿行在绿植茵茵的石头巷，转弯抹角处，有各种指示牌，不经意间，一块石碑立在路中，青底白字，赫然可见。"永定成规碑"为重庆文物保护单位，光绪年间立，五十余字具体规定了盐运中各种劳务的价格和监管的要求，是乌江水运贸易的历史见证，是一份乌江文化的重要文献。当然，还有西秦会馆中那土家文化的传统经典《梯玛古歌》和"上刀山"的表演，诠释了一代土家人坚忍的精神意志。古歌词听来是半懂不懂，但旋律和韵味让人感受到历经沧桑的民族乐观向上的力量。

古镇半日盘桓，几乎领略了她的全部。如何评价眼前这土家文化遗存？老旧、精致、奇妙、平和，或者随意、自然？多彩的人文风情，亲和而单纯的山乡民风？然而，记忆最深的是，悠闲得自在，处处见新奇，一个仍然保持古朴自然的地方。著名画家吴冠中先生34年前来到此地，有过《乌江小镇》系列画作问世，影响较大。他曾在《人民文学》上发表了写乌江风情的文章说："人道乌江险，我道乌江美""她是唐街，是宋城，是爷爷奶奶的家"。

就此一句，让古镇和酉阳人兴奋了。于是，古镇的街头，一块略显杂乱的平坡前，树立了吴老先生的雕像，他手捧画板，目光炯炯，直面乌江，仍继续着他对乌江和古镇的热情。

一句名言，远比打广告重要，尤其是名人名言。

好一个"唐街，宋城，爷爷奶奶的家"，过目不忘，深获我心。

2018年4月

汉水的襄阳

　　"襄阳好风日"（王维）。行走襄阳街头，这句千百年来人们传颂的诗句油然而出。你可能认为是句大白话，不觉它有何高妙之意，可是，就是这平实的一句诗，一句大白话，把一个城市的感情和盘托出，让人过目成诵。

　　遥想当年，唐朝大诗人王维从洛阳经襄阳南下，因与本土诗人孟浩然的交谊，他在这里逗留了数日，而气味相投，文风相近，自然风光更是触发了蓬勃诗情，某一天，站在汉江边远眺近观，或泛舟江上，景色怡人而交谊如醪，他们唱和，王维吟出了这流传千古的诗作："襄阳好风日，留醉与山翁。"既是一个行旅者的感怀，也是一个地方风华的最朴实最热情的褒奖。

　　如今，人们对城市生态的注重，对宜居环境的要求，成为迫切的社会共识，成为敏感而热闹的话题。中国内陆城市成百上千，虽有不少依山傍水，但程度多是有限的，要不是濒临近邻，要不就是规模格局有限。而一个城市，如果有充沛的活水资源，有江河流经贯穿，加上悠久的历史文化沉淀，这个城市的面貌和形象就让人刮目，犹如人体既有了经脉气血的畅通，又有了颜面风华的雅致，这是城市之幸，而襄阳就有这个幸运。

　　1200多年后，我们踏着王维的足迹而来。六月天闷热，特别是在水乡南方，然而，这里比北方还凉爽，沥沥细雨中，行走在汉水边，在老街城头，在玫瑰园区绿树草地，也在远郊的山野名胜中，寻觅和领略唐诗的意境，风日之好，气候宜人，有细雨和风相伴，有那青翠葱茏的花草林木为伍，有一汪碧水和那遍地人文景观流连。

汉江穿襄阳城而过，形成宽广平缓的河道，成为天然的屏障护城河，最宽处达250米。汉江，长江最大的支流，循名责实，水因地而名，或者更有一种寓意。她源自陕西汉中宁强县，全长1500多公里，流经陕西西南，下行鄂西北，再经江汉平原，从武汉入长江。自汉中始，至汉口终，因这个汉字的特别之义，有意无意间，她烙下了一个民族的印迹。这或许只是一个主观的推断，可是，从地理方位上看，这是在华夏版图上，中部地带除长江外最大的一支水系，或者说，她是介于南有长江、北有黄河的荆楚地带最长的一条江流。望中原，抱荆楚，接长江。当年楚国的重心，如今南水北调西线的起源地，以及三国以至宋明以来的兵家征战之地，都与这汉水不无关联。从西周约在公元前一千年始，特别是魏晋以后，多少生生灭灭的故事，在汉水流域上演，而更有诗人骚客盘桓于此，留下了诸多名诗华章，尤其是唐朝以后，大诗人聚集，形成了唐诗中不少吟唱汉水楚地的名篇佳构。当然，她的中游最大最有名气的城市就是襄阳。城因水而繁茂，水因城市而闻名，互为依存，相得益彰，成为荆楚大地的翘楚之城，诗章之地。

汉水苍苍，古城悠悠，源远流长的江河文化，兴旺繁茂的城市文明，瑰丽多彩的诗文华章，在襄阳这个地理区位上，聚合为一个明丽的亮点，让后人源源不断地去探寻。汉江的历史，从何时起始，没有见到确切的记载，但不可否认的是，同黄河长江一样，她孕育了汉民族的兴盛，滋养了华夏文化，也承接中华文学源头。有说汉水古为沔水、夏水，为中华汉民族的文化之源，是诗书经史的滥觞之地，是《诗经》《楚辞》的交汇、聚合之地。《楚辞》不用说了，仅从《诗经》的诸多篇章中有汉水之题名，几部中国历史书也记载了华夏民族与汉水的关联。据说，章太炎曾认为，中国称为华夏，就因华山夏水得名。历史学家吕思勉说："夏为禹有天下之号，夏水亦即汉水下流。"《诗经》中的"江汉浮浮""江汉汤汤"，以及夏水、汉广等入诗题中，揭示出汉水文化在中华典籍中的分量。汉水，这条平缓而清澈的水流，如果仅是从诗文传统和文化脉流看，足已成为一个独立而奇特的文化景观。

　　站在汉水的面前，幽幽流水，清澈澄碧，与常见的南方城市中江河湖水多是污染严重不一样，这水色生态，倒令我们惊讶。先入为主的汉水文化，让我们有一种特别的敬畏，一种厚重的人文情怀。汉水作为第一次与之交集的时刻，是在那众多的诗文典籍成为先入为主的感受后，走近她的心情自然就不一般。

　　也许，庄严、敬畏、神圣感，生发了探寻的冲动。向晚时分，月影婆娑中一行人散步，住地南湖宾馆就有房屋建在一汪水面上，流连间问及主人，说是与汉江接通，不远处就是护城河。于是，心急火燎地愿一睹尊容。正好街头公园可以进入江水的景点，小道上人流摩肩接踵，黑天瞎火中高一脚低一脚摸索行进，视线却停留在水面之上。微风轻拂，波光倒影，影影绰绰地映照出车水马龙式的繁华，这里是城南商业区的襄城，不远处，街头广场数百人聚集，唱跳舞蹈，或缓或急，声浪鼎沸，喧闹的节奏与静静的河水形成强烈反差。走完一程，再向对岸的樊城看去，也是高楼大厦林立，在光影月夜中尽显妖媚与华彩。

　　月夜里听汉水汩汩的波流，看江水逶迤，不禁想起汉江文化的源流。"江畔何人初见月，江月何年初照人""江流天

地外，山色有无中"，这些写江水、抒情怀的名句，此时更有
一番意味。悠悠流水，不舍昼夜，流出了岁月，流出了人文历
史。唐诗文化之于汉水，就是一个硕大的纪念碑，襄阳之于文
人骚客，如同一个掘不尽的宝藏。当年孟浩然、李白、白居
易、王维、岑参们，用诗文记载游历于此的感受，佳构名篇，
尽显了历史的风华与自然的佳美。诗人笔下的古城江水景象，
引领我们穿越、行走，也还原我们对当年汉水文化的想象：李
白的一首《襄阳曲》，写尽了襄阳风华："襄阳行乐处，歌舞白
铜鞮。江城回绿水，花月使人迷。山公醉酒时，酩酊高阳下。头
上白接篱，倒著还骑马。岘山临汉水，水绿沙如雪。上有堕泪
碑，青苔久磨灭。且醉习家池，莫看堕泪碑。山公欲上马，笑杀
襄阳儿。"让人恨不能做一回诗仙，醉饮江水，闲居山水。汉水
清澈如许，令诗人们流连忘返：白居易的"楚山碧岩岩，汉水碧
汤汤"（《游襄阳怀孟浩然》），岑参的"不厌楚山路，只怜襄
水清"（《钱王岑判官赴襄阳道》），丘为的"临泛何容与，爱
此江水清"（《渡汉江》），"遥看汉水鸭头绿，恰似葡萄初酸
醅"（李白《襄阳歌》），"汉水清如玉，流来本为谁"（元稹
《襄阳道》），罗隐《汉江上作》"汉江波浪渌于苔，每到江边
病眼开"，都褒奖了汉水的如玉清流的品性。还有更为神奇的
是，诗人患有眼疾，每次到汉江见到青苔一样绿的汉水，病眼就
奇迹似的睁开。诗中，举凡山川景物，皆成为情感之物。一江碧
水，仅在唐代就有无数大诗人留下了诸多篇什；一方水土，也因
有了这名篇佳作，千古流传，芳名远播。

　　当然，隐掩在这诗文华彩的背后，还有那一处处古迹，
如无言碑雕，记录着历史，展示着岁月风华，显现出襄阳城市
文化的悠远深厚。走在那青石悠悠的老街，宋代的"九街十八

巷"风采依然，瞻仰那美轮美奂的宋代绿影壁，抚摸着当年楚汉时代遗存的石器陶片，想象着在汉水的千年洗礼下，一代古城的风华无限。还有，那郁郁苍苍的古松翠柏掩映下的古隆中，典雅森然、面山而居精巧的习家池，以及沧桑古雅的昭明台、巍然耸立江边的仲宣楼等。这襄阳城的件件文物，见识了悠悠汉水的千年风雨，成就了襄阳一代名城的历史地位。

或许是汉水的滋润，夏雨绵绵，卧龙山松青柏翠，香樟树高大挺拔，当年诸葛孔明的读书处，刘备来访的三顾堂、六角井，显得神秘而森然。诸葛亮十六岁时隐居于此，十二年躬耕苦读，后因被刘备真心所感劝，为之作"隆中对"，"三顾频繁天下计"，他出山远行，从汉水到长江再汉水，辅佐刘备。在古隆中的楼牌两旁，分别刻有他的名句"淡泊明志""宁静致远"，名臣的一腔情怀，肝胆相照，超迈高义，拳拳赤心，后人景仰。在襄阳，同样粪土名利，布衣粗衫，抱朴见素，与诸葛同一时期的还有庞德公，也有李白专门赋诗称道的"孟夫子"孟浩然。汉水苍茫，沧浪濯缨。清水澄碧，汉水有意，洗涤了高士大儒们的尘埃，成就了他们的武功文事，滋润了他们的一世英名。"高山安可仰，徒此揖清芬。"李白的感叹，遗响千年，一代大儒仁者，如汉水之清流，历万世而流芳。

"汉江天外东流去，巴塞连山万里秋。"无论如何，天地有道，自然有灵，日月经天，江河行地。"人事有代谢，往来成古今"，古城悠悠，汉水滔滔，一座城市和一条江水，在新的时代，或许生发了许多可歌可泣的故事，但是，自然，历史，过往的沉淀，是它们或他们得以精彩和优秀至为重要的根本依托。

2015年8月

翠微峰巅

却顾所来径，苍苍横翠微。

翠微横陈，景色苍苍。这是一种色调，一个比喻，或者是一个名词？当年，一千多年前，大诗人李白这名句是在终南山中与朋友同游的路上，相携及田家，美酒尽狂歌，饱享田园风光后写下的。而今，我来到真正名为翠微峰的一座山头，晚秋时光，拾级而上，山峦起伏间，层林尽染处，一派翠微与金黄交映生辉的景观。踏着萧萧落叶，远眺山峰奇瑰错落，亲近这数峰相拥的秋景，不禁想起李大诗仙的这一名句。

苍苍翠微映古今。翠微山位于江西宁都县，离县城五六公里，可当小城休闲的一座生态后院。宁都是赣州面积最大的一个县，其名头岂可了得，当年红色革命最早的中央苏区在这里。八十多年前发生在这块土地上的革命故事俯拾皆是，浴血烽火，红旗猎猎，书写了无数动人的诗篇，著名的宁都会议和宁都起义，曾是影响中国革命的重要事件。当年一、二、三次反围剿的指挥中心和主战场就在这里，气派的"反围剿纪念园"正在作最后的修缮与布置。毛泽东、周恩来、朱德、王稼祥……在这里浴血奋战，留有遗迹。

所以，这里的山水是有着历史和声名的。是啊，回望走过的路，翠微红黄，杂然相偕。一片苍茫，一簇锦绣，不禁感慨万千。"落红不是无情物"，这红色岁月、红色文化，曾哺育和浸染这方绿色的天地，为中国历史书写了可歌可泣的篇章。莽莽苍苍，云卷云舒，历史大道，风云际会，这一切汇入过往，也汇入眼前的苍翠之中。

宁都属丘陵地貌，其山系为罗霄、武夷一脉。翠微山景区与周边的锦绣峰，连成了九山十八峰，成为国家地质公园，素有纵横前后皆是景之说。来到翠微主峰下，你会在"绿竹入幽径，青萝拂行衣"的清幽中，在山石奇瑰、古树参天的气势中，想象着眼前诸多形貌维肖的山石与峰岭的有关故事，当然，你会感叹这大自然鬼斧神工，你会被这金精山、青龙岩、龟岭脑、锦秀谷、凌霄台等丹霞地貌的奇特景观折服，主峰下的金精洞深邃幽长，曾是道家的一个福地，而二十世纪五十年代一部反映建国前山地剿匪战的电影《翠冈红旗》就是在此山中拍摄的。

山不在高，有仙则名。这方风景独具，幽静森然，有了人文历史的映衬，为世人瞩目。自五代以来文事兴盛，就有"文乡诗国"的美誉传诵。汤显祖、文天祥等曾踏访其间，留有诗章。然而，后来清初那批学子一场"占山为学"的故事，让这方山水有了奇妙的人文风骨。

有清一代，文人学士精神禀赋独卓，著名的文学家辈出，近代以来的经济发展之故，而文化的重点向江浙一带集聚。文艺家们的创造不胜枚举。在清初散文界有宁都籍的魏禧与汪琬、侯方域并称为清初三杰，就是这个魏禧，邀集了九位志同道合的乡党，在翠微峰上，掀起了不大不小的动静。这就是著名的"易堂九子"的故事。

翠微峰高约百十米，平地突起，独峰巍峨，只有东南侧有壁立而上的一条路可达顶端。三百多年前，清统治南侵，社会乱象，这块山地上的文人学子性情倔强，不仕清廷，不合俗流，以魏禧为首，计有其胞兄弟魏祥、魏礼以及李腾蛟、邱维屏、曾灿、彭任和南昌的彭士望、林时益众人，其中多有狷介之士，不见容于时俗，其文章或言论，或讥讽时世，或抒写胸中块垒，因志同道合，在魏氏三兄弟的率领下，九位士子登上翠微峰顶，闲居荒野，研习易经，读史传道，开办学堂，为名重一时的"易堂九子"。

想象着那样一个时辰，寒风凋零了这块翠绿的山峦，而在高天旷野、一柱峰巅之上，有琅琅书声飘散在大化八荒，何等的潇洒清脱。他们沉醉于清风明月，布衣黄卷，听山风松涛，臧否时事，臧否人物。九子们多是诗文高手，他们研究历史，酷爱《易经》，于是取山名为"易堂"。其带头者魏禧，博学强记，个性倔直，一生研习史学，留下了《左传经世》十卷、《魏叔子文集》二十二卷、《魏叔子诗集》八卷，而一篇《大铁椎传》曾入选当代语文教材，影响较大。另一位李腾蛟年龄最长，文名甚重，曾是明末廪生，著有《半庐诗文集》《易堂三处士稿》，其名列入《清史稿·文苑传》。

幸而在这峰顶上有一块篮球场大小的平地，石壁渗有清泉细流，天地仁义，自然造化，有了地又有了水，对这些潜心于学的书生们，少了生活之虞。他们开荒而食，结庐而居，招募学子逾百人。史学是九子们的同好，唯以《易经》当作习文行事的圭臬。兴馆讲学，阐述史学，从易经儒学中阐发人生事理，一时间，易堂学风渐成气候。饮朝露而餐风雨，孜孜于史书研习，高标孤傲的士子风骨，继承了书院学堂授人施教的风格，而又以这独特的地形之势，把学问做到了天地之间，不合时流的侠义之风，兴学传业的豪放之气，这"易堂九子"的声名成为宁都文化的一张独特名片。

向晚时分，攀登翠微峰的大门已闭，只能在暮色苍茫中远眺。阵阵山风，暮霭岚气，眼前一片迷蒙，而巍峨直立的翠微峰，恰是一个硕大的纪念碑，不着一字，记载了先辈学人们的业迹。从一份资料上看到那些易堂主人们，胼手胼足，建造了颇具规模的易堂、勺庭、吾庐，十数间房舍的学堂遗址依稀可辨。而今，斯人已去，物非人散，易堂九子的遗风，他们创设的学问之道，留下佳话，为人称颂。行走在翠微山道，听这奇特的文人故事，遥想当年学人们的理想追求和生存之道，我们的怀想和感动是多么的沉重。

2012年8月

小城大馆

说这里是个小城，也不尽然，在美国中西部的城市都很密集。从地图上看，城市臂膀相拥，鼻息相通，连成一片，你我不分。这个俄亥俄州的小城，却在俄州以至全美国也是相当有名的。

它叫代顿，又写为戴顿。

因为它有一个赫赫有名的全美空军博物馆。

在美国，俄亥俄州的首府是哥伦布，一个发现新大陆者的名字，如果在地图上找，这个首府并不起眼，它的周边有克里夫兰，有辛辛那提，都是在俄州叫得响的。而克里夫兰的美国职业篮球骑士队声名可是了得，辛辛那提的交响乐团也是世界闻名，还多次来过中国演出。再远一点，是芝加哥，从中国大陆到俄州也要在这里转机。2004年，我在俄州的哥伦布住有月余，朋友们看我首次来美，问及我的观光计划，说就近带你去转转，说哪里是风景，哪里有名胜，哪里有人文，而说得最多的是去代顿，那里有内容。

这内容就是美国国家空军博物馆。在美国，共有三个航空博物馆，在华盛顿和其他地区有，而代顿的规模和展品是名列前茅的。

那是一个休息日，秋风习习，早早自住地出发，一路上，美国朋友克瑞斯先生当司机，他的夫人曲女士，还有另一位中国留学生武小姐。除了我，他们都曾去过。专门为我安排此行，真有点过意不去。

车从克瑞斯家出发，上高速，中部平原上的开阔旷远，在早晨的阳光下，让人心旷神怡，也令司机和汽车都劲头十足。公路是六车道，时速虽有限制，但一路上车辆并不多，就显得很快。克瑞斯先生的驾技不用说，而座驾又是相当够派的福特，在这宽阔平原的高速路上，就像是一艘游弋在大海中的飞艇，击浪而行。路上，秋景缤纷，花团锦簇，树与花除了高矮不一样外，亮丽美艳的分不清是树还是花。走了约个把小时，到了更为开阔的地方，他们提醒说，可以看到路上被轧的野鹿。说话间，真就有被汽车撞死的动物尸体，弃于路旁。据说这里的野鹿野兔常遭此不幸，自然生态好，路况好，车速一快，可怜的它们就成了冤魂，而这不会追究司机的责任。

走了约两个小时，就到了一个像是镇的地方。有军人模样的持枪而立，好像是到了空军基地的地盘。军人上车检查，通过后，拐了一个弯，进入空军的领地。两旁有高大的树丛，多了一些军人守卫，也有各色的军车在三三两两地排开，再就是相当大的开阔地和高大的绿色植物。到了，这就是空军博物馆。与我所想象的不同，除了路程稍远外，也没有什么费事的。手续之简便，哪怕是几位荷枪实弹的军人，也微笑地放行。眼前是宽阔的绿草地，中午时分阳光明媚，让你觉得有好心情。

说是大博物馆，从外观上看，没有什么特别的感觉，远远看去，前面一个像圆柱体的建筑横立于前，后面是几排房子，一溜长约数百米，如同国内库房似的大仓储形状，或者像一个巨无霸似的车间。周围是广阔的草地，也更没有什么感觉。

可是，山不在高，卧虎藏龙。一份资料说："美国国家空军博物馆是世界上最大也是最古老的军事飞行博物馆。这独一无二的景观讲述了人类飞行的发展史，从怀特兄弟发明飞机到当代飞行技术。每年大约100万的观者，从世界各地来到这占地10英亩、拥有300架飞机和导弹的地方参观。"

到了门口，一眼望去，这个仓库或者大车间的感觉更为明显。它们都是庞大宽厚但不太高的建筑，从外观上看不出它们的规模和内涵。阳光下平淡无奇的屋顶也显得有点沉郁，而且，没有通常的高大围墙，没有人来人往的热闹。也许我们来得早了点，美国人在休息日通常是很晚才行动的。

进得里面，门口有一个不规则的高大厅堂。通常有的展示和摆设，好像有一个什么雕塑，一个很小的接待台子，有两位老人，一位穿着大红西服，一位深蓝西服，和气地登记来宾的资料。不收费，是美国博物馆和公园的特色，以老军人来做服务生，不像国内通常是年轻人，以付不测，或多是女性，为了安排人员有事做。他们军人的风度和历经世事的态度，让来宾有一种信任。当然，在这个涉及军事或者与军事有关的地方，这些退休的人是最有资格的。

展厅是按专题分类的。从怀特兄弟开始制造飞机的梦想，到现在高科技的成功，一一展示。说其大，是以主馆的三个巨型机库、一个科研机库和一个总统机库组成。主馆分为早期、一战、二战、冷战、动力、现代厅和空间技术不同的展厅。

穿行于内，先是从那庞大的物体和较小的说明，加上同伴们的介绍中，温习着这航空的历史，也回溯着这个人类漫长的技术发展。一百年前，代顿人怀特兄弟在这块土地上，不畏风险，多次试验着人类的上天飞行，开启着人类的想象之旅。是的，没有这个早期飞行的梦想和试验，没有那人类先驱者们的先飞一步，今天，航游天际、与天比高的人类，将是什么样的状态？至少，人类航天的理想，会延迟多少年啊。当然，这些技术又在残酷的战争中变得血腥而惨烈。二战时的偷袭，原子弹的施放，多因这残忍的空战而起，也残害了多少生命啊！

早期馆，讲述了军事飞行的起源。该馆有世界上最佳的"一战"飞机收藏。世界上第一次环球飞行及早期的技术发展将你带入"二战"的初始阶段；飞行动力馆，将你带入"二战的心脏、喷气飞机时代"，及"韩战""越战"年代；冷战馆，则讲述了美、苏的对抗以及柏林墙的倒塌；现代飞行馆，展示了最新的飞行技术，包括B-29轰炸机。还有，在宇宙空间馆，收藏了早期的宇航服，当年美国宇航员曾经用过的物品、食物以及月亮石等。林林总总，这些实物和展品，还包括几千件飞行纪念物、个人纪念品、制服以及图片等。加上现代高科技的录像介绍，让冰冷的机器有了鲜活的生命。

在朋友的指点下，我跑马观花，按图索骥，朝一些重点展品奔去。展品体积大小不一，有大似小山的，如作战用的轮渡，其庞大模型如实物，有二层楼高；也有小飞机如一辆小型担架。还有，因场地之高大，挂在展厅里的美国国旗，其大无比，是我在美国东西部旅行中见到的最大的一面旗帜，同行者小武知道我有拍照的爱好，自然也不错过按下快门。这么大的家伙，高悬在上，给人庄严感，也体现着美国人强烈的国家意识。在一些大城小镇上都可以看到，不少私家车上插着国旗或画上国旗。而一些居民区、私家的墙壁或门前，也多有张挂的。那几天，正是美国四年一度的大选决战期，人们热情高涨，即使在一些偏僻的居民房屋前，除了候选人布什和克里的名字外，也到处飘扬的是美国国旗。

穿行在这些有点杂乱的展品面前，眼前多是些冷兵器、军用的武器，在暗弱的灯光下，泛着黄幽的光。有的飞机为了吸引观者，还以剖面示人，机件构造一览无余。当然，这高科技，炫耀了军事强力，而它们对于生灵的残害和历史的负罪，又有怎样的回答，哪怕是去解说呢？好像，不少的说明上都提及了哪架飞机如何参与了哪次的作战，而就是没有这些武器的杀伤和残害的说明。当然，战争的正义与否，不是个简单的算术式，可是，一旦这种武器出现，其威力和血腥，总是对人类有威胁甚至犯罪的。在我遐想间，来到一个巨大的轮胎前。好家伙，这是一个飞机降落用的轮胎，约有近两米的直径，为二战时的设计。上面还标明三分之一是尼龙材料，仅这就是普通轮胎60个的用量。这时，周围参观者多起来，有不少美国人一家大人小孩都来了，小孩子把这里当游乐场所，觉得热闹新鲜。我们上楼，就有一个白人小女孩与一个黑人小男孩追逐玩闹，气喘地跑着，差点与我撞个满怀。这些孩子们，感兴趣的恐怕是这个偌大的空间，好奇的也是各种飞机和武器吧。

馆内最大的亮点是总统专机，这些当年的总统座驾，退役后就收藏在距离主场馆约1英里的地方。虽远点，但是参观者必去的地方。这里像一个工厂维修车间，专机杂乱地放着，也没有人看管，也没有参观指南。人们可任意上去，寻找总统主人的感觉。我看到，美国第一架"空军一号"、即罗斯福总统的专机，还有艾森豪威尔、杜鲁门、肯尼迪的专机。其中一架飞机多位总统坐过，包括福特、布什以及克林顿等。上了几架专机，好像当年总统们也是有点委屈的，山姆大叔人高马大，可有的专机上像鸽笼一样隔出多个区域，多少有点憋屈。在老艾的专机上，有他的蜡人像，端坐如仪，我近身与他合影，朋友问你怎么就选他，我也不知道，大概是当年中国领袖毛泽东的文章中对艾森豪威尔提到多次，我记住了，或可能是碰巧。这人像并不英武，在美国，总统领袖无论在任还是去职的，美化、丑化、妖魔化都无妨。那就合张影作纪念吧，又是专机，又是总统的，不枉到此一游。

如果找一点与中国有关系的，就是当年"飞虎队"的陈纳德们了。在旁边的小树林草坪，有一尊后来的雕塑，上有金灿灿的文字，记述了二战飞行英雄陈纳德将军们的事迹。当年，美国军人捐躯战场，遗骸留在中国，今天，我们从遥远的东方来，默默地献上一份敬意。就在一年前，这里纪念人类飞行一百年的同时，中国政府的代表还在此举办了"飞虎队"在亚洲抗击日本法西斯的展览，可说是盛况一时。

代顿航空博物馆，因怀特兄弟百年前的那次试飞，成为这个建筑的缘起，美国人对航天的重视可见一斑。华盛顿的航天博物馆我也去过，从意大利的达·芬奇的飞机构想图，到怀特兄弟1903年12月17日震惊世界的12秒成功飞行，几乎复制代顿的展品。不同的是，这里的实物飞机馆藏是华盛顿和其他博物馆所没有的。地域开阔，飞机之多，形成了这样的大规模。如今，美国的载人航天技术为世界领先，他们有实力和能力展示这些。当然，这对世界历史和人类发展不无裨益。

但作为美国文化的一种表达，我想，创立这展示科技历史和国家技术的博物馆，展示军事实力，也没有完全去意识形态化。在冷战馆出口，就有一个表现当年柏林墙推倒的模拟场景，与这航天的技术几不搭界。一辆破旧的小汽车上，站着一名女性，一手握笔在写画什么，另一只手扯下了东德的国旗，另一男子骑在柏林墙头，举起了拳头。这幅场景，是何寓意？我老在琢磨，挥之不去。小汽车被示威者踩在脚下，旗帜被拉扯掉，高墙被推翻，失败的、终止的、消灭的，都是些什么？杂乱的画面与这宏大的实物实景似乎没有关联。这又是为什么？可能在说明牌上有回答，我看不懂，或许也不必去弄明白。

出了馆，在对面稍远距离的草地上，找个角度想照个全景相。打量这个名气大的家伙，一股威武气息之外总有点隐隐的感觉，是它呈现的强大的科技实力，是它不忘不弃的意识形态主义，还是它的自由随意的参观方式；或者还有，它在这个小城兀然而立，几经风雨；或者，它那无远弗届的声名，和不多不少的参观者带来的人气……总之，我去了一个名气可比肩西部大峡谷、好莱坞，东中部的尼亚加拉瀑布、哈佛大学等，这些美国闻名的地方。这就够了。

2010年6月

宜兴龙窑

如同人一样，城市的名气也要多年的积累。比如宜兴，历史可以追溯到春秋战国时的阳羡，也可以在考据的介绍中感叹她近千年的制陶历史（据《宜兴县志》载，早在西周时期，约公元前十一世纪—公元前771年，宜兴就出现了圆形升焰窑），还可以在有记载的二千二百年的建县历史中寻找一个城市的悠悠古韵。

陶艺砂器，环顾国中，虽有不少地方生产，然而，人们认可的首推宜兴，要不这里被誉为陶都，每年还举行盛大的陶艺节。口碑是历史的活广告，也可以让一切美延续。人们对某一物件的喜爱，或者，因某个历史事件，大自然中某个物件，有了特别的闪光处，得到了大众的认可，在民间流行中形成优势，于是有了口碑，有了美的流播。而这宜兴的紫砂陶艺，就是因为丰富的民间性，瓜瓞绵绵，风华绝代，成为流芳广远的一种商品、一种艺术品。

我们走在宜兴的街头，正值初夏时分，小雨如酥，花香袭人。这是想象中的陶者紫砂圣地吗？可是，并没有其他地方为打名牌造声势，而无处不是某个产品的集散、某个产品的卖场的场景。乘着苏南经济发展的大势，这个富庶的县城有了冠绝神州的陶艺紫砂，想象中应当有各类交易市场，各个热闹的展品推销，张扬经济实力，然而，错了，除个别店铺外，几乎与其他的城镇一样，琳琅满目的是各类当季用品和时尚的店铺。那些擦肩而过的人们，默默地与这个热闹繁华的世界交集，好像这里的历史，这里的名产，与他们无关，或许，熟视无睹，见惯不怪。这样一种沉静而内敛的生活态度与方式，是造化，也是一种修炼。

　　繁华是一种气象，而沉静更是一种蕴藏。作为苏南经济快车道上的一支生力军，宜兴有理由自豪，也有理由被关注。在这样的感觉中，我们见到了龙窑。

　　这里是丁蜀镇一个普通的院落，不规则的街道，院落杂居，不少家的门口堆有一些陶器制品。在一个门楼边，立有一方石牌，上面写着全国重点文物保护单位，为国家有关部门制牌。据有关资料介绍，这是宋代的古窑。龙窑头北尾南，长约50米，窑身内壁以耐火砖砌成拱形，外壁敷以块石和太湖边上特有的白土，窑身左右设投柴孔（俗称鳞眼洞）42对，这些是投放燃料和观察火焰温度的窗口。紫砂烧成温度在1150℃左右，所谓千度成陶。西侧设装窑用的壶口（窑门）5个，是窑工进出取放陶制品的通道。窑洞呈32度斜坡，它可以让火自下而上自然升温，窑尾还在烧着，窑头就可以出窑了，出空的窑位又放入新的泥坯，利用余热进行干燥加热。窑体上方建有窑棚，花岗石柱，上覆以木质梁架及小板瓦，用来遮风挡雨。燃料主要为煤、松、竹枝等。这尊龙窑是留下来历史最为悠久的一个，而现在还在服役，主要是烧制壶、盆、罐、瓮等一些粗陶日用品。

　　我们去的时候，是龙窑的空闲，停火休养。从外观看，

　　她那圆圆的身子敦实硕大，如一条土龙伏卧，也许这就是其名称的来源。正好可以深入内部，从中部黑色的肚腹中，看到了长长的隧道似的空间，顶端透示几星光亮。有人进去照相，太暗效果不好，就有人喊了一嗓子，仿佛唤起历史的回音，进入了时间的隧道。是的，我们面前是一条时间的长龙，记录着陶艺紫砂的历史，至少是一个百年的民间艺术的见证。民间窑制品，源远流长，已成为宜兴人家中较多见的手艺，因其原料的稀少，加之工艺提高后对烧制要求愈发精尖，现在，成为流传认可的大家，也变得极其不易，但是，作为最为大众、最为灵活的民间艺术，宜兴的陶艺紫砂却保持着旺盛的民间活力，各类小的作坊不少。

　　一座数百年的老窑，风雨沧桑，仍然青春焕发，服务于人，令人肃然起敬。出窑口边堆积了不少的烧制品，有盆有罐，也有缸，大小不等，其大的壶状高半米，还有一些破碎的陶片，同行的有开玩笑说，弄不好，捡的就是文物啊。可是，没有见到那些精制的茶壶和艺术品，也不知陶艺大家们的作品是不是在这里烧制出炉的。有人不无遗憾地说，古旧成精，龙窑老了，也许是太累了吧。是的，在那成堆的可能是次品的陶品前，我们没有见到在博物馆、商品店里看到的那些精美的身价高贵的紫砂壶，我们想象着它们的不同。可相同的是，它们的问世，得益于大自然的赐予，也是巧匠们的创造，然而，最后的功劳，是由无数个像龙窑一样的母体孕育诞生。千度火烧方成陶，是火的炙烤、炼制，才有艺术品的纯度。事实上，人们关心的是紫砂艺术的美，却很少知道烧制出艺术品的窑是什么样子，更不知道它们安身何处，境况如何。

　　离开的时候，大家与龙窑合影，因有众多房屋影响，难有一个全景可取。拍出来的照片，也不太好。这龙窑，为紫砂器物的母体、摇篮，其实也很简陋，甚至粗陋的。山不在高，有仙则名，不在于她的外貌如何，出身如何。她的强韧，她的博大，她的坚毅，她的沧桑，甚至她的简朴与粗陋，都是她的品格。而历数百年，傲然人世，历经烟火燎淬，孕育出那些或粗或精的陶器生命。可是，为何在这个驳杂的村落中静卧着，除了那块牌子显示着它的身份外，是并不显眼的。我曾经看过几张过去的龙窑照片，周围是一些空旷田地，龙窑的形象突出，世事沧桑，而今在密集的村落街道中，却几近被周围的拥挤所遮蔽，粗朴简陋之中，平生几分孤独与无奈。

2013年6月

上善若水

　　一宁兄邀约到广西大化县，不怕人笑，这个县名是第一次听说，国中举凡两千多个县，每个省少说也有五六十个，绝大多数为我等不知，虽说走南闯北，八桂大地多次造访，这个大化，真是孤陋寡闻，颇有不敬啊。

　　当然，这个县才设三十年，当属年轻的县，在地域区位上没有多大优势，鲜为人知，自己不晓，或可自我安慰了。

　　而立之年的大化，年轻的大化，这里有奇特的山水，是布努瑶史诗《密洛陀》的故乡。正在新时代砥砺奋进的大化，我们能够忽略吗？所以，文人采风大化行，有了理所当然的由头。

　　从北京来这里颇为不易。从机场，再汽车，先高速后省道，一早出发，傍晚时分来到县城。查"百度"，这古百越之地，多山多水，有所谓山雄水柔，山川形胜，也是中国西南一隅喀斯特地形的景观带。而作为地方耀眼的名片，有奇石，有长河，有大山深弄，有瑶乡风情，林林总总，如同任何一个地方，优美的风景和独特的人文，是差不多的标配，也是吸引人的地方。

　　而正处在干旱高热的北方，时不时受雾霾之苦的我们，每每逃离水泥丛林，去南方山区，亲近自然，就是看山、游水、赏绿，享受生态福利。甫一到大化，就想到，会有一条河水穿城而过，一个山水之城，山绿水丰，涵养万物，水汽淋漓，让空气和物象变得宜人养人，成为人们宜居之地，如时下最流行的说法，所谓"诗意地栖居"。

作如是想，是因为久居干燥北方，水资源稀缺，干旱已是常态，而一些城市，包括南方县城，不少没有河流依傍，有的小小河沟也干涸断流，所以，城市的优美与否，宜人与否，最佳的指标是水。无水不媚，有水皆活，没有河流的城市不是优美的城市。这让我想起了故乡湖北曾经有"千湖之省"之誉，如今虽是传说，但湖北的一些县城，多有水绕城或水穿城的景观。而长江和汉水两大水系，联结了楚荆大地许多城镇，因汉水长江而留下的诗文千古流芳，也成就了一代城市的芳名。比如汉水的襄阳，比如长江的武汉、荆州（江陵）等。我的老家荆门市，江汉平原北缘的一个古城，多是丘陵地貌，一条长长的小河穿行城中，亲近河水成了一生的记忆。流动的水系，城市之魂，自然人文历史，都由此而生。而认识一个地方，特别是一个城市，河湖水系是一个窗口。当我在大化县城住下后，虽已掌灯时分，仍然向往着这个城市的水流，期盼着与我们近在咫尺。因为每每是喀斯特带的山水景观，水的充裕和浪漫是无可置疑的。

果不其然，大化城关一条河流将其南北分开，约三五百米宽的河面，算是开阔了。可惜已是初夏，水流却不大，但还算清亮，深长的河滩显现出涨水时的状态，正在修建的亲水大道露出了改造的模样。一桥横卧，运送果蔬的车辆，晨练的人们，在不太宽的桥面上，来来往往。我从下榻的中意酒店出来，走到这无名桥上，看不远处另一桥在维修，放眼望去，县城在一个长方形的山凹中，周围的山峰威列成阵，有名为将军山的，如同天然壁障，保佑着子民的安详平和。天光微曦，山梁在晨光中透出隐隐的轮廓，可以猜想出诸多的景观形象，而若明若暗的霞光，濡染万物，桥下清清的河水细长而平缓地流着，没有想象的水势。波光映着霞光，散发着祥瑞安宁之气。

也许主人懂得北方客人的心思，第一个节目就是到红水河的景区参观。实在说，我们还没有搞清这个县城与景区的路线里程，也没有明了早上城关的那条河水与这有名的红水河之间的关系，就来到了这方水域，有名的百里画廊景观。

红水河是河，也是库。河，作为南粤西江最大的干流，从云南到贵州后广西，再去广东，六七百里的路程。库，是因为筑坝发电，建成了大型水电站，其水面开阔无垠，长达五十公里，最宽处约五百米，深水区有四十多米，形成了偌大的山地湖泊。红水河历史悠久，自发源地以降，有多个名字，在广西一段为此名，大化是她的中游，这一带，流经地方多为红色砂贝岩层，色泽红褐，遂有了这红水河的名号。

我们是在两个不同的时间，先后亲近这大化有名的水上景观的。两次踏入同一条河流，前后也就多半天。想来有点意思——"一切皆流，万物在变"，特定的时空感受，我们走进了同一条河，确切地说是同一水系的两处景观：一个是红水河的百里画廊，一个是岩滩水库。

满眼是水，四面皆绿。水，绿得透，绿得净，也绿得深沉。岸上的植被对映成趣，绿得广袤，绿得放肆，绿得纯正单一，除了偶有夏花点缀外，绿成了唯一的色彩。红水河成了绿世界。蓝天丽日，天公作美，万顷碧波，平展如铺，远离尘世的红水河如少女般娴雅，游轮划开了静寂河面，仿佛揭开了她的美丽面纱。从码头到目的地约两小时，绿植排闼，葱茏透迤，倒影映衬，水面一会儿开阔，一会儿紧凑，沿途经典景点，如公鸡山、月牙山、巴楼山、情人湾等，一一闪过。游走于水上，听波涛哗哗，"一切皆流"，亲近自然，纵浪大化，近水亲水，倏忽已是数十里的行程。坐在船中，瞬间景物次第转换，眼前的流水和山景，一动一静，闪转腾挪，面对浩瀚与无穷，任景物不断变化，享受着自在与优游。遥想当年的苏子赤壁泛舟时的感悟："白露横江，水光接天。纵一苇可之所如，凌万顷之茫然。浩浩乎如冯虚御风，而不知其所止。飘飘乎遗世独立，羽化而登仙。"陶然于造化之中，如梦如幻。水阔天远，世事苍茫，此景此情，夫复何求？与苏东坡秋夜游江的感受，庶几相像。

再次踏入这条河流，是次日的雨中。同样，源于红水河的滋养，这岩滩水库也是绿色王国，与百里画廊景区，水面相差不多。绿色纷披，繁茂的植被之外，多了一些烟火人气，细雨迷蒙的山水中，偶有白墙黛瓦的村落、古树掩映的廊桥、摇曳灵动的竹园，以及孤舟一叶的渔人出没风波里。生动复生动，烟水苍茫，云蒸雾萦；小雨如丝，时有时无；植被层层叠叠，或隐或现；江流天地外，山色有无中；此情此境，差可相似。

水利万物，大美不言。悠悠红水河，惠大化而佑民生，尽电能之利，又涵养生态，最为奇妙的是，她孕育了色彩瑰丽、精美生动的大化石，被称为自然中的精灵"彩玉石"。县文联黄主席撰文说，因大化特殊的地理环境，河水亿万斯年的冲刷，强大的外力和矿物质内在之间的交融渗透，大自然的鬼斧神工磨砺了观赏石的"皇后"——大化彩玉石。多年来，人们从河谷中打捞，历经辛苦，精心收藏。据说最大石王高达2.2米。一些民间的奇石馆也开始设立。

当年，让水利恩惠于民生，建成了水电站，延绵了下游的灌溉之利，生计之需。岩滩和大化两大水电站，在广西也是声名远扬。一方宽大的水域，涵养生态，惠及数以百万计的民众，也给年轻的大化县留下了一个绿色骄人的景点。

上善若水。悠悠红水河，怎一个爱字了得！

2018年9月

缙云访古

人间四月天，缙云好风日。

清晨，在浙南缙云县的好溪旁，听溪水潺潺，闻小鸟啁啾。有农家夏种的忙碌身影，也有垂钓者怡然闲情。"漠漠水田飞白鹭，阴阴夏木啭黄鹂"，云淡风轻，只是流水与偶尔来往的电动车，留下一些动静。

这是一条平缓清澈的溪流，也是缙云县4A级仙都风景区的起点。长桥卧波间，田畴阡陌，墟烟依依中，水岸葱茏，粗壮的香樟，挺拔葳蕤，繁茂的榕树，曲虬纷披，又有紫藤缭绕，绿苔森森，夏花娇艳，水的世界也是绿色天地。

十数公里的步行绿道，依溪而建，是当地政府近来提升大众健康指标的惠民举措。沿道而行，牵连起一个个景点和故事。缙云，自周以来就有建制，凡一千三百多年。而好溪，旧时因水害严重，叫恶溪，后经历代疏浚，变水害为水利，其名也改恶为好，近处一座小山也附带名为好山。山水以好名之，实为鲜见。

好溪发源于邻县磐安，流入瓯江，在缙云县境四十多公里，因不同地段又有不同的别称。好溪与新建溪、永安溪一道，是缙云七镇八乡的母亲河。

行走在这条健身步道上，确切地说，是走在古老的好溪边上，目迷风景，次第转换，仿佛走入长长的历史通道。新时代，新追求，社会发展、振兴乡村建设，风云际会，从古老的历史与现代风情的交汇中，人们见识了缙云大地这方山水的风华。

往事越千年。唐代天宝七年某日，月夜下的缙云山，鼎湖峰，鸾翔凤集，而黄帝祠、朱潭山、好溪等山水景致，缥缈空灵，祥瑞之气如仪，松风樟影之声如仙乐飘响，喜得当年的苗姓知县颇为兴奋，立马上报朝廷说，鸾凤翔集，好兆头，难得人间仙景。于是，唐玄宗赐"仙都"二字，改缙云山为仙都山。为此，这仙都之名，在历代有关文字中出现，也有书家刻字悬于摩崖高台。山为仙都，景点也以此冠名。

仙都，一个诗意、有来历的名字。缙云，又是传说中黄帝的名号。当年的黄帝夏官的名头就是缙云，于是，这就有了与华夏人文祖始轩辕帝的因缘。

仙都风景区之北，步虚山半坡处，绿树掩映中有一幢三进的院落——黄帝祠堂，又名轩辕殿。始建于东晋，传为轩辕帝东巡行宫，与陇西黄帝陵并称为"北陵南祠"，成为香火旺盛的南方祭拜黄帝的重地。缙云祭祀黄帝历史悠久，可追溯到西汉时期，汉郭宪《洞冥记》曾有记载。公祭黄帝典礼，于2011年入选国家非物质文化遗产名录。原殿几经毁损又几次修复，华堂大轩，黛瓦赭墙，匾牌高悬，塑像威仪。缙云的"黄帝文化"研究为近年来学术盛事，在2000年和2004年先后举办了"国际黄帝文化研讨论会"，出版论文，纵深开掘，着力研究"黄帝文化"在南方的意义。

轩辕殿右首，一尊巨石，拔地而起，高耸天穹。它高约

170米、宽20多米，底部面积2700多平方米，长形，独峰，像石柱、石峰、石笋、石壁，没有名称，或者是你心中的那个想象。惟鬼斧神工，天地造化才可解释。据考证，巨石为"火山喷溢堆积的流纹岩台地"，亿万斯年，风化、淬炼，形成了如此的高度和体量，被誉为"华夏奇峰"。从飞机上拍摄的照片看，石顶有数百平方大小的凹坑，草木萋萋，形如鼎状，于是有了鼎湖峰之说。石壁主体，风雨剥蚀，经年累月，仍可见簇簇绿苔，或悬挂几株小树。巨石脚下水面开阔，是好溪的支流练溪，时有山泉浸入，清澈平缓，一条长长的矴步石桥，连通东西。115米长、75节磴的"单梁凝灰岩石板梁桥"，是清代的遗物，既可通行，也是一道景观。走上桥墩，鞋可及水，亲水近绿，颇受胆大者们喜爱。远看，独峰伟岸，高接云天，恰如宋代王铚的《缙云县仙都山黄帝祠宇》诗中所写的"庙前仙石表今古，屹立霄壤争雄尊"的景象。山妩水媚的缙云横空出一尤物，雄奇挺拔，惊艳世人。因此，当地人敬为"石头大神"，与毗邻的黄帝祠宇一道，护佑了仙都山水的安宁与华美。

缙云的历史浸润在这些老物件中，一条古溪，一个祠堂，一棵老树，一方石峰，足可骄人。然而，浙南的山水名胜，也是古来诗家文人流连之所，华章词句为千百年所传诵。晋代谢灵运在《归途赋》中写了在缙云的见闻："搜缙云之遗迹，漾百里之澄潭，见千仞之孤石。"南北朝的陶弘景，唐代李白、白居易，宋、明的王十朋、朱熹、汤显祖，清代朱彝尊、袁枚等人，都留下了墨迹或诗文。

缙云为苍括山一脉，属丘陵地貌，丹霞地、火山岩、花岗石等为其特色。仙都山有几处幽深洞穴，最大的倪翁洞，为时任知县的唐代大书法家李阳冰所题名，圆润结实的篆体朱笔，嵌在山坡石头上，格外醒目。倪翁洞是当年范蠡的老师计倪因避难，周游浙南，隐姓埋名，驻足此洞讲学读书的地方。后人纪念计倪取名为倪翁洞。幽深的洞中，留有一些后人镌刻，赞颂他的行为操守。李阳冰为李白的族叔，他为缙云县令时，喜好收集崖壁题字，他擅长篆体，被誉为"篆圣"，他还题有"黄帝祠宇"的碑刻等，弥足珍贵。据统计，缙云石刻最早为唐朝，最多的在宋代。唐朝至清代共达99件。有关缙云的诗文辞章中，记录山川形胜，咏怀述史，最早的是南北朝的田园诗人谢灵运。白居易的一首《咏鼎湖峰》诗流传久远："黄帝旌旗去不回，片云孤石独崔嵬。有时风激鼎湖浪，散作晴天雨点来。"清代袁枚自永嘉西行到缙云，写有《游仙都峰记》，记叙了当时差点与仙都风景失之交臂的趣事，传诵一时。

与倪翁洞相近的独峰书院，面朝好溪，背依好山。四合小院，曲径通幽，苔痕苍翠。这是当年朱熹的讲学地，宋淳熙九年，因被指派出外巡察，政事的烦扰，又因浙东学派包括永嘉、金华、永康学派的兴起，他从江西辗转于浙东南再前行八闽讲学交友，在数地盘桓后，来到好溪边的好山脚下。这里的读书风气让他停下了脚步。他在这里举办学堂，交友访学，深感"于此藏修为宜"，还自嘲"解鞍磅礴忘归去，碧涧修竹似故山"。多年后，陈氏兄弟等为纪念老师，在讲学处设纪念堂，到了南宋绍定元年，重建为独峰书院，再后重修已是近来的事了。我们来时，清明节不久，细细小雨少见人迹，空落的院子，只闻松涛水声。或许，这个修竹茂林的僻静地，远离尘嚣，应和自然天籁，是读书问学的本真。学术与学问本是哲人的面壁修行，需要静养寂默之功。院中有一棵已逾八百年的银杏，超过了书院年龄，老树长有一大树瘿，长约一米，像只小动物依偎于母体，听说还在生长。奇异顽强的自然生命，对人文精神有一种呼应，抑或是默默地承续。

浙南丽水一带有不少古村落，保持完好，形制也特别，成为相当规模的最美古村的样板。众多的古迹中，缙云千年古村落河阳民居，恰似一颗偌大的活化石，熠熠生辉。

公元932年，原吴越国钱武肃王掌书记朱清源兄弟，为避五季之乱迁徙于此，河阳成为一个以宗族为纽带、聚族而居的村落。这里，有十大宗族庄园式的古民居建筑群，十五座明清的古祠堂，一千五百间古民房。宋代古刹福昌寺，元代的"八士门"，明太祖御赐的石"稀罕"，清代的公济桥，以及民国的欧式建筑。题在白墙上的古诗、挂在门楣上的古匾额、驮着屋梁的木雕砖刻、贴在窗台的而今仍葆有生气的河阳剪纸，是见证河阳历史文化脉动的精彩华章。

最为壮观的是高低起伏、气势恢弘的马头墙。答樵路的马头墙群，是河阳古建筑宏大艺术群雕中的翘楚。它建于清道光年间，沿街面不同的屋宇整体相连，开成32个体态不一的"马头"骑墙，绵延90米，错落有致，黑白相间，给人一种明丽素雅和层次分明的韵律美感，远远看去好似32匹骏马奔腾齐飞，一往无前。

河阳村多为朱姓人氏，世代重学崇文，其地名和牌楼的取名也与此有关，像"八士门"，因宋元时期村里屡有士子荣登进士，族中建楼门以志纪念。尤其是崇尚礼教、耕读传家，一些巷子、祠堂取名为"廉让之间""耕凿遗风""义田公所""公济桥""循规"等。悠悠文脉，千年传承，除了8位进士外，另有二十四位诗人，形成了影响一方的"义阳诗派"，著有八卷本《义阳诗派》诗集，是浙南近代民间文学的收获。

　　行走在千年古村，苍老的青石路，古朴的石雕砖雕，围屋似的院落，历史的气味让人感受到旧日时光的氤氲，所谓乡愁，就是从这些显见的文化遗存中浸出，然而，那些悠闲与忙碌的生活节奏，也同时在这古旧村落呈现。走出村口，看见不少人家门前，泛青的门石上，有各种鲜艳的花盆，尤其是一种叫不出名字的花，形似灯笼，黄红的条纹，明丽灿然，鸡蛋大小，在青瓦白墙反衬下，格外艳丽、喜兴。

2019年6月

利川行思

风景是一个地方的名片。现如今，推崇"绿水青山就是金山银山"，风景已然为检验经济、文化、GDP的重要标识。名胜风物，人文风华，成就了一个地方的幸福指数与社会发展。

利川是鄂西最远的县市，与重庆万县毗邻，地理上有大巴山与武陵山交集，多喀斯特地貌，水系发达，"广利天下而川流不息"，古韵俨然，名胜深藏，因为多年闭塞，鲜为人知，在改革开放之后，名声渐为传扬。

江源识珍

青山横北郭，绿水绕东城。山水利川，因清江的绕城穿过，灵动而丰盈。清江，长江进入湖北最早的支流，有十里画廊的美名，其源头为利川的都亭山。从西往东在城中绕了个弯，顺流而下，连接鄂西几大重镇恩施、宜昌，直奔长江。

清江有十里画廊的美名，而拜识其尊容是在利川城中。

利川次日，晨雾泛起，天没有大亮，住地楼下众声喧哗，一干晨练的人们，生动活跃，大凡城市早起者，都有这样的习惯，一块绿地，一只小喇叭，树下草丛，就是一个闲适自足的世界。

　　或许高层声音上窜，素来对声音敏感的我，索性下楼。因昨晚到来太迟，未及看清周边状貌。这里，一条宽约百十米的小河，隐藏在闹市之中。那早起的人们是在这河道边上，运动、歌舞，衣着统一，伴着河堤，自顾自地享受自娱之乐。已听利川朋友说及，山水之城，清江穿城而过，眼前这河水想必就是清江。

　　近乎原生状态的夹岸林木，护卫一汪碧水，清江，闹中取静，平静地流着。近水的人行道上，鲜苔斑斑，杂花几许，水柳拂衣，与其他水城多将人行绿道与街市平齐不同，此处绿道建在河堤边，下几节台阶即可亲水近水。行人不多，对岸钓者的咳嗽或可闻见，与高处喧闹的大桥通道形成反差。波平水缓，草木依依，古朴幽深，初始的清江，上游的清江，大隐隐于市，如此景象，令人难忘。

　　"沿波讨源"，著名的清江源头何在？史书记载，清江发源于都亭山。都亭山与齐岳山是利川两大名山，地接巴山武陵，逶迤于利川境内，峰峦叠嶂，水汽淋漓，形成了多处的水源竞秀。清江，古时为夷水，或盐水。因为流域多有巴人居住，北边有早先的大庸国，为秦巴地带，南有蛮人聚集处，也是古盐商之道，夷水和盐水为清江之别名流传。《水经注》中云，夷水"水色清，照十丈，分沙石。蜀人见澄清，因名清江也"。而《利川县志》也说"清江水，原出县西一百四十里的小山，即都亭山，东流入檀香洞，又伏流四十里，过七药山（齐岳山），东出为龙洞沟河……"如今，经多方论证包括民俗达人实地甄别，都亭山一块偌大巨石标识"清江源"赫然耸现，成为共识，探源寻流，为不少游者青睐。

利川的山水丰茂，都亭山下、齐岳山麓，为江源涵养地。这里，海拔高千八百米，潺潺泉流，终年不竭。那天，先后来到星斗山、福宝山风景区，绿水青山，一路同行，而清江源头也是一路期盼。

在福宝山生态公园，从高处下行，葱郁的林莽，陡直的栈道，步步惊奇，说是有高负氧离子，人不觉累。扶着曲虬盘错的藤萝，下到百十米的河沟，回头抬眼，有数个瀑布如白练悬挂密林深处，一条被认为是瀑布之首的，呈三叠状，轰然奔涌，飞溅落下，声震四方。水自天外来，山壑葱绿，神韵十足。山坳中一潭浅水，透绿剔亮，倒映出山峦姿态，青苔茵茵，河石斑斓，矿物质的养分，成全了河潭石的不同色泽。汩汩清流在这里团转之后，直奔河谷低凹而去，汇入了清江奔腾的水势中。我惊讶的是，坐缆车回到山顶，贴着山坡树丛，无数细流从杂树中浸出，或有细丝线般飘散，找不出水脉源头，真应了山有多高水有多长之说。福宝山近邻都亭山，不是清江真正的源头，而千条万缕，聚众归一，有了这方充沛清澈的水源，清江，水清之江，名副其实。关于江河之源，业内有所谓"河源唯长，水量唯大"的说法，或许可为清江之源注解。

源头活水，遂成了长河大江的生命能量。清江被认为是长江第二大支流，也是土家儿女的母亲河。"江流天地外，山色有无中。"诗意的江河，与风景关联，与艺术结缘，成唯美意象。唐人笔下的江与山，是一片旷野苍茫的江河之景，而这清江源头初始的江水发端，我们看到的是，涓涓细流汇聚，水系的丰沛细腻，林木植被的密匝；温柔、深幽、曲折，是它留给人类的观赏维度，因为上游水源地的民众悉心保护，封山育林，退耕还林，成为生态的保护神，才有了这方山水的清洁，有了对水质空气要求特别的各类植物的蓬勃生长。

也是福宝山下的一个山坳，一方水塘，绿植幽然，浮萍类的圆形植物，大小不一。主人指问大家这是什么，即有应和，是浮萍、荷莲、水葫芦，不一而足。主人捞上一团，秋阳晚照下，毛茸茸的细梗，吊出一支船形叶片，嫩亮柔滑，说这就是我们都曾品尝过的莼菜。谁也没有想到，江南水乡的盘中鲜，在山野林地也可得见；也没有想到，深藏叶片下的是莼菜。听介绍，莼菜为水草类，多在长江下游湖泊中生长，西湖、太湖为多产区，近年因水质原因，质量和产量都受影响，渐向同纬度的江河源头、山溪泉边"迁移"。二十世纪七十年代，国际友人新西兰人艾黎在利川发现了野生莼菜，向有关部门推荐。三十年前，中央电视台作了专题片，"利川莼"走向了大众视野，并获得国家质量认定证书。因为对水质要求高，温度和气候，土质和肥养，直接关系它的品质。利川几个种植点多是海拔千余米之上，天然充足的水源，腐殖层酸性土质，便于生长。2004年，这里开始大量种植，到近年已有数百亩面积。因是娇嫩植物，与其说是种，不如是养，因其对自然环境要求高，也因为人工基因改良难度大，从东部水乡"移民"到了西部山乡，这一变化，令人唏嘘。小小植物，恰如生态的试纸，把利川的生态优良测试出来。生态向好的利川，水乡的珍味落户大山的江河之源，是幸事、喜事，为清江源的大美，增添了新内涵。

老树精灵

水利万物，泽被众生。大自然的生命，得益于水的滋润，水的恩赐。大江流日月——流出了生命，也流出了历史。

这是常理，也因为一棵大树，一株可进入历史的大树生发的联想。

这是一个熟悉而陌生的树种，在我们的知识储备中，少有不知道的那个名词：水杉。恰就是它，鄂西这个山区小县利川，与生态结缘，有了故事。

这不是一般的水杉，因而是陌生之树。

这是一株660岁的长寿水杉。风雨六百载，见证了古盐道上的云卷云舒，见证了土家儿女的生活过往，见证了清江水源区的历史变化，是如今这块土地上的生命之尊，精灵老树，也是世上仅存的高龄水杉。据说，水杉有多种，江南水乡的多为池杉，即使统称为水杉也有区别，叶片，根茎，以及对土地的适应，分为多种。

在利川谋道镇水杉公园里，她独立天地，展臂苍穹，历经磨砺，生命强劲，风霜雨雪洗礼过，雷电虫害侵袭过，不曾匍匐，不曾退让，如今，仍以伟岸之躯屹立于曾经的兵道商路——谋道镇。

谋道，是千年古镇，在晋代就有建制，后几经易名，民国时期改为现名，其古雅玄妙可作多解，而谋略寻道，望文生义，或可一解。这里，高山深壑、峡谷绝壁、溶洞幽深、林莽蛮荒，是土家儿女的世代聚集地。当年的盐商古道上，演绎过土司纷争，族群争斗，兵匪之祸，关隘阻隔，行路之难，可想而知，于是，谋道前行，谋道求变，寄怀遥深。

而这样一棵逾660年风云的大树，安详地生长于此，根部虽裸露树体，瘦骨嶙峋，却是枝叶繁茂，生机蓬勃。老古水杉，老古乡镇，相得益彰，像是一位老者，与天地对话，与时间对话。

时间已过七十多年，1941年初，原中央大学教授干铎过谋道，不经意发现一落叶大乔木，认为是灭绝于世的树中活化石水杉，因为不能确定，带回研究。后历经多人实地搜集、甄别、研判——1941年万县高农的杨隆兴、1943年到谋道东山采集到树种标本的原农林总中央林业实验室所长王战，两年后，原中央大学森林学系教授郑万钧、北平静生生物调查所所长胡先骕，先后在利川踏访取样、研究考察，得出了谋道的这株奇树是一亿多年前白垩纪时期孑遗植物水杉。1948年，著名的生物学家胡先骕与郑万钧发表论文确认在中国利川发现"活生生的水杉树"，引起了轰动，被当作"二十世纪植物重要发现，当年邮电部门为此发行邮票"。据记载，这古老的"活化石"曾在北半球，包括北极一带生长，后南移，到第四纪时地球发生冰川变化而灭绝，在欧洲、北美和东亚，从晚白垩纪地层中发现过水杉化石。此次原树种的发现，"被当作大事件，震动学界，对研究植物生态、气候地理、种子细胞等，意义重大"。

有记载，当年由干铎、王战等人最早发现的三棵水杉，高达30米，但是，历经七十多年，眼前的这棵老神树是否就是当年的三棵之一，好像没有文字留下，管理者们也没有明说。

一围红布的护腰，缠绕在胸径达一米七的树身上，十分醒目，是为了维护树的形态，还是保护她讨个吉祥？红布圈虽有些显眼，却也是好心的祈福，是对历经风雨的老者的致敬。树上镶嵌铭牌，周围围上栅栏，以及正在建设的水杉公园、博物馆，保护这个国宝级的一级文物、世上珍品，人们尽心竭力。那高达35米的树巅，冠幅有22米，唯有仰视，才见其高。听闻关于它的生命史，面对一级保护植物，心存敬意，惟默默祝福。

几十年来，水杉自利川山中发现，被引种到世界近五十多个国家和地区，当作珍贵礼品，参加外事活动。二十世纪五六十年代，周总理曾把"一号水杉"母树种子赠送英国、朝鲜、阿尔巴尼亚等国。1978年，邓小平访问尼泊尔，在皇家植物园种下一颗中国水杉。近年，它被当作园林绿化和行道街景的优质品种，当作城市市树。湖北武汉就以水杉为市树。水杉品种有五六个，分有池杉、羽杉、柳杉等，不同的树种质量、习性和栽培方法也不同，无性栽培最为优良。谋道这株老树，而今仍是无性培育后代最好的母本。多年来，已成功地"养育"了众多后代，现在，仍是同类树种中较为优质的祖母级老树。

在利川，看水杉，了解大自然中的化石文物，是开眼界的事。之前，曾跋涉半日，山路弯弯，在深山老林的利川小河镇，沿河沟小溪来到水杉公园，绿草茵茵、水汽氤氲的草坪上，数百棵高大的水杉树排列如仪，阳光洒在绿嫩叶片上，形成淡淡的水墨景象。水杉树上但凡大者，都有无性繁殖的牌子高挂。树丛下，水杉研究者老范为大家启蒙，优质树种多为无性栽植，直接从母体上移植，不受外界基因影响，是纯正嫡传、养育高贵的后代，所以选优良的母体，是水杉优生的先决条件。

本来被这长途跋涉所累，因了养眼的绿，安逸的呼吸，这无性体的优质树种，一路烦恼给消解以尽。养在深闺的这块水杉树群，大小相宜，少女似的容貌，怎么看怎么有眼。它们多是亭亭玉立，左右间距适中，叶呈羽毛状，绿嫩鹅黄，虽高达二三十米，树干树枝直挺、颀长，在一个周遭水汽淋漓、绿生生的草场湿地，高大伟岸，也生动可爱。树旁立有图片展板，各方要人包括领袖的关注故事；最早发现者之一、植物学家胡先骕的长诗《水杉赋》披载于《人民日报》的影印件，引人注目。

在往返途中，水杉行家老范几次提到，这一带山沟边，有野生的古老水杉。忽然，他手指前面，说那里有一棵，大家没来得及反应，他又说那棵也是。一路行进，他至少说到十数棵，让我们只是车中远观了那些已调查备案的利川古水杉。现已查明，百年以上古树，利川有5600多棵，多集中在星斗山小河一带，每一棵都挂上了数据身份牌。当听说前面就有几棵老树，车子在崎岖的山路拐出去好远，遗憾地与野生老树擦肩而去，只能在那幽深的绿植丛中，辨识古老水杉的轮廓。为了弥补遗憾，专访了水杉公园，参观高龄水杉老树。车行两个半天，都是听老范关于水杉、关于星斗山齐岳山福宝山的生态，关于胡先骕、王战等人发现水杉的故事，有这样的植物达人、生态达人，国宝水杉有幸，利川的山水自然有福。

想到这块边地山城，风水之地，其实，是能生长一些珍异物种的。此地北上百余公里的秦巴山南，郧西的竹溪，就有野生金丝楠木群落，当年为清时皇上的龙床用材，清光绪时又为故宫失火后的补救木材；同样，与此西南之隅的重庆酉阳，乌江畔的两罾乡，也发现了金丝楠木群，有一棵千年老树为存世奇葩，偌大的楠木群，形成壮观之象，名重四方，为全国仅见。这两地有幸近期造访，大树生长的环境，人文相偕的故事，让人难忘。鄂西渝东，秦巴蜀地，山水相连，风水相像，土家巴人，是这里的共有民族。《水经注》说，这块"地密恶蛮，不可轻至……蛮不出峒，汉不入境"。闭塞而原始，"祸兮福所倚"，却为自然物种的天然生长创造了原生优势。

日月精华，天地灵秀。无论是竹溪、酉阳，还是利川，那些珍稀的植物，遗世至宝，当是上苍的厚爱，也成就了一个地方的幽深的人文风华。

2019年9月

第四辑 · 文事摭拾

他山之玉

——老契与老马的两经典

《校园文学》开有一个经典常读的栏目，他们出题我们打工，就有了这两篇短文。发表时各有一个题名，现收在一处。他山之玉，多可玩味，经典穿越时空，再现无穷魅力。

一、契诃夫的《一个艺术品》：直逼人心

契诃夫的短篇小说是世界文学的精品，他的《套中人》《变色龙》等短篇，为喜欢他作品的读者耳熟能详，哪怕是不同的国度和民族。《一个艺术品》同样是契诃夫短篇中的翘楚。

小说通过"一件艺术品"，折射出世态人心。形象的丰富性，故事的生动性，语言的精到和情节的完整，几近成为短篇小说中最为规范的艺术品。

患者沙夏为了感谢医生柯雪的救命之恩，送他一件绝佳的古玩：一座青铜矮烛台，台基上是"两个夏娃型装束的女

人""两个塑像表露着卖弄风骚的笑态"。可医生柯雪不敢收下："就是撒旦他自己也不会看到比这更丑陋的东西，难道我应该把这个令人想入非非的东西放在桌上玷污我整个家吗？"后来，沙夏既从艺术观赏角度晓之以理，又从他和母亲的感恩方面动之以情，还期待着为之找一个配对。在这样的盛情下，柯雪医生十分勉强地收下。"抛掉它不免可惜……我又不敢留着它"，他心情不安，旋急就转送了老友律师乌可夫，因为他还欠乌可夫一笔人情债。可是，这位乌兄也有同样的尴尬："丢掉嘛可惜，收下来嘛觉得丢脸。"好在，乌可夫想起喜剧名伶苏希金，或许这家伙与艺术有关，只有他可送。可是，名伶公寓里"经常有女演员来访"的啊，他无可奈何，无处可打发，最后卖给了收藏者。

小说结尾，因努力寻找配对，沙夏终有收获，"绽放笑容满腔高兴"，手里握着用报纸包裹的东西再送给医生时，全然知情的柯医生，"张口结舌……已失去谈话的能力"。

一件古玩，作为小说故事情节的引线，在几个人物中掀起了轩然大波。或矜持或惶惑，或虚伪荒唐，或道貌岸然，或口是心非，或言不由衷。总之，面对一件古典艺术品，不同人物心态不一。可笑的是这些人物，医生、律师、名伶，多为上流社会衮衮诸公们，一件古董商的儿子送来的顶级艺术品，被视为大逆不道之举，当作洪水猛兽。可算是有身份的人士，竟把艺术当作瘟疫，唯恐避之不及。这种反差深入地揭示出社会人心的一个侧面。

契诃夫是小说情节大师，小说某种程度上是以情节的出人意表取胜。一个烛台从沙夏手中，经医生柯雪，再律师乌可夫，再名伶苏希金，再回到不知情的沙夏，最后被当作配对而再到柯雪医生手中，几经转手，起承转合，完成了小说的精到的情节链，读来引人入胜。契诃夫善于把人物的对话、心理活动同行为举止交叉描绘，绘声绘色，有如身临其境的精彩。

契诃夫的小说写人物多运用简洁的对话，突出人物的动作性。他的名言"简洁是才能的姊妹"为世人所知。在本篇中，基本是用对话描绘人物，展开情节，删繁就简，也入木三分。几个人物面对着突如其来的这件"艺术品"，平静被打破，其窘态和惶惑跃然纸面。读到这样的描写："医生朝那礼物窥了一眼，他慢慢地搔着头清清嗓子摸了一下鼻子才说：'是的，不错，一件极美的作品。'他含含糊糊地说着，但是，叫我怎么说呢？我的意思是……这是相当不平凡的……一点儿也不文气的，是不，你知道……魔鬼也知道……"一个既矜持而矛盾、又保持着某种做派而又有些失态的人物，跃然纸上，如在眼前。

契诃夫的小说对十九世纪俄罗斯民族的智慧和艺术进行了相当丰富的描绘，对俄罗斯民族文化精神也有着精深的体味，他作品的题材和人物都洋溢着俄罗斯民族的智慧，从这个短篇中可以得到充分地表现。

二、马克·吐温的《运气》：反衬幽默深味长

一个庆典会上的主角，一个军功显赫的人物，以克里米亚战争一役出名的中将、爵士，他的名字一直为人称颂。正当人们对"本世纪这位军功显赫"的高官进行膜拜之时，一位知情者（牧师）揭露了老底："他是个不折不扣的笨蛋。"此语一

出，悬念丛生。马克·吐温的小说《运气》就此开始了剥画皮的过程，知情者"我"讲述"军官笨蛋"历史。

原来，四十年前，这位名叫史科比的新兵，什么都不懂，"我"作为教官，同情他，复试帮助他恶补，最后关键性的数学关得以平安度过。他在"我"的密集训练下，竟然得了个第一名，"我"也因此时时有"罪恶感啃噬""我让一个笨蛋不断地晋升"。更为幸运的是，他在克里米亚战争中，也不断地晋升，踏着前面倒下的尸体，一级一级地往上升。后来，上校阵亡，盟军已经准备撤离。在与一股俄军的遭遇中，竟也指挥着军队反败为胜，而最后被授勋，赢得了"作战天才的伟大声望"。

小说故事很简单，一个笨蛋如何被运气所眷顾的辉煌历史。从什么都不知者，竟变为一个封官加爵、有头有脸的人物。在昔日的知情者眼里，一个世界上的超级笨蛋，竟日复一日，年复一年，时时刻刻地受到幸运之神的眷顾，成为众人心目中的勇士，受封男爵之类。这十分滑稽荒唐的事情，成为小说的基本故事。然而，也深意藏焉：英雄的形象在某些情况下、某些人那里是一种运气，一种投机者的荣誉。小说通过知情人的"揭发"，把一个"近乎是神的人物"道貌岸然的面纱无情地撕破，让人们崇敬的神像轰毁。实际上，也是对所谓的庆功会主角、上流社会的人物进行了无情的揭露。通过这样调侃、讽喻，小说撕碎了社会伪善的面孔，让善良的人们对虚伪和丑恶有所戒备。

小说是讲故事、描绘人物的艺术，通过主人公的做派、行为、语言等等方面，展现情节，刻画人物，表达思想。在

《运气》中，主人公的形象不是正面地进行描绘，只通过知情者"我"的讲述展示，较为简捷地表现几次关键的时刻，这个幸运者的"过关斩将"，人模人样的。同时，也较充分地表现知情者"我"的负罪感："我整整一个星期无法合眼""只要一想到我做的事，我就想蒙头大睡"。这种在反差中叙述故事，描绘人物，很有吸引力。小说中的超级笨蛋史科比，其实是一个温和、可爱、坦白、难得一见的好人。小说有几处都通过"我"之口说出他的可爱、愚笨。但是"世界上的超级笨蛋"，能够成为伟人，其运气有如神助，每每关键时刻化险为夷，得到上苍的眷顾。让一个笨蛋成为名留青史的宠儿，"我"也有无可逃遁的责任。

所以，小说一方面以辛辣的笔触把一个靠运气而获利的笨蛋进行了十分深刻地揭露；另一方面，对参与这个造"神"过程，作为直接知情者的"我"，进行了自责。一场战争阴差阳错地让一个笨蛋成为伟人，而"我"则作为知情者，有如助纣为虐者，时有不安。这又反衬了小说内容的丰富和深刻。

与设立一个讲述人相关的是，小说的语言十分朴素而口语化，没有太复杂的情节和人物，而点到为止的描绘，也使马克·吐温的小说显现出简练而明快，简单中寓丰富。

作为美国十九世纪的现实主义文学的奠基人，马克·吐温的小说素以幽默风趣见长，他的短篇小说是世界文学中的瑰宝。他写了大量的批判现实主义的作品，描写了美国社会的黑暗，揭露了美国民主选举的实质，是美国现实主义文学的奠基人。

2005年9月

《文艺报》忆往

　　时下有所谓的信息爆炸，全媒体、自媒体时代一说，是的，人们接受和传播信息，如此快捷，如此多元，如此混沌，又如此的简单，超乎寻常想象。君不见，如同股市的行情盘面随时都在翻转腾挪，信息的更换也以分秒计，信息的覆盖无所不在，由此，对于新闻纸媒如何适应，如何生存，提出了挑战。当然，作为一份文艺类的专业报纸，《文艺报》如何吸引读者，如何在艰难的阅读环境中求生存得发展，多有难度。

　　都说，人间要好诗，生活不能没有文学；有文学，也就少不了这份报纸。

　　我记忆中与《文艺报》的交集是在上世纪（即二十世纪）的事。时间真快，遥想五年前，在北京国际饭店纪念《文艺报》创刊六十周年的事，嘉宾如云，讨论文学批评的诸多问题作为纪念主题，建言献策，热热闹闹，恍如昨昔。

　　记忆中，《文艺报》最早的印象是那份半月刊杂志，骑马钉的装帧，白色素雅的封面，阿拉伯数字的期数标识，给人以醒目而不失亲切、轻松不失厚实的感觉，集鲁迅字体的刊名更显得书卷味浓。她以理论和评论文字阐释文艺重要现象与走势趋向，也有一些文艺热点问题的评述与介绍。具体的栏目设置，因时间久远已然模糊，但突出的印象是文学类多，艺术类少些，理性分析的文字多，新闻性的报道偏少。仅就这些，我当时觉得叫"报"不太名实相副。但是我习惯于从那些众多栏目中读到对于我所喜欢的作家与作品的评介，也喜欢那些即时的文艺现象与文艺情况的披露和报道的文字。其实，《文艺报》在粉碎"四人帮"后思想解放的年月，在文艺形势刚刚解冻、思想禁锢逐步展开的新时期之初，多以直面当下重大文艺论题和思想独步于文艺刊物之林中。五十年代初，关于《红楼梦》的讨论掀起了轩然大波，因为最高领导人的介入，成为一时谈资，也成为一段显赫的历史，凡几十年，虽一度停办，在她复刊之后，仍然给人们一种权威而神圣的印象。不客气地说，《文艺报》在新时期之初，是众多青年作者的文学高地，我开始学写作，就把杂志中的诸多文章当范文，虽然我到北京后最早投稿，记得是《光明日报》"东风"副刊，因为有一个刘姓学长在那里做编辑。而《文艺报》是我们文学青年必读的。那时，在图书馆，在书店、书摊，这份杂志很醒目地摆在前排。每每在这样的场合，我首先拿起的是她，也因为仰目，想象着有一天能在上面发表文字。这个愿望虽然好久没能实现，却一直是我心中不大不小的目标，而在后来，更让我有幸成为她的编辑同仁们的朋友。

当年《文艺报》在沙滩大院，我没有特别地去拜访，那时候我刚步入新闻工作，编副刊跑文艺口，同文艺界联系多了，同文艺报纸的同行接触也多了，八十年代中，就有与文艺报的陈丹晨、吴泰昌、孙武臣、何孔周、朱晖、贺绍俊、张陵、潘凯雄等评论前辈或同道们，以及晓蓉、臧小平、陈明燕、沙林诸位跑新闻口或副刊的同行熟悉。记得几年后，忽然看到《文艺报》改半月刊为周刊，改杂志开本为对开的报纸，读到她时心中不免戚戚，一时还不习惯，觉得少了那份庄重和厚实。私心想，同是办报人，我更希望这份专业文艺报纸雅致、机敏、厚实、耐读，可收藏留存，是文艺书报中的重武器、全盛宴。一段时间后，她办得风生水起，人气很旺，读者不乏好评。报纸栏目多样，说文谈艺，即时的重点作品述评，个案的人物采访，可谓"文武昆乱不挡"，文事新闻、文学评论、美术影视、书画副刊等等，各呈异彩，相得益彰，轻盈又厚实，动静相宜，有了评述与报道兼具、点与面结合的面貌。由于出版周期短，新闻性纪实类的增强，更有一种报告当下、及时再现的快捷。一些纵览文坛风云的特别策划，出于本报编辑记者的手笔，既有新闻时效的敏锐，又有专业性的沉实丰厚，渐渐地她"报味"突出，形成自己的路数和面貌，也为我们众多新闻和文学同行们所羡慕。

约在三十年前吧，我那时住在建国门桥附近，一日晚间，步行到附近的小羊宜宾作协宿舍孙武臣先生的家串门。老孙当时是评论部的头儿，朱晖是他的搭档，老孙健谈且嗓门大，说到兴奋处，以笑声代替表达，激起你的聊天兴致，他文事掌故也多，一口一个你的名字，让你感到亲切自然。那天，我说起一篇文章选题，他说，讲讲提纲，我记得好像是关于改革小说的内容，在他的客厅里，竟让我从头说说我的文章内容。当时，搞得我有点紧张和不快，心想，我来拜访聊天，你是不放心我的文章水平，还是因职业习惯不忘工作，让我无语。文章在《文艺报》发表后，他说，你写的比说的好啊。殊不知，那么晚了，在那里同你说文章，情绪和心情会好吗。记不起最先向《文艺报》投稿的是哪篇文字，经朱晖兄和老孙还是谁了，但在八十年代内，我只写过三五篇小文章，最早的是关于张炜的长篇小说《古船》，后来是周大新的中篇小说述评等。但是，泰昌、武臣、朱晖专事评论的诸君，或约我写或催我动笔，才让我的文字成为铅字，也遂了当年学写作时的期愿。

如同人一样，报纸也是有个性的。《文艺报》的个性，是沉稳中见轻松，取决于她的办报思路。报纸的出版周期短，开本的大众化，内容的时效性，在及时捕捉现象的同时，深入研究理论问题。说是报，因为报道现实，快速追踪文坛事件，也无不可，而她常有深度的探索和理论的解读，又有刊物杂志的理性化色彩。她是报也非报，亦新闻报道亦理论评论，理论批评宏大叙事，报道特写轻松活泼，成就了这份报纸的大众性与专业性的结合。新闻是易碎品，但也是未来的历史。在当时的文坛这类报纸不多，《文艺报》是龙头，顺应那一时期热闹的文坛，改版后有声有色，为人关注。这个特点一直延续下来，只是，改版以来也近三十年了，现在的文艺形势和文化生态，特别是读者阅读的趋向兴趣发生了极大变化，有的是根本变异，文学不像那时期风光无限，万千宠爱，如此一来如何适应，是不可回避的，坚守和保持习惯的思路，怕是难以让更多读者关注。在全媒体时代，报纸要有时效，但与网络无时不新、无远弗届的功能相较，也是滞后的。专业性的学理性的文字是提升品位的一个重点，可是，报纸版面篇幅受限制，同杂志相比，专门化的深入和理论性的分量，在有限的版面是捉襟见肘的。报纸的大众化和新闻性，与杂志刊物的沉稳与厚重，可以互补，但也可能是双刃剑。

　　二十年前，《文艺报》刚搬到了文联大楼现在的办公地点，每有机会，去那个有点拥挤的办公室里转转，在文学部或者理论部，总有老孙兄、朱晖兄、凯雄、张陵，还能看到总在忙碌的绍俊等人，或者，向阳一面的泰昌先生办公室坐坐，找他的人或电话多，抽颗烟就抽身，而老孙和朱晖总是一种玩笑的方式接待熟悉的朋友，总见他们有笑料产生，对口相声或插科打诨，朱晖说再由老孙捧，常留住我及众多的来访者开怀大笑，或引火烧身似的被调侃之后，没来得及说正事或者看一下诸位博学者们案头上的图书文稿什么的，就到了中午时分。这没有目的的造访，感受到的是文学的随意、亲和，或者一份报纸同仁们的随和、亲近。而今，这几位都离开了报社，而那份友情，文学热闹时代的编辑们轻松活跃的相处，深深地印在我心中。每在读到这张报纸的时候，就想到他们，想起那不再有的时光。

2009年8月

生态美文之魂

生态文学已成为一道别样风景。尽管其确切定义有多解，比如，它始自何时，其内涵如何，是人言言殊的。生态与文学的关联何在？生态文学的基本要素是什么？这些都是有志于此的人们所关心的。

时下，生态文学是一个闪光点。当一个社会自觉地以自然为友——自然生态的发展变化直接影响社会的进程，特别是，资源缺失、环境污染、生存危机等等成为人们关注点的时候，生态自然的好坏、环境条件的优劣，诸如污染严重、气候变坏、灾祸危及人身，人们面临的是如何提高生活质量、幸福指数如何与GDP同步发展，这种新的期待与新的诉求困扰着人们奔向现代化的进程，于是，文学自然而然地把生态发展水平纳入自己的视野。文学为生态建设，为环境保护，为自然可持续发展，张开了想象的翅膀。纵观全球，生态文学渐进受到重视，已成为一个新的文学关注点。

生态文学，其实是大自然文学，是书写人们在生态建设和自然环境中的生活状态、心情感受。它包括两个方面的内容：一是，生态环境成为书写的对象，山水田园，风花雪月，自然生灵，皆成文章，铸成大雅。"江南好，风景旧曾谙，日出江花红胜火，春来江水绿如蓝，能不忆江南？"是自然的吟唱，是生活的感怀，是风光的唯美颂歌。二是，忧思于自然世界的恶化对于人类生存的影响，所谓寻找"诗意地栖居"，所谓环境优化型的社会"既要金山银山又要绿水青山"，成为现实的一道难题。讴歌自然生灵，书写人们乐山乐水，忧思于大自然生态发展利用中，在诸多人为的因素下，风光不再，风华黯然。于是，就有了不少文人笔下，生态自然成为一时的主角，书写高山大漠、森林河流的治理保护也为一时之盛。社会呼唤文学的多样化，而生态文学的出现，更让文学的多样成为可能，有了一道亮丽风景。

正因为它的界定莫衷一是，它的历史状态和文本样式也相应地难以归类，难定一尊。但是，对于优美的自然，倾情地讴歌，从中提炼出醇厚的诗味、纯美的文意，是一切类似的文学经典化的表达。如果宽泛地理解的话，生态文学可以说是"古已有之"。东晋时期的山水诗巨将谢灵运的山水诗，其清新的韵致，其闲适的意境，其婉约的意象，给人一种心闲气自华，一种牧歌般的轻快情味，从中你能感受到大自然的恬淡，感受到人与自然的和谐与亲近，"池塘生春草，园柳变鸣禽"，成为千古绝句。大约相同时期的陶潜老先生，以采菊东篱的闲情逸致，唱出了自然与人生的高致情味，其意象与境界，是自然生态的优美写照。他们或许是中国古典生态文学的集大成者。而美国的梭罗，在瓦尔登湖旁的轻唱微吟，远离尘嚣，以自然为伴，以沉静自修的禅心，把文学的功利与社会的负累置之脑后，人生的旷达与疏放，也成为作品透视出来的精神光点。还有，俄罗斯的普列什文，是一个大自然的歌者。他的《林中水滴》《大自然的日历》《大自然的眼睛》，以观察的细腻描写了大自然世界中生命的平凡与灵动、坚韧与高洁。高尔基评价说："他的心灵与土地、森林、河流结合得如此完美，在任何一个俄国作家的作品中，我从未见过。"帕乌斯托夫斯基评价道，"普列什文仿佛就是俄罗斯大自然的一种器官"，大到一片森林，小到一颗水滴，他都有熟悉而生动的书写。

所谓生态文学，其实是一种大自然的生动而沉静的书写，是一种自在自为的精神舒缓的抒发，是一种充满了善待自然、敬畏生物的思想和情感的提纯。因此，作为生态文学的倡行者和实践者，我以为，主要是，用一种亲和的态度，描绘出他心中的自然，以人性情怀书写他心中的自然风物，所谓"我看青山多妩媚，青山看我应如是"，所谓"相看两不厌，只有敬亭山"。人文化的自然，是生态文学之魂，如同陶氏的"采菊东篱下"，悠然自得的优雅，如同梭罗的心闲神定的自在，如同普列什文的笔下，那些自然生灵，有如亲人似的悠游于你的身边，牵手于你的衣袖，或者，你以"亲人般的关注"，将自然"艺术化的方式，打动人心"。当然，还有，真正的生态文学作家，也要像普列什文一样做生态和环保主义的捍卫者，贯穿在身体力行中。

生态文学不仅是一种纯美的文学，它的厚重在于，既书写这个自然世界的优美和谐，丰姿神韵，也抒发人类对于大自然保护的一种责任，可见风物，也见人文，表达对于消失的风物和失落的生态文明的忧虑。也许，后者是当年陶潜、普列什文、梭罗们所没有想到或做到的，而凸现人文精神，为我们所处的自然生态环境进行文学的书写，是生态文学行之高远的灵魂与精髓。

2013年3月

我看苏童

　　苏童是幸运的，眼下书市书摊上一套装帧讲究的三卷本《苏童文集》颇为抢手（印数18000册，这在纯文学中极为少见）。刚过而立之年的作家，难得有他这样的待遇。在跑马占地，席位拥挤，众神喧闹，据说打一个石子都能击中诗人、作家的当下文坛，常常都是代表一定的身份和资历才能够有文集问世。在这讲究排座次、论辈分的年月，要想获此殊荣，小字辈们不得不多一份耐心。不想，江苏文艺出版社打破框框推出了最年轻的作家的文集，苏童近年来中短篇小说的代表作品基本囊括其中了。这着实让文坛的同辈以至长者们羡慕。

　　苏童是新生代作家中风格独特，颇有锐气的实力派。他的成名作是中篇小说《妻妾成群》。他的创作起步于八十年代中期，他被评论界称之为新写实的代表人物之一。他的作品相对于其他的新锐作家来看，并不是最多，但他以自己的风格赢得了当今各类读者，成为严肃文学中颇为走红的作家。他的文集收入的是中短篇代表作，加上四部未收进的长篇小说：正在《大家》上连载的写武则天的《紫檀木球》、在《钟山》上连载的长篇《城北地带》和前年发表的另两部长篇《米》《我的帝王生涯》，苏童的小说总体面貌可见一斑。

　　苏童小说最早引起文学圈里注意的是他的短篇，这类作品

收在"文集"《少年血》和《世界两侧》二辑中，后来引起社
会读者的注意、得到更多读者青睐则是在《妻妾成群》改编成
电影之后。前期的作品有《桑园留念》《1934年的逃亡》《飞
越我的枫杨树故乡》等。这些作品描写了故乡，一个叫枫杨树
的地方，和一条名叫香椿树的南方老街。这里的人们生活平
常，恩恩怨怨，生老病死，家长里短，水波不惊，生活的无奈
和命运的搏击，一切显现出南方人的阴柔和机智。人生命运，
家族历史，生命情感，都幻化为意象结构。而打架、斗嘴、仇
杀、阴谋、暴力等等，也是枫杨树人常见的生活内容，但没有
北人的粗犷和蛮横。

　　苏童最早钟情于枫杨树的故乡，更多的是一种割舍不掉
的"怀乡"和"还乡"情结，虽然这是作家虚拟的一个精神的
故乡。他在这类作品中，不是感官刺激地展示暴力和性以及复
仇，仅借助这些生命的活动，他"拾起历史的碎片"，借此触
摸"祖先和故乡的脉搏"。故乡和枫杨树是作品的主题意象。
他说："有一条河与生俱来，你仿佛坐在一只竹筏上顺流而
下，回首遥望远远的故乡。"与此同时，他的另一类作品以城
市为背景，写城市的精神流浪者，和生活在这个现代都市中的
人们的精神求索和生命的搏击，造成了物的挤压和情感释放的
不和谐。都市和乡村，人生世界的两侧，在这不同的又相联系
的空间里，发掘现代人的家园意识，寻找当代文化的风景线，
有着不同寻常的意义。在新写实一类作家中，很少有苏童这样
在乡村和都市两个空间如此执着地观照和平行地展示，而且对
遥远故乡的回望，对历史的重新开掘，他更是得心应手。

　　《婚姻即景》一辑收入了《园艺》《红粉》《妻妾成群》

《已婚男人》《离婚指南》五部中篇，这一类作品对作家有着特殊的意义。前三篇描绘的是旧时代人物生活的内容，苏童着重开掘的是历史生活的当代意义。这也是新写实一类作家们所擅长的艺术智慧，所谓历史的心灵化即是。不同的是，苏童小说的历史内涵不是政治层面上的审视和剖析，不是重新翻检历史的功过得失，还原历史，而是把人物的情感和人的生命情态置于历史的背景之上，作泛历史化思索。他的长篇小说《米》是如此，中篇《园艺》《红粉》《妻妾成群》亦如此。这三部中篇，男女主角都是旧时代生活中并不高大的人物，在情、爱、性，灵与肉的表现中，人生的本能和生存能力无不浸透在命运的展示中。封建意识、人性的弱点、情感的误区，带有旧时代特有的印记，成为人物生命和生活难以摆脱的束缚，同样也成为现代社会中健全人格的负面影响。因而在他的后两部描绘当代生活的作品中，仍然看到历史故事的惊人重复。这两个中篇集中描绘了一个叫杨泊的男性主人公，爱情和欲望、理想的和现实的种种生命情态和生活情状，使他难以从虚无和庸常中自拔。精神的萎顿和理想的虚幻是可怕的，从女性到男性，苏童有意为之。从封建时代走入当代生活，苏童走出老家深宅进入当代都市，对人类的情感误区和人性的弱点执着地进行探索。《婚姻即景》越出了婚姻、爱情等人物的情感世界和个人婚姻的风景，关涉到人类精神的自救，人的欲念和情感的重新审视等。

苏童的小说在叙事风格上，沿袭了明清小说和五四时代闺阁私家小说的阴柔飘逸的风格，他写人物尤以刻画女性最为精彩，笔下的女性美丽善良，包括一些社会底层的人如沦落风尘的、为人妻妾的女子，有阴冷之美，容易获得读者的怜悯。苏童的小说情调徐缓有致，不做激烈的人物情感和心理的刻画，故事的讲述注重客观性，叙述人隐蔽深藏。同其他写实风格作家们不同，他的人物心理活动很少，而且对话也绝少，将人物的对话和心理情绪变成作品故事和场景的叙述语言，加重了作品写实的客观效果。

在没了主潮的当代文学发展中，苏童的意义在于他把过往时代的历史个人化地变成艺术，将熟悉的题材陌生化处理，使他的作品有突出的新鲜感，又耐咀嚼。他把人的精神崇高的东西还原为情感生命，以至欲望本能等等方方面面，撕开了神圣尊严崇高的面纱，看似率性由之，但男欢女爱、陈年旧事等等随意的甚至腐朽的东西都可以变为神奇，从中"寻找意义"，唯此，在新锐作家中的苏童保持着良好势头，其前景也是可观的。

1994年5月

理由：史诗风流读荷马

荷马，一个全地球读书人耳熟能详的名字，一个创造了史诗经典的人物，一个对人类艺术史产生极大影响的作者，仅两部希腊史诗《伊利亚特》和《奥德赛》，就足以流芳千古。然而，因年代久远，史料缺失，又成为史上一桩公案，是实有其人，还是后人杜撰？虽争论有年，莫衷一是，却不能掩盖《荷马史诗》在世界文艺史上的光芒。

今天，理由，这位写过众多名篇的报告文学家，以学者的眼光、行旅家的勤勉，以及对西方史艺术和古希腊文明的挚爱，以对荷马作品的钟情，历经数年，数度深入爱琴海沿岸，深入古希腊文明的腹地，完成了近28万言的《荷马之旅——读书与远行》，由生活·读书·新知三联书店出版。

这不是一本泛泛地谈说经典，学究似的诠释史诗，也不是行走文学风景与人文的杂糅，作者以历史与文学的融会，以现场调查和作品情节的对应，以一个对于荷马和希腊文学的痴迷，也以东西方文化的多元视角，剖析、辨识世界史诗与古希腊文明的成因源流，解读荷马作品的人物故事，阐述了开创史诗艺术先河的荷马作品的划时代意义，同时，也从西方史诗与故国诗学传统、人性的开掘与史诗追求等方面，在较阔大的背景上，解读两部作品的史诗价值和美学意义。

荷马史诗成书约在公元前十世纪与公元前八世纪之间，千百年来被视为希腊文学的源头，也是"欧洲文化的万泉之源"，不啻为欧洲古典文学的滥觞。《伊利亚特》和《奥德赛》分别有一万六千多行和一万二千多行。前者叙述特洛伊之战，起因是希腊美女海伦被特洛伊王子劫持，惹得希腊的各路英雄不堪此辱，在迈锡尼国王阿伽门农的统率下，发舰千艟，横渡爱琴海，直抵小亚细亚的特洛伊城下。后者描绘战争归来的主角奥德修斯故乡之行，历经艰辛，风暴袭击，妖魔横行，怪兽阻拦……最后施巧计，归家团聚。战争、人性、英雄崇拜、忠诚与背叛、野蛮与文明、家园与故土……成为诗史再三吟唱的情节元素。

理由说他"钟情于老旧纸质图书的阅读"，他以一个东方文学家对希腊史诗的执念，以散文家的艺术感觉，从"特洛伊悬疑"开始了他的文学的"荷马之旅"。一开始，他从作品为世人存疑的作者真伪、战争的诱因、希腊文明生发的人文环境等，逐一从书中描绘的有关内容中寻找现实的对应，他梳理史上有关文物文献，寻找佐证。他踏访希腊、土耳其，走特洛伊、迈锡尼、伊萨卡等有关荷马活动和史诗描写的主要地方。从荷马史诗的文本中，综合相关典籍，饱览人文风华。"走近荷马"，既有田野考察的史诗征信，又用散文笔法描述出此时此地的观感，抒写心中的荷马。他认为，荷马"雅俗兼得，在捕获听众与读者的同时，他的诗歌大有深意，有伦理诉求，有哲学意涵，有对生命的思考和对世界与社会犀利的剖析"。而荷马史诗中的神话色彩及浪漫精神，他评说："在人类尚不能解释大自然奥秘的早期，以荷马为代表的希腊先人凭借自身的想象力上下求索，穿透了神与人的、经验与超验的、实相与幻象的界面，为文学拓展了一个彩虹万丈穿梭自如的空间，也给后代戏剧、绘画、雕塑诸般艺术留下纵情发挥的精神遗产。"

理由关注的荷马不只是在学术意义上，不是对伟大诗人的身份认定，真伪求解，他从艺术的鲜活现场与史诗文本的观照生发中，从文明流变的成因中，看取希腊文明之于世界文化的影响，重要的是荷马史诗的人本意义、英雄情怀、社会制度和历史演变的启蒙精神及当下意义。尽管特洛伊之战的因由有多解，而史诗中体现的人性确立、英雄崇拜、人心向背、自然法理、怜悯情怀等则成为史诗艺术的内涵，也是荷马在这洋洋数万行的两大篇章中尽情挥洒，谱成一曲倾情天下的英雄交响，为世代读者青睐的原因。因此，理由称颂荷马的高明"在于超然物外，以悲天悯人的目光俯瞰这场残酷战争中的芸芸众生"。

书名"荷马之旅"，显示了作者对史诗的敬畏，对荷马的钟情，其实，也是通过旅行寻找完成一个心愿。在理由看来，荷马既是伟大诗者，也是一个"共名"，史诗的化身，所以，他每每提及"走近荷马"，用心感受史诗，是一种修为，因此，书的副题是"读书与远行"。一位热爱荷马史诗的读书人，走近了荷马，与经典遭逢，是一种必然。史诗超越了时空，一个中国作家执着探访，盘桓于爱琴海，书写了对古希腊经典的现代诠释，也是一种幸运。

全书结构精巧，步步深入，章节标题生动。从关于荷马的传说释疑开笔，一路行走，以鲜活的场景，杂以史诗内容的人文故事，连缀为现场、历史、原著的多维视角，在轻松不乏风趣的叙述中，以中西文化的对比，或世界重量级人文大家的重要论述（书中引述多达数十人次），间或在地中海"回望中原"，构成文本的逻辑体系、情感温度、文理法则的讲究。面对人们熟悉而陌生的荷马，理由并不专门考据，不事辩诬，而是用心去感受史诗精髓。荷马之旅，是跟着史诗远行，是读与写的心得，故而，真诚、精细、博识而节制，文气上的独具雅致，可耐细微体味。

千古荷马，史诗风流。作家理由取一瓢饮，却也精彩如斯，自得风流。

2019年8月

散文的关键词

　　有人说时下是个命名的时代，人们热衷于命名，在文学中也如是，概念上去分解，定义上去说道，文体进行划分，但总是界线模糊、阵线不明、语焉不详的。时下，文体的分类越来越困难。有的只是划出个大概，欲知其所以然只能靠个人的体悟了，或者在莫衷一是的比较中去测度。比如，纪实文学与报告文学的关系、杂文与随笔的关系等等，就没有人能说得清。散文的特色或者说散文的定义呢，同样，在文学的诸文体中，也是不太好界定的。有说，她是博采众文体之长的"多面人"，长袖善舞，或许就是其所长。

　　对散文的面貌，说什么、归纳什么，或列举出哪类作品的优长，似乎没有多大的意思，也有些多余。在此，换一种思路，用说关键词的方式来表述，对一些问题作些梳理，或许是件实在的事。

一、思想

　　散文不直接以叙述和提炼思想见长。思想即主题，她不是直接地展示主题，或者说，散文的主题不好以简单的归纳法来要求。固然，思想是一切文章的灵魂，但思想是内在的融合，是肉,不是皮;是风骨,不是外表;是质地,不是形状。她不耳提面命,不是高头讲章,不是热闹地紧跟社会时尚或政治情势,不是主义与问题的随从。

散文的思想是潜在的、隐性的,是和风与细雨,润物无声的状态。隐藏、内敛、细微、轻巧,在文章的内涵上,给人以张力和激荡。

散文可以从所呈现的人情事理中,渗透书写者的精神情怀,让阅读成为巨大的精神享受,得到共鸣与应和。其主题或思想,不因为她隐匿地表达,或者轻盈地渗透而缺失;不因为她的精巧细致,不因为她的风花雪月和个人情感的表达,而减少其主题的厚实与深度。

现在的问题是,有多少散文在思想主旨上让人感动,撞人心扉,启人心志,令人感同身受而共鸣呢?

没有思想的文字是六神无主的躯壳,如散兵游勇不成阵势,没有力量,没有深度。而时下,散文的思想有如稀薄的空气,难以捕捉。不少纪念性的文字,不少赶时髦的歌颂体的文字,不少纪游式的报道文字,其内涵苍白,内蕴寡淡,难以卒读。这类文字,有,等于没有。

当前的散文,不缺少机巧地表达,只缺少思想的呈现;不缺少场景和客观景象的描写,而少有人的精神世界的开掘和人的灵魂深处的触摸。散文可以散,可以信笔而书,可以笼天地于形内,挫万物于笔端,然而,其风骨和灵魂是首要的。

二、情怀

为人者多情怀，为文者亦然。无情无义，其人不可交，其文味同嚼蜡。

文字的鲜活与沉寂，有味与乏味，关涉到情怀。情怀是大爱，是善，是真，是内蕴品质，为文章流芳远行的关键。缘情而文，作文之法则。文章者，境界之不同，亦是情怀的高下之别。情怀高致，其面貌可爱；高情大义，其风华自雅。

关怀弱者，敬畏自然；尊敬长者，感念生命；尊重历史，敬仰人文等等，皆情怀使然。书写生活，记录思想，追慕前贤，期待来日，形诸文字方能显现出高下优劣，其区分也在于是否以情感人，以义达人。

散文在时下数量庞大，势头不减。君不见，各类纸质媒体仍为大户，各路作者老与少，名与无名，多有染指，网络博客微博，壮其阵势。但，如若仔细分辨，鱼龙混杂，或可以滥且乱而名之。如没有节制任意而为，或以枯燥沉闷的东西占据版面，有些作者耽于自恋自炫，倚老卖老，矫情自负，不可爱、失诚信，令读者敬而远之，或生烦厌。信马由缰，无所节制，小题大做，无病呻吟，成为疏离读者的主因。

情怀是平实的风度，是高扬的精神气象，也是一种人情世态秉持的尺度。她不轻浮，不急躁，不自恋，不乖戾，不虚伪。

借用一句时髦的用语，作文要接地气。散文写历史、文化、民生，书写情感，励志抒怀。散文的情怀，实际上是对大地的书写，对民生的关注。作文要有温度，温度是情怀的体现。与大地和大众精神相通，气息相求。观照平民人生，书写生活艰难的脉动，展示大众的精神追求和人生的期望，文章就能为读者大众青睐。

三、自由

写作者精神是自由的，古今中外大家如是说。散文更是一种在放松的心态下的文字表达。

我想故我写，我手写我心，畅快直接的表达，本真求实的还原，写人是其主体，写别人或自己，折射人生历程，开掘精神情操。散文写人，真实朴实，不是渲染，不是炫耀，不是人物形象的标准画像。

散文是最自由的文体。散文的包容，散文的自由，成就了她的气象万千，不拘法度。她的写人写史写事写情，写当代写过往，不一而足，让文字自由地表达，放飞精神，直面生活，亲近大众，而雅致清丽中有烟火味和泥土味。

她可以近距离地捕捉当下文化精神，显示出书写者对社会人生的敏锐感悟，可以荦荦大端地对于一个时代的万千气象进行文学描绘，可以对社会热点进行文学透视，也可以从一个新的视角对历史中的人与事进行打捞和挖掘；或可以精细地对某一社会现象进行切片似的描绘。它可以有宏大叙事的丰富，有宽大视野的开阔，有精致细腻的切入，有纵横捭阖的豪放，有小桥流水的委婉曲折，有情感激烈的辨识与争执，有情怀柔美的迂回与矜持。长河大波和小桥流水，都可视为散文的表达方式。

　　她不拘成法，无有法度。记，可以写史，秉笔挖掘；赋，可以赞人，也可弹人；长，可以过万，或专题地写类型，一个专题一个地域；而短，可以是一个事件剖面，一个人生的切片；长而有度，短而精微。她主题广泛，写法多样，求真、探寻、辨析、释疑等，人生万象，花鸟虫鱼，喜怒哀乐，皆成文章。

　　自由，是随心，是放松，是轻快，是宽大，是畅达，是不惧不忧。文字的自由，终究是心灵的自在、精神的自由、情感的自足。

　　只是自由放飞了散文的精神，开启了她的远行能力，但，如何让散文的自由转化为优质的文字，是当下散文不可忽视的问题。

　　常见的是，不少文字端着官员腔、公文腔的架势，主题先行或赞颂辞式的，自恋而自负或暮气沉沉式的；也有，掉书袋式的酸腐气、八股调；或者，大话人生，空话现实，粉饰史实；或套话式的写乡情乡愁者；都是散文的各种病灶，也坏了散文形象。

　　散文自由地表达，不是八股式官腔式的贩卖，不是居高临下的俯视，也不是拘谨地再现生活的场景和人物的故事。自由是内在的放开，是心灵的放松，没有写作者内在的心灵感受，其文字是枯燥乏味的。

四、语言

　　文学是语言的世界，作家是语言的魔术师。散文不是文学样式中语言的极致者，却也为大家高手们致力追求的文体。

为文有高下种种，但可从语言的精到或粗放、隽永或芜杂、文野雅俗来区分。语言不专是一个表达技巧，而渗透着作者的情感成分、才学天赋，语言的优劣精芜，是写家与大家的分水岭。

散文语言首先要精炼，流水账单式的枝蔓令人生畏。有如新闻报告式的浅近，也让人生烦。常见语言枯涩，叙事拉杂枝蔓，结构板结，写人平淡苍白如履历表，说理像论文式的干巴，记事如新闻式的浅近，其原因是缺少灵动的笔触，缺少深厚丰富的语言功力。时下，这类散文仍有很大比重。君不见，粗陋、浅直的文字，加上"官员造"的八股腔，令散文的名号大有污损。散文作为一种文学品种，其气韵是语言之较量。当年鲁迅、梁实秋、周作人、林语堂等大家的文章中，我们看到的不只是对于人生的特殊感悟，而雅致的语言和精致的描绘，也令人回味无穷。有时候，语言成为一个作品的面貌和气质。如果说情怀是其内修的话，而语言却是一个显见的外形，这也是散文大家们所注重的。

眼下，文学界或多或少不太注重语言的修为，除了其写作者本身的能力所不逮外，也有弥散在创作中忽视语言而随意作文的心态作怪。语言是散文创作的关键，多年来却不太为人所警醒，一些散文家在语言上乏善可陈。重视和讲究语言，这本来不成问题的问题，竟成为散文以至时下诸多文学提高水平的急务，说来，多少有些滑稽。

2012年11月

手机微信的启示

　　我自忖也算个新生事物接受者，并不太落伍于时尚什么的，虽然使用手机是在1997年4月，那次在广州，朋友说那里便宜，就带回一个黑乎乎的"诺基亚"，第二天就在单位附近小店里选了号（那时全是1390字开头，众多小店也可上号），用上手机一晃近20年。近几年，手机功能一天一个样，这微信已成为时尚，起先于我不太有兴趣，有一搭无一搭的。最近手机升级用上微信，只是个潜水员，但觉得这劳什子可人，了解资讯，基本不用看电视，读报纸，听电台。掌上浏览，方寸之间，随时，随地，及时，即时，查资料，看新闻，知晓天下，搜寻古今，或者有点八卦、乌龙、黑幕什么，轻松愉悦，不亦乐乎。与人联系，快捷方便，偶尔看一下朋友圈，各路神仙的行迹什么的，五花八门，各位亲们晒台上的自恋自嘲自炫，不一而足。择优点赞，或当看客，显山不露水，很是好玩。间或有好文章，读得脑胀眼酸，觉得有意思，拍照留存。于我们，这手机微信的出现，不只是一个信息源，也延伸了阅读空间，或者说，新的技术，带给我们的写作与阅读以很大变化，意义不凡。

　　说这些，是因每年一度的散文总结。面对海量的散文作品，我们如何在手机时代快阅读、分众化的阅读中，认知当下的散文以至文学呢？即是说，手机的流行，微信的横空出世，从以上角度看，对新闻已经是横刀夺爱了，而对文学，虽不像新闻具有颠覆性的影响，但也影响强烈，至少对于散文，就有不小的触动。微信的许多内容也可作为散文看待，微信的情感表达和交流方式，可以让文学的阅读变得更便捷，更实用。

微信，是不是散文，也许仁智互见，各自有理。但是，微信的直接、简洁、直率、真切，以及流播之广之迅疾，是不争的事实。对于散文这样精练和短小的文体样式，它较为自然而快捷地融会，利用新技术传播，让文字插上翅膀，轻舞飞翔。在我看来，高雅的文学放下身段变得流行，无远弗届，成为人们实时交流的一个平台，这微信功莫大焉。微信中或长或短的文字，即兴而作，片断感受、零星述怀，或现场实录，或不乏自我的炫耀搞笑，随意地发散在朋友圈中，见事理，见性情，也见智识。由此想到，除了内容的随性、自由、轻松外，文字的精练和精粹，写作的自由放松，也是它有别于那些正襟危坐的文字的地方。

有人说，微信虽小，方寸中有乾坤，是散文世界里一方邮票、一则团扇。从时下散文阅读的角度看，手机微信是一个潜在的散文世界。也许多年后，文学的文本变得如何不得而知，但是，新的技术对于文学的影响会是层出不穷，不可小视的。如今，面对发展变化了的阅读，文学摒弃那些高大上的文字，被人诟病的虚伪虚假的文字，多了一些灵性、性情，接地气、有烟火味的东西。学一学微信，是有益也有意义的，尤其是与其天然亲近的散文。

2016年10月

散文这个精灵

　　时序秋冬，一日清朗无霾，难得晨练时光，就沿街头一不大不小的人工湖疾走。石子小路时有缤纷落英，倒影斑驳，菊花清雅，修竹萧萧，更有弦乐悠悠，白首红颜，舞姿拳路，一招一式，兀自陶然，好一派闹市尘嚣中的闲静。因刚编完散文随笔年选，翻读诸多佳作，遂使人有了散文之心结，如此良辰美景，油然与这散文作些勾连和穿越。那湖光树影，秋风摇曳，想到的是与"北京的秋"或"故都的秋"同题的诸多名篇，是梁实秋《雅舍小品》中的文字。那闲静虽逼仄的水面与树丛交映，小鸟啾啁，柳树牵衣，是梭罗，是普列什文，也是周作人、老舍们笔下的景；还有，那些亮眼的花草姿态与秋阳曦露，想到的是东山魁夷的画，是列维坦的色彩。那份秋的雅致和古意，让人联想到陶潜的诗文和谢氏山水诗的韵味。一湖秋光，满眼生动，睹之，品之，不禁回想记忆中那生气淋漓的文字和艺术。触景而论文，这散文之道，也如观自然之景，见情见性，说白了，优美诗章或者散文篇什，就是你眼中的风景再现，是你心中的情感表达，也是你主观的情怀和心绪的抒发。爱你所爱，才写你所写。

　　不是吗，证之我们眼前的诸多散文，无论是写事写人写景写心，无不是钟情于你所要表达的对象，是你的心灵直感和思想的文字外化。其实，散文是文学中的不可言说或者不可捉摸的一个物件，如果要非去解读和定位，我以为她是一个精灵，让你折服于她，留恋于她，倾心于她，或者受制于她的折磨。前些时，我为一套散文的丛书写序，就用了这样的一个题目，在此套用其名，也顺便抄录文章的几句：

"尽管散文是一个没有确切定义的文体，尽管散文的历史是一个没有定论的悬案，尽管散文也曾不被某些作者所认可——有所谓雕虫小技、壮夫不为之说。然而，散文的生命是强盛而博大的，她是文坛一棵葳蕤的大树，是文学的一个精灵，无远弗届，无所不在，从古至今，林林总总，留下了众多精品，制造了许多经典。对于文化的传承，对于文学的发展，对于人生的精神引领，散文之功，善莫大焉。设若没有散文，中华典籍会留下多少空白和遗憾。自现当代文学的实际看，散文成就了许多大家，也是各类高手们一试天地的园地。所以，散文这个文学精灵，游荡于文学的天空中，也裨益于社会人生，成为许多读者心中的所爱。

"为什么，一个并没有明确的文本定义、杂糅了诸多文学样式之长的文体，一个亦古亦新的文本样式，在如今文学分工越来越明确、细化之时，仍葆有相当的人气，在创作和阅读两个端点上仍然相得益彰，为当下其他文学形式所鲜见？因为她有轻巧的文本样式、灵动的文学情志、雅致的文化情怀、摇曳的文体风格。

"散文的题材是开阔而多彩的，散文的写作手法是开放而不拘泥的，散文的语言是多彩而个性独特的。我们可以从中体味散文文本的别样情致，领悟不同的人生和社会内容。我们也可以从中读到，在文学王国里，那些亲情、友情、恋情等，这些事关人生普通情感的诸多题旨，其丰厚的内涵和感人的情怀；也可从中体会到大千世界、浮世人生所持守的人类基本情怀；我们还可以看到，这些人情世情、自然人文，如何在大家们的笔下表达得如许精微、热烈、透彻。当然，那些高情大义、普世情怀，那些相濡以沫、危难与共，或者那些相忘于江湖、君子之交等等，不同的情与义、相同的人情与友爱等话题，在众多的作品中，有充分的展现和精彩的描绘，让读者产生共鸣。当然，作为时下丰富而轻捷地展示社会人生、书写时代精神与个人情怀的散文，需在更广阔的视野上关注现实，展示民生，描写情怀。这些是散文这个精灵为人所喜爱的缘由。"

以上是就散文的经典性要求而言的，是多年来散文的艺术要求。可是，如今信息发达，又有多媒体、自媒体时代之谓，让你从经典的殿堂里对文学有了更为广大和大众的认定，你会对散文的众多变化有认同而期待。比如，微博、微信的出现，更是把散文的味道和功能发挥得迅疾而广远。如今，这微字怎可了得，其实不只是小而微，也是快与众的别名，已成为当下人们沟通和表达最便当最亲和的文字方式，于是，有微小说、微散文的说法。其实，这类文体很难归类，前几年的手机小说和时下的微小说基本是一样的东西，有故事人物也有情味，可以当作散文看待，而微信，无多画面和人物的面影，我以为就是一篇小小的微散文。积十年的既定习惯，我们的选本还是注重了文章的厚重，也许体量上的负重影响了她的精灵般的灵动鲜活，对时下那些微信微博类的时髦文字没有顾及。但是，它们或他们，蔚然成气候，以微信为代表的这类新文体，其实就是一种新散文，许多是有味道，也见才气和性情的，表达的感悟有时也微言大义，见微知著。如若有出版家专事一本这些微字号的文学，说不准会大有市场。所以说，这个文学的精灵，其实已暗香浮动，潜隐于市，人们在微世界里找到了种种乐趣，得到了心理的倾诉，也让文学中有了新的身影。这里，仅就目光所及，顺手摘录署名"清扬"的微信二则，略见出这类微字号散文的新生面："遇见一座城，像遇见一个人一样，等时，造势，得天地成全，春风马蹄之下，满城怒放，江湖夜雨之时，相对无言。谈论一座城，就像谈论一个人一样，黯然，谨慎，三缄其口。那么，亲爱的再见，知音零落，故人白头，萧郎陌路，世间再无黄金城。""这座城市依旧妖气万丈，那些独睡过的人，抢眼的人，幸福的人，恸哭的人，一齐冲着夜晚拔出瓶塞，举起酒杯，妖怪们于是纷纷逃逸而出，在城市上空集结成云，如同蜃吐出气息，它们开始吐出梦境。那么眼下只有一个问题，到底是睡着的我们梦见了城市，还是睡着的城市梦见了我们？"这是出自于一个对城市的某些瞬间或某些人情方面有特别感悟的青年之手，语句自出机杼，虽还可严整，但随意轻快的文学表达，见出一个现代人的某种心境和感受。城市与人，是宏大的主题，也是当代人的情绪触点，从个人的认知角度，写来幽幽情致，一咏三叹，小资中见大端，会有很多的跟帖者。微散文，其文字要言不烦，信手拈来，以小见大，也有原生态的实感，加上即时性的传播，玩文学于掌中，这种新文体的辐射力和召唤力未可限量。或许在下一次当是我们关注的。至少，这些是散文这个精灵的又一表现形式吧。

2013年10月

思想让文字更为亮丽

——2015年散文印象

散文是文学丛林中烂漫的山花。

盘点文学年成，一个重要的现象是，散文是大户，至少在数量上如此。盖因为，其表现手法简洁灵便，随意直接，加之有"三多"，即发表的园地多、读者多、作者也多。

文无定法，散文尤甚。换句话说，散文是似有则无的文体，似与不似、定与不定之间，就成全了散文写作的随意，有了众多作者。此外，一个重要之点，也是她的特色，亲历性和真实性，这形成了与读者情感上的直接对接，就有了较高的亲和力。

过去一年，散文基本延续了传统路数，无非是亲情人情和亲历闻见的种种，无非是过往的生活，历史的回思追忆，现实的经历感悟，也无非是世相的描摹、情感的展现。在写什么上，散文的优势仍然是与生活保持零距离，即无所不能，也无远弗届。当下生活面貌的林林总总，现代社会世相的驳杂斑斓，较为深入地呈现在当下的散文创作中。平实，沉静，水波不兴，或可看作是近年来的散文面貌。如若寻找亮点，时下散文在思想层面上有了新气象，思想让文字更为亮丽。或者说，随笔杂感式的文字成为众多散文家的追求，即在怎么写上，有了更多人文精神的生发，有了思想情怀的提升，也有了理性之光的投射。轻灵随意之中，散文展示了思想的力量和理性的厚重。

在社会历史的重要转折期，恰逢重大的纪念和节庆，热点式的追踪，深重的历史情怀，散文家责任担当，义无反顾，于是有了严正笔力和现实品格的作品，这突出表现在纪念抗战七十周年的一些作品中。熊育群的《旧年的血泪》（《收获》）是对湘北一带战事的书写，王童的《腾冲的虹》（《联合报》）把视角放在边境上那场著名战事中，李鸣生的《记住，是为了纪念》（《中国作家》）较全面地分析抗战留给人们的思考。题材的分量，见出了思想的成色，而散文的客观叙事与主体情怀的交融，纪念性的历史叙事，国难担当者的民族大义，追寻侵略者的暴行根源，在对某些战事的场面和人物事件的描绘中，一一呈现。突出的是，既有历史资料的重新梳理，也展现出作家在面对当下政治风云的变化后冷峻而严厉的现实思考。

当下的经济大势和民生战略，在文学表现上，也许不必拘泥于某种政策的解读，可是，近距离感受，投身于变革纵深发展的春江水暖中，热切地感知，迅速地反映，是文学的题中应有之义，尤其是轻快的散文随笔文字，不能缺席。于是，我们看到了一些作品对当下风起云涌的经济形势的关注。有的作品，也许只是一隅一地，却举一反三，映照出时代变动和社会发展的光影气象。阿来的《海与风的幅面》(《人民文学》)从宋代泉州开埠时的商船陈迹，说到如今的"海上丝绸之路"，说到当今的"一带一路"思路下相关地区和族群，不同文化背景下的经济发展趋势，以及中华文明自古以来外向发展的历史过程，表明了一个新的经济生长点的背后是历史与文化的支撑。梅洁的《迁徙的故乡》(《黄河文学》)是对南水北调工程鄂西源头地搬迁户深明大义的付出与牺牲的书写，从故乡情怀与惠民工程，小家与大家，个体与整体，从事、理、情等等关系上，书写了国家重大工程的实施中，普通子民的义举和贡献，作家隐忍的情感抒发，既有对平民百姓无私精神的称许，也有对诸多世事人情特别的感怀和思索。

情怀是散文叙述的无形纽带，也是文字亲和力的最好酵母。近来，回望和怀想的散文依然旺盛，写史怀人，为某些珍贵的历史事件和人物着笔，古今勾连，风云际会，家事国情，从中记录时代光影与生活的脉象，即使一些怀念亲人、书写亲情、记录世相的作品，也给人以多方位的思索。陈忠实的《不能忘记的追忆》(《人民文学》)记录的是作家的一段经历书写，既是情感的偿还，也是为这类写史忆往的文字留下印痕。孙惠芬的《母亲弥留之际》(《解放日报》)怀念中有祭奠，关注亲人的心灵世界的隐秘，那是亲情和人伦不能代替的，也是我们最可能忽略的。陈建功的《我和父亲之间》(《上海文学》)、梁晓声的《父亲的荣与辱》(《北京文学》)、田瑛的《未来的祖先》(《羊城晚报》)等，在对老辈人的一些行为做派与往昔亲情孝道的展示中，书写人生情感的种种状态。当年的情感纠结，在后辈的回想和追忆中，五味杂陈。亲情文化是人生的精神支撑，也许在最为隐秘的地方，才能够把握到本原和内质。写亲情的文字，不只是仰视，细微之处有精神多维空间，有隐秘的心结表达。眼下，回忆和亲情的文字，近乎泛滥，唯有真切的思想光亮，才展示迷人的色彩。

社会大趋势，发展是主题，人人在言说幸福，感知幸福指数、关注生态自然、关心生存环境成为必然。这也为敏锐的散文家倾情关注。南帆是一位擅长于开掘身边寻常物件的作家。《泥土哪里去了》（《天涯》）是他对人与生态、人与环境和自然的发问，我们熟悉的大地、生灵，怎么变了，在钢铁丛林中生活，平常物事变得稀缺，自然与人类生存的关系发生了变异。"生活在彻底改装"，蓝天，白云，清气，接地气的生活正远离我们。远离了泥土，接不了地气，不能不是生活的缺失。"什么时候还能返回大地的正常节奏"，"返回心思简朴的日子"？泥土的缺失，实际是人与自然关系的失重，也是我们生活质量的失重。梁衡的《树殇、树香与树缘》（《人民日报》）从在海南得知两棵被砍伐的腰果树的现场起笔，深入到人与自然的关系，如何被重视而又被忽视，思考的是人与自然的相辅相成关系。大树无言，生态的萎靡其责任在人。他最近的"人文古树系列"，专注于自然生态中的人文情怀，关注自然生态与人类依存的关系。生态是文学时兴的主题，散文尤其有优势，为不少作者青睐。早年就多写此类题材的徐刚、林业系统的李青松，近来散文较多的涉及于此。

亲情也好，自然也罢，与此相关的一个流行语是乡愁。现代化进程，对于传统文化中的农耕文明，必然带来冲击和影响。留住乡愁，寄情乡土，回归田园，听起来美妙动人，但在有些人那里是语焉不详的。乡愁是什么，难道只是一种牧歌式的回念？如果说，生态文学看重的是生存环境，而乡愁既是一种精神的回望，更是心灵的依恋，对于大地、自然和故土，在精神源头上的认同。只是，这样的情感在有些作品中显得苍白，远离故土后都市人的闲适、焦躁，于是记起了儿时的炊烟，河沟里的鱼虾，老屋前的果林，所谓的怀念和回访，多是一种都市人矫情和虚妄的冲动，这种乡愁也多是一种文学的表达和点缀。杨文丰的《不可医治的乡愁》（《北京文学》）用一种判断句式，阐述了对家乡自然、田园大地的情感。也是对这类乡愁与故土之念想的间接的回音。近年来，古村落保护为一些人士和机构不断提出，也打出留住乡愁、守住田园自然的旗帜，散文也有所谓写"秘境"写"田园"的文字问世。乡愁，不应是文学标签，不只是乡村的，也有城市的、市井味的。王安忆的《建筑与乡愁》（《天涯》）写孩童时的住所在城市不断的发展中物是人非，那些建筑的名头和眼下的场景，发生了变化，辨识"记忆的地理，难免令人惆怅"。有人说，乡愁，体现出现代人思想与情感的脆弱。无论对与否，对于游子，乡愁是折磨情感的一个信物。文学的乡愁，延伸和开拓了散文的主题，是足可欣慰的。

　　注重思想表达，为一些专题散文共同的追求。地域文化的增强，经年有时，一大批作品形成了专题文化散文的阵势。近期有孙郁写民国人物，祝勇写故宫文化，以及浙江赵柏田的明代江南文士系列，四川谷运龙关于羌族文化的作品，马步升的甘肃禅宗文化散文。同时，作家们潜心探索，令人刮目。周晓枫的《恶念丛生》（《长江文艺》），一如她的坚持，用密集的语言和丰沛的意象，讲述亲历的人生故事，生发出现代人显见却又是陌生的道理。她剖析自我，不断变换视角，人心、人性在善良与恶念的对立状态下，伴随人生成长。她似乎是在探索人性的成长史。任林举的《斐波那契数列》（《人民文学》）是探讨数理逻辑的一个奇特文本，洋洋洒洒，冰冷的逻辑与性情的温度，这个数列之意何在，并不十分重要，而数的神秘与奇瑰，人们认知运算和求解过程的情感经历，是作品所关注的。一个学生时代的数理之题，纠缠多年，形诸笔墨，玄妙中见情味，不啻为散文打开了又一扇窗口。

当然，散文的常规写作仍然是一些精短散文，作家主观情感的注入，扩大了其精神内涵，增加了作品的文气和意境。说文学是"人的文学"，散文并不一定非得写人，但散文的气韵意境，都有一种拟人化的营造，境界和意味得以展现。像云南汤世杰的滇中文化笔记，上海的潘向黎谈古诗词系列，精粹的篇幅中，时时见出人文情感，雅致的文笔，开拓了精短散文的精神气象。

最后，不得不指出，相对创作来说，散文的批评滞后，少有对作家作品的评论，也没有现象性、问题性的论述，更没有理论上的探讨和直率的批评指谬。散文批评多年不为。缘由多多，我以为，没有相应的组织措施，比如，散文的研究多是单枪匹马，只重视评功摆好，重视评奖排位，如此，对不住这红火的散文。

守护散文的真实

　　散文是什么，散文是散文，又不是散文。这绕口令如痴人呓语。其实，关于散文的定义、界说、走向，散文的"真善美"，散文的价值判断等等，议者蜂起，但多是论者的一厢情愿，言者滔滔，听者寥寥。就有人说了这极端的话，是散文又不是散文。

　　散文是一个无边的文体，用时兴的话，是多元化、跨文体，用一句戏谑的说法是，不三不四、非古非今的玩艺。其实，散文作为文学作品之一种，其成就和影响并不因为她是什么或者认定她的什么身份才引人关注的。往往，散文大势，如山阴道上烂漫的山花，目不暇接，又有几个关注她的身份属性？散文是文学春江夜之"月"，"江畔何人初见月，江月何年初照人"，这"散文"者，也不知何年何人以此名之，或可预示了她以后莫衷一是的评说。

　　关于散文，论者多，而散文名家也曾热衷。现代文学史上大家高手，如鲁迅、周作人、林语堂、朱自清们，无不留下耳熟能详的经典之论。遥想二十六年前，笔者编有一本《小说名家散文百题》（长江文艺出版社）的散文集，举凡五十多位当红的小说家，每人或二、三文，且都附有一篇五、六百字的散文感悟，或是夫子自况吧，是较早的小说名家关于散文的发言。名家名言，人各有殊，十分精彩，都说及了散文的灵活、自由和精致的特色，而最多的是说散文的意蕴和情怀。其实，散文在我看来，是飘忽不定的文体，是没有边界的文字，是不可规范和定性、有如精灵般洒脱的东西。由此，以一个散字名之，庶几相近。如果非要有个界说，我以为，从高的标准说，散文是自由的文体，格式不定，内容随意，文意精粹和意旨远阔。

这也许与其历史的不确定有关，散文的发轫众说纷纭，说古已有之的、域外舶来的、现代兴盛的、当下转型的，不一而足。我以为，当下性确定了其特色：并非定于一尊，没有多大的传统和形式的包袱。"文变染乎世情"，随势而变，应时而作，就有了这当下意义上的散文。她是在文学分类细化后的一种较轻快的文体，说她其来有自，是有史传传统，是说从司马迁到鲁迅，都有深重的人文情怀。但历史并非包袱，在当代的文体转型中，她无所拘泥，不受制于文学教程，无需听从教义法规；她是轻盈的，有如精灵般的文字；她是自由的，更多的是作家自我的率真表达，所谓我手写我心，主观性突出，注重情感和情怀的酿造。

散文与其他文学比如小说和诗歌的区分是明确的。小说的史诗性与人物的公众认同感，诗歌的句式和语言意象以及韵律节奏等等，都显而易见。散文的近邻，是杂文随笔，是报道纪实，是小品之类。然，散文的不同在于，她没有杂文随笔题旨的高深，或论辩的高蹈，直抒胸臆的凌厉之气，掉书袋似的经纶充塞；她不同于报道纪实的是，没有那臧否天下、纵横捭阖的故事和人物，她的情节和人物多是截面的片断的，注重的是情感与意蕴；她有别于小品文的是，她的空灵、隽永是附丽于生活情节之上的，有生活情景、民生情怀和世俗情味，构成了轻盈不清浅、灵动不空泛的沉实风格。所以，从文体的差异性看，散文负载的是情怀，不以情节为王，但求意味隽永。可以说，散文是作者主观悟性的文学体现，是最能考验作者文学情商的，没有相当的文学悟性，是难有绝妙好文的。也可以说，散文表达的多是某种可以言说又可以意会的一种情景，一个场景，一段情怀。如果以天地物事来指代，她是一株意象茂盛的植物，不枝不蔓，清朗，明丽，雅致，独立苍穹，向天绽放。

这就说到了散文的真实性。真实是艺术的圭臬，真实性不只是广义的标准。散文的真实，既是文学的，也是散文的。文学的真实，在于她表达的一种共有的情怀，是生活可以印证的；而散文的真实，杜绝虚伪和夸饰，是还原事实，切近事实。真实性在小说一类的虚构样式中，是强调了她反映现实的可能，而散文的真实要求更为严正，不做作娇柔，表达的内容要切近事实本原，遵从敬畏本原。或可这样认为，小说等虚构文学的真实性是能指，散文的真实性是所指。虽然不必拘泥于细节和场景的还原再现，但不能为了艺术性而丧失人物和情节的真实，即便情感抒发也是"有真意，去粉饰，少做作，勿卖弄"（鲁迅语）。时下，诸多写亲情、纪念家人特别是长辈的文字，几成泛滥，为亲者贤者讳，加工编排，小说笔法，并不鲜见。一些爱写结交名人政要的文字，塞进不少的生硬私货，借名人炫耀，有的几近鲜耻，散文的真实性在这类文字中，既是事实的失真也是心理情感的失范。对于散文这个大众文体，真实性要求应成为一个铁门槛。

所以，我不赞同为了艺术放宽真实性的原则，所谓文学的真实，对散文而言，更是高标准；也不同意所谓合理性加工。虽然文学的真实性见仁见智，散文的真实性没有天马行空的构思，并不等于就可网开一面，甚至于虚构、合理化的构思等等，又因其是没有量化标准的，也容易成为一些没有真实信誉度的作者的口实。近来，纪实性是散文一大特色，对过往历史和人物的专题书写，对记忆的开掘等，但上乘之作寥寥，多是一些表扬性的纪实报道，失实、失真、注水，滥为不良。散文要真实，主要是与虚构与想象划清界限，史实的失真，情感心理上的失据，不能说是合理的加工论所致，但放开了散文的真实坚守，是散文的歧路。

还是回应前面的话，散文是发展的文体，早先的散文实际上是中华文化的原典，宽泛地看，《史记》是散文，诸子百家是，《兰亭集序》是，《古文观止》是，《世说新语》是，《浮生六记》是……往事越千年，现代的《野草》是，《雅舍小品》是，《背影》是，《松树的风格》是，《红军路上》是，《丙辰清明纪事》中的诸篇也是，《山居笔记》是等等。从这一角度看，散文在当下的状态是，紧跟时代，追踪现实，抒写心灵，而求真求实，远离虚构，切近生活，不一定是唯一的散文之路，或许是散文兴盛之路。

守住真实，才能凸显特色，得到读者青睐。因为，与生俱来的史传传统，成就了她艺术的源远流长。

2017年5月

"却顾所来径，苍苍横翠微"

　　散文走过当代文学七十年历程，虽风雨兼程，却也鲜花满眼，春色如许。回首来路，散文的山阴道上，姚黄魏紫，苍苍莽莽，不免用太白诗句感喟：却顾所来径，苍苍横翠微。

　　关于散文的定义、界说、实绩和走向，虽没有太多的专门家论述，但从来是众说纷纭、歧见不断，随着散文一段时间的热闹，其纷争时有发生。时下论说散文，多自说自话，没有多大反响。记得二十世纪六十年代初，《人民日报》发起"笔谈散文"，产生了"形散神不散"之说，评说散文，多从艺术风格和文体特色上，其标准和价值取向比较统一，影响长远。如今，一些创作和研究者，多是"我注六经"，命名盛行。这个"口号"、那个"主义"，这个"新"、那个"场"的归纳、诠释，虽有对散文现象的诠释，但不乏作惊人之语的秀场，所以，应者寥寥，圈子里热闹。有人说，如今的散文，成了文学门类中最不安分的一个，不无道理。

　　其实说来，散文是没有标准、无边界的，文体的不确定性，非驴非马，难有明确共识。散文是什么？散文何时生成？人言言殊，莫衷一是。"江畔何人初见月，江月何年初见人？"说古已有之，直追《史记》，说是舶来品，源自英伦随笔。究竟是老古体，还是现代文，抑或是洋货？没成定说。人们说散文，多在与其他文学的比较中界定，比如，除了小说、戏剧、诗歌外，语言类文学，唯散文是也。更多时候，散文是大杂烩，有时随笔杂文一锅煮，有时小品漫笔一家亲，有时公文时评一筐收，等等。散文的不确定性、不专门性，似乎成了特点，没有统一标准，谁都可以弄出一个定义。所以，时下命名好事者众，所谓新散文、大散文、文化散文云云，概念爆炸，旗号挥舞，自娱自乐，应者寥寥。没有相应的作品支撑，口号标签是难以服众的。何况，标新立异，有意无意地否定或贬抑了前此的散文实绩。

我不守旧，对散文现状，没有冬烘到无视其新的存在、新的面貌的地步。取法乎上，成就于新。若无创新，不能代雄。这是老祖宗说的，也是文学的规律。但是，从梳理和检视一种文体的历史成就的角度，应看重它的整体性，与社会历史的联系。往大处说，它对于时代、生活、生命的意义，有描绘有担当。换言之，散文的人生情怀、生命体验、情感表达，是文学中最直接和充分的，曾带给我们无限的阅读兴奋。所以，看一个时期的文学实绩，我以为，反映时代生活的足迹，再现社会历史和人文脉象，展示一个阶段的审美趋势，散文功不可没。

这就说到了散文的社会性。文学是什么，功能何在？文学可以净化心灵，表达情感。文学者，大可以载道，家国情怀，小可以自娱，生命体验，"兴、观、群、怨"，见微知著，激扬文字，"笔端常带感情"……无一不可视为文学之道，也是散文创作之道。回望过往，不难看出，文学对于历史和时代的再现，对于社会生活的描绘，对于个体生命、人生情感的激励和浸润，历历在，时时刻刻。当然，散文有多样写法，有不同的分类，较为一统的是，有叙事、说理和抒情"老三样"。这样的标准，虽难以细化和量化，但也可看出，散文之于社会人生，可写大事，也可抒私情，既有长篇，也有短制，厚实凝重与轻盈飘逸，铜琶铁板与小桥流水，相得益彰，相辅相成。

这也是为何散文有那么多读者，历久不衰，有那么多的作者，好为善为的原由。

回望七十年散文，一个鲜明的特色是，与社会历史与个体人生的联系——再现了社会生活的变化，记录了人的思想情感。风雨七十年，共和国历程，注定了散文（也是文学）的艰难前行。荦荦大端者，芥豆之微者，无不在文学的殿堂里反映。散文也是共和国文学宏大建筑中的一个截面，较为快捷地反映了社会历史的发展变化。反过来看，风雨征程的社会历史，促生了文学的多彩多姿的面貌。

具体而言，散文在当代文学历程中，经历了几个阶段。

共和国初始，除旧布新，激浊扬清，社会角色的转变，思想教育的升华，诸多作家的笔下，记录新生活，感悟新时代，书写生活中的昂扬奋进，描绘共和国山川风物，记录新生活的特别事件。后一时期在"双百"方针的指引下，探索创新，思路活跃，有了随笔杂感式的新文字。可以说，建国后第一个十年，是当代散文的发轫阶段，这一时期，多是从现代文学中走过来的名人大家们担任文坛的重要角色，引领文学风尚，着眼于大视野，从新旧不同的对比中，书写新时代感怀，记录新的人生历程。尔后，历经社会变动，小十年的文学整体沉寂，创作歉收，即使偶有作品，也多平淡应景之作。除了少有的几位思考者外，作品的成色和内蕴大打折扣，即使如前所提及的，六十年代初关于散文的讨论，影响较大，也有作品跟进，但那一时期的创作，多为思想随笔，或者小品文类的杂文随感。这与当时由报纸发起讨论有关，而且，这之前，曾经的"三家村札记"、"马铁丁杂文"、"长短录"栏目，都是作为杂文随笔风行于世的。

新时期的到来，是散文高光期。党的十一届三中全会，开启了新时期思想解放之路。文学禁锢打开，创作力勃发，散文强势而为，特别是不同身份的作者，如小说家、诗人、文化学者等加入，增加了思想文化含量，举凡有分量的小说家诗人都有上乘之作。在思想解放浪潮中，域外文化的大量引入，现代派的风潮在诗歌和小说中率先兴起，散文受到极大影响，表现为题旨多样化，内涵的渐进丰富，形式突破传统模式，关注人本，描写心灵，题材几无禁区，风格的个人化个性化，个体精神的关注，哲理意味的增强，散文由单一平面到驳杂丰富。这一形象，持续在二十世纪八十年代。

再后，二十世纪九十年代，流行文化的兴起，都市化的形成，时尚文化的走俏，特别是传统媒体周刊化、都市化进程，这一时期的散文多了个人专栏，适应现代化生活节奏，小感觉、"短平快"、"小女人式"的文字，在周末版上走红，各类散文的命名也从这一时期滥觞。不长时期，流行甜点的、鸡汤式的文字，随着都市化报刊的式微，渐为一些读者和作者们厌弃，褒有传统文学理念的作者，开辟了另一路径，就有了"美文"和"大散文"的登场，此举虽有"标新立异"之嫌，但不能不是对轻浅的快餐式的散文之风的反拨。一些历史散文，以长篇气势开掘传统文化，以厚重和丰盈赢得报刊、主要是文学刊物的重视。这一时期约是九十年代中后期，文学整体面貌从一段时间的寻觅，到风正帆悬的向好趋势。摹写历史人物或文化事件，特别是文学人物，诸如苏轼、王安石、鲁迅等，以新的视角、新的面貌展示，壮大了散文的思想内涵，形成了散文的思想性和文化性的凸现，其余绪仍然影响继往。

当下，散文是探索中前行，在争议中发展，无论是后来各类名号的出现，还是执着探索者的默默耕耘，对于散文的热闹，对于散文的持续发展，客观上都有助力。时下各路散文的样式仍争奇斗艳，长短兼制，各逞其好。而那些厚实而丰饶的东西，多为人们看重。自媒体时代阅读发生变异，轻浅的阅读已成趋势。从某种意义上说，曾经的散文热不复存在，但是在当代文学生态中，活跃而灵动的一支，仍然是散文。因为，散文关乎人的生活，可直指人之心灵，也关注民生。散文最是"顶天立地"的，上可仰望天空，追问自然宇宙，下可接地气，书写柴米油盐。不同的阅读和欣赏，都会有不同的所获。

2019年8月

图书在版编目（CIP）数据

我写故我在 / 王必胜著 . — 北京 : 民主与建设出
版社 , 2020.9
（名家散文自选集）
ISBN 978-7-5139-3179-3

Ⅰ . ①我… Ⅱ . ①王… Ⅲ . ①散文集—中国—当代
Ⅳ . ① I267

中国版本图书馆 CIP 数据核字（2020）第 154148 号

© 民主与建设出版社，2020

我写故我在
WOXIEGUWOZAI

出 版 人	李声笑
总 策 划	李继勇
著 者	王必胜
责任编辑	刘树民
封面设计	宋双成
出版发行	民主与建设出版社有限责任公司
电 话	（010）59417747　59419778
社 址	北京市海淀区西三环中路 10 号望海楼 E 座 7 层
邮 编	100142
印 刷	三河市祥宏印务有限公司
版 次	2020 年 9 月第 1 版
印 次	2020 年 9 月第 1 次印刷
开 本	787mm×960mm　1/16
印 张	23 印张
字 数	250 千字
书 号	ISBN 978-7-5139-3179-3
定 价	39.80 元

注：如有印、装质量问题，请与出版社联系。